▶ 现代旅行社岗位培训丛书

计调部
操作实务

(第5版)

主 编 周晓梅

北京·旅游教育出版社

丛书策划：丁海秀　李荣强
责任编辑：李荣强

图书在版编目(CIP)数据

计调部操作实务/周晓梅主编． —北京：旅游教育出版社，2005.12(2024.1 重印)
（现代旅行社岗位培训丛书）
ISBN 978-7-5637-1328-8

Ⅰ.计… Ⅱ.周… Ⅲ.旅行社—企业管理　Ⅳ.F590.63

中国版本图书馆 CIP 数据核字(2005)第 133922 号

现代旅行社岗位培训丛书

计调部操作实务

（第 5 版）

周晓梅　主编

出版单位	旅游教育出版社
地　　址	北京市朝阳区定福庄南里 1 号
邮　　编	100024
发行电话	(010)65778403 65728372 65767462(传真)
本社网址	www.tepcb.com
E-mail	tepfx@163.com
印刷单位	北京虎彩文化传播有限公司
经销单位	新华书店
开　　本	710 毫米×1000 毫米　1/16
印　　张	17.5
字　　数	260 千字
版　　次	2019 年 7 月第 5 版
印　　次	2024 年 1 月第 3 次印刷
定　　价	45.00 元

（图书如有装订差错请与发行部联系）

出版说明

随着旅游经济的飞速发展，中国的旅行社业正面临着前所未有的发展机遇。与此同时，由于国际国内的竞争日趋激烈、旅行社从业人员整体素质较低以及高素质经营管理人才缺乏等原因，现代旅行社业又面临着严峻的挑战。因此，开展专业化培训，提高旅行社从业人员素质，增强旅行社的综合竞争力，已是新世纪加快旅游业发展的当务之急。

近些年来，市场上关于旅行社总论的、理论性的图书很多，但分部门的、操作性强的图书较少。为了提高旅行社从业人员素质，旅游教育出版社联合部分省市旅游局人教处以及国内几家知名旅行社，根据形势的发展变化，集旅行社行业多年实践经验和研究成果之所成，共同编写了这套"现代旅行社岗位培训丛书"。

"现代旅行社岗位培训丛书"是一套融知识性、实用性于一体，语言通俗易懂、深入浅出的培训图书。丛书共分5本，包括《外联部操作实务》《导游部操作实务》《计调部操作实务》《门市操作实务》《财务部操作实务》。总的说来，本丛书主要具有以下鲜明特色：

第一，内容权威。鉴于现代旅行社的行业特点，丛书由旅游院校老师与旅行社有相关运作经验的部门经理合作完成，他们或拥有扎实的知识功底，或拥有丰富的一线实践经验，保证了知识的准确性。

第二，体例新颖。丛书打破了传统的写作模式，紧贴旅行社专业培训市场的需求，每册基本按培训重点、专题论述、实操问答、经典案例、实践练习等模块组织编写，使每一模块知识化整为零，方便了旅行社的行业培训。

第三，知识实用。丛书专题知识丰富，特设了实操问答、经典案例、实践练习这些模块，并穿插有大量实用图表，为旅行社从业人员提供了模拟训练、领略实战的场景。

第四，理念独特。丛书内容、框架注意与国际接轨，体现了旅行社行业的最新理念。

本丛书既是旅行社从业人员的自学教材，又适用于各地旅游行政机构的行业培训。另外，本丛书还可作为旅游院校的专业教材。

旅游教育出版社
2019年7月

目 录

第一章　计调部概述　/ 1
［培训重点］　/ 1
［案例导入］　/ 1
［专题论述］　/ 1
　一、计调部概述　/ 1
　　(一)计调业务的内容及其发展过程　/ 1
　　(二)计调部的机构和设置　/ 3
　　(三)计调部的职能特点　/ 5
　二、计调部经理的岗位职责和权限　/ 6
　　(一)计调部经理的主要职责　/ 6
　　(二)计调部经理的权限　/ 7
　　(三)计调部经理的素质要求　/ 8
　三、计调人员的主要职责　/ 9
　　(一)计调人员的主要职责　/ 9
　　(二)计调人员的主要工作　/ 9
　　(三)计调人员的素质要求　/ 11
［实操问答］　/ 12
　［问答1］如何成为一名合格的旅游计调?　/ 12
　［问答2］计调部一味追求高标准的住宿就能满足客人的要求吗?　/ 14
　［问答3］计调部经理能这样袒护其地陪吗?　/ 14
　［问答4］计调部能如此安排其行程吗?　/ 15
　［问答5］计调部经理不应该知道我国主要客源国概况吗?　/ 15
　［问答6］计调人员对入住的饭店不熟悉,会影响带团质量吗?　/ 15
　［问答7］侥幸心理能保证带团质量吗?　/ 16
　［问答8］普通话也会影响团队的运作吗?　/ 16

[问答9]怎样对待计调人员的流失问题? /16
[问答10]计调人员的计算能力有如此重要吗? /17
[问答11]计调经理为何会打错团款? /17
[经典案例] /18
[案例1]计划安排不周,影响游客利益 /18
[案例2]误机,谁的错 /19
[案例3]客人错,还是旅行社错 /20
[案例4]旅行社降低了住宿标准 /22
[案例5]回程买不到卧铺票 /23
[案例6]游客少游景点,是谁的错 /23
[案例7]广告宣传名不副实 /24
[案例8]游客的自主选择权受法律保护 /25
[案例9]赴韩旅游违约脱团,应如何划分责任? /26
[实践练习] /26

第二章 计调部工作的原理和内容 /27

[培训重点] /27
[案例导入] /27
[专题论述] /27
一、计调部的重要性 /27
(一)旅行社的产品与市场定位 /27
(二)计调的重要性 /30
二、计调部的特点和作用 /32
(一)旅行社与计调部的关系 /32
(二)旅行社计调部的特点 /32
(三)旅行社计调部的作用 /33
(四)旅行社对计调部的要求 /35
三、计调部工作的原理和内容 /36
(一)计调工作的基本原理 /36
(二)计调工作的基本内容 /37
[实操问答] /44
[问答1]计调工作是旅游团的命脉吗? /44
[问答2]计调部的安排不符合实际需求,导游员怎么办? /45

[问答3]游客手中的行程怎么与全陪手中的行程不一样？ / 46
[问答4]计调部门是如何降低团队成本的？ / 46
[问答5]计调部门与团队的结算有关吗？ / 47
[问答6]为什么没有竞争到该团队？ / 47
[问答7]地接社有如此重要吗？ / 47
[问答8]如何对待挑剔的全陪？ / 48
[问答9]计调部门也可以满足游客的需求吗？ / 48
[问答10]计划书或派遣证没有盖旅行社公章如何处理？ / 49
[问答11]门票协议签单没有盖公章是否有效？ / 49
[问答12]你遇见过最奇葩的司机吗？ / 49
[问答13]为什么说迪斯尼乐园条款是"霸王条款"呢？ / 50
[问答14]旅行社愿意接受迪斯尼的"霸王条款"吗？ / 50
[问答15]迪斯尼"专横"有理？ / 51

[经典案例] / 51
 [案例1]75人团被减，谁的责任更大 / 51
 [案例2]未上旅游保险，旅行社难辞其咎 / 54
 [案例3]四张火车票 / 55
 [案例4]游客遇不可抗力的事件后 / 56
 [案例5]游客自行决定解除此次旅游合同后 / 57
 [案例6]如果游客不能按时返回 / 58
 [案例7]新问题也要早重视 / 59
 [案例8]1元团带来的投诉 / 60
 [案例9]同一家旅行社，为何赔偿不同？ / 61

[实践练习] / 63

第三章　计调部产品设计和行程制定 / 65

[培训重点] / 65
[案例导入] / 65
[专题论述] / 65
 一、旅游产品的特征、类型与形态 / 65
  (一)产品的特征 / 65
  (二)产品的类型划分与形态分析 / 67
 二、产品设计的含义、原则及流程 / 70

(一)旅行社产品的含义 /70

(二)产品设计的原则 /70

(三)产品设计的流程 /74

三、行程制定的内容、流程与原则 /80

(一)旅游行程制定的内容 /80

(二)旅游行程制定的流程 /82

(三)旅游行程制定的原则 /83

(四)价格对比 /84

(五)旅行社产品生命周期与创新 /85

[实操问答] /87

[问答1]旅行社都需要进行全新产品开发吗? /87

[问答2]在进行客源市场定位时考虑广度还是考虑精度? /88

[问答3]能否选择一些小的但折扣率大的地接社? /88

[问答4]对于预期前景很好,但试销效果不尽如人意的产品如何取舍? /88

[问答5]在产品设计时如何避免因团款不到位而导致地接社甩团现象的发生? /88

[问答6]当游客提出更改旅游行程的要求时,计调部人员应该如何处理? /89

[问答7]计调部委派的导游未征得游客的同意,擅自改变旅游行程,遭到旅游者投诉,计调部是否应该承担违约责任? /89

[问答8]接团社计调部未能按接待计划为旅游团买到机票,导致旅游团提前离开旅游地,计调部人员应采取哪些措施? /89

[问答9]计调部委派的导游人员未征得该旅游团的同意,擅自变更旅游团日程,后因天气原因,导致游客未能前往某景点游览而遭到投诉。对此,旅行社应该采取哪些措施? /89

[问答10]由于航班变化,计调部一时疏忽,只通知了行李员而未通知导游员,且在更改接待计划后,行李员发现导游留言条上的时间与其任务单上的时间不符,经过提醒也未引起导游员的注意。导游员又没有认真检查团队机票上打印的起飞时间,结果造成误机的重大责任事故。计调部需要承担哪些责任? /89

[问答11]该产品为何受到游客青睐? /90

[经典案例] /92

[案例1]旅游线路设计要随时监控 / 92

[案例2]江南农村游 / 92

[案例3]海南旅行社在竞争中求发展 / 93

[案例4]自费项目中受伤旅行社也得担责 / 94

[案例5]深圳国旅成功打造"新景界" / 95

[案例6]未经游客同意旅行社拼团游责任义务是否转移 / 96

[案例7]旅行社转包旅游业务 / 98

[案例8]质量保证金的赔偿范围 / 99

[案例9]南京出现"私营经济考察"游 / 100

[案例10]拓宽眼光,抓准焦点 / 100

[案例11]能这样定义产品命名吗? / 101

[案例12]"扣除必要费用"如何理解、怎样扣除? / 102

[实践练习] / 108

第四章 计调工作的计价和报价 / 109

[培训重点] / 109

[案例导入] / 109

[专题论述] / 109

一、旅行社产品的定价目标、策略和程序 / 109

(一)旅行社产品价格概述 / 109

(二)旅行社产品的定价目标 / 111

(三)旅行社产品的定价策略 / 112

(四)旅行社产品的定价程序 / 115

二、计调部的内部计价和对外报价 / 116

(一)内部计价 / 116

(二)对外报价 / 120

(三)利润核算 / 120

[实操问答] / 121

[问答1]办事处与旅行社之间的竞争,谁更有优势? / 121

[问答2]如何看待"削价竞争"策略? / 121

[问答3]旅游产品的价格是什么,它有哪些构成要素? / 122

[问答4]在计价操作中,组团社要求报价的预报计划只说明了人数,而没有具体的用房间数,在此情况下,地接社是否可以报出准确的价格? / 124

[问答 5]原本 10 个人的全包价团队,临时取消 1 人,价格是否还能保持不变? /124

[问答 6]行程、景点、人数及用房数完全一样的全包价旅游团,是否会有不同的价格,为什么? /124

[问答 7]在做入境团的计价时,明明是赢利的团队,往往会出现最后结算时却亏损的"怪事",这是为什么? /124

[问答 8]为了高效、准确地计算出团队价格,应该做哪些基础性准备工作? /125

[问答 9]《旅游法》实施后"零负团费"现象或超低价团会立刻销声匿迹吗? /125

[问答 10]计调经理在调度旅游车时对旅游团成本的影响。 /126

[经典案例] /127

[案例 1]一言难尽的"明码标价" /127

[案例 2]3·15 中青旅让利魅力邮轮 /129

[案例 3]天津"方舟"买断黄山景区 30 年经营权 /130

[案例 4]"千人之游"频频出现,温州旅游实现规模经营 /131

[案例 5]一言既出,始料不及 /132

[案例 6]服务不标准,游客不顺心 /132

[案例 7]为何要换导游? /134

[实践练习] /135

第五章 计调部的发团管理 /136

[培训重点] /136

[案例导入] /136

[专题论述] /137

一、计调部发团管理概述 /137

(一)发团管理的概念 /137

(二)发团管理在旅行社整体业务中的地位 /137

二、接团旅行社的选择 /138

(一)接团社的定义 /138

(二)发团社与接团社的关系 /138

(三)接团社选择的标准 /138

(四)接团社的选择与调整 /140

三、旅行社发团作业流程 / 141
　　(一)团队档案的建立 / 141
　　(二)与航空公司的年度订位 / 142
　　(三)向地接社预报旅游计划 / 142
　　(四)书面确认 / 144
　　(五)旅程变更 / 144
　　(六)计划的发出 / 144
　　(七)再确认 / 148
　　(八)全陪工作 / 148
　　(九)账单审核 / 148
　　(十)出境团的其他注意事项 / 148
四、组团计调流程图 / 149
五、发团过程中的监督控制 / 150

[实操问答] / 150
　　[问答1]简述组团社计调工作流程。 / 150
　　[问答2]如何进行团款结算? / 151
　　[问答3]分项报价包括哪几个方面? / 151
　　[问答4]在人数经常变动的情况下,应如何安排用车? / 151
　　[问答5]如何筛选地接社? / 152
　　[问答6]房间变动怎么办? / 152
　　[问答7]如何处理导游人员的临时变动问题? / 152
　　[问答8]怎样解决车辆变动问题? / 152
　　[问答9]用餐变动怎么办? / 152
　　[问答10]靠缘分能选好地接社吗? / 153
　　[问答11]旅行社规模的大小,真能决定接待质量吗? / 153
　　[问答12]组团社拖欠团款该如何处理? / 153

[经典案例] / 155
　　[案例1]过"热"的旅游线 / 155
　　[案例2]游客要求赔偿三倍团款的要求是否合理? / 155
　　[案例3]在组团社与接团社之间 / 157
　　[案例4]遗漏景点、降低服务标准,赔偿如何计算 / 158
　　[案例5]住宿的变更,旅行社有过错吗? / 159
　　[案例6]游客得知旅行社非法经营后 / 160

[案例7]协议书为何无效 ／160
[案例8]旅行社违规经营出境旅游业务 ／161
[案例9]旅行社超范围经营应受处罚 ／162
[案例10]目的地旅行社派驻客源地促销人员合理地位的思考 ／163
[实践练习] ／167

第六章 旅行社的接团管理 ／168

[培训重点] ／168
[案例导入] ／168
[专题论述] ／169

一、旅行社接团人员的管理 ／169
（一）导游人员的管理 ／169
（二）计调工作人员的管理 ／171

二、旅行社接团过程的管理 ／173
（一）旅行社接团服务的要求 ／173
（二）接团服务的流程 ／175
（三）旅行社接团业务的管理 ／176

[实操问答] ／181
[问答1]旅行社如何加强对导游人员的管理？ ／181
[问答2]如何鼓励导游人员导游等级的提高？ ／181
[问答3]接待安全事故产生的主要原因及对事故处理的方法有哪些？ ／181
[问答4]如何接待散客旅游团队？ ／181
[问答5]散客教师接待的那些事。 ／182
[问答6]如何接待大型特殊旅游团队？ ／182
[问答7]如果出现误接、错接、漏接等问题该如何处理？ ／182
[问答8]如何处理临时计划变更？ ／182
[问答9]如何处理导游人员的临时变动问题？ ／183
[问答10]如何协调全陪与地陪的关系？ ／183
[问答11]全陪问地陪：你在哪匹马上？ ／183
[问答12]临时雇用导游一天半天不用给导游签订合同吗？ ／184
[问答13]《旅游法》会导致大批旅行社倒闭和大批导游失业吗？ ／184
[问答14]小语种导游为何如此难找？ ／185

[经典案例] / 186
    [案例1]游客被转团了 / 186
    [案例2]53名游客在寒风中被"晾"6个半小时 / 187
    [案例3]这样的赔偿该不该 / 188
    [案例4]质量——旅行社形象的基石 / 189
    [案例5]抢救游客是我们的责任 / 189
    [案例6]以诚相待 严格管理 / 190
    [案例7]旅游团购物为"零",某地旅行社有意见 / 191
    [案例8]签订合同,必须符合法定程序 / 191
[实践练习] / 192

第七章 计调部业务流程 / 193

[培训重点] / 193
[案例导入] / 193
[专题论述] / 193
    一、接待计划的内容 / 193
      (一)旅游团的基本情况和要求 / 197
      (二)日程安排 / 197
      (三)游客名单 / 197
    二、计调部业务流程 / 197
      (一)接收计划 / 197
      (二)发送计划 / 198
      (三)确认计划 / 198
      (四)更改计划 / 198
      (五)归档计划 / 199
      (六)统计计划 / 199
    三、ERP系统操作下的计调业务流程 / 201
      (一)首先进入系统 / 201
      (二)使用系统 / 202
[实操问答] / 220
    [问答1]没有团队名单的计划是否也要及时发送各相关机构,如饭店、地接社等? / 220
    [问答2]可否接受外联人员的口头更改? / 220

[问答3]计划发出后,其他地接社和饭店等相关机构都已发回书面确认,唯独A饭店迟迟没有回复,遇到这种情况该怎么办? /220

　　[问答4]有哪些方法可以使杂乱无章的计划井然有序? /221

　　[问答5]计调人员在发送计划过程中,发现外联人员做的计划中有错误,计调人员应该怎么办,是悄悄帮着更正,还是装着没看见? /222

　　[问答6]如何避免外联人员说计划已发,而计调人员却说没收到的情况? /222

　　[问答7]游客名单的重要性知多少? /222

　　[问答8]《旅游法》实施后导致旅游团费上涨吗? /222

　　[问答9]客人为什么罢住目的地酒店? /224

　　[问答10]何谓B2B平台?使用B2B平台对于旅行社里的地接社计调和组团社计调还有前台,分别有什么好处? /224

[经典案例] /225

　　[案例1]关系再好也要按流程办事 /225

　　[案例2]责任到人,签字为凭 /226

　　[案例3]签证被拒之后 /227

　　[案例4]加强管理,把握好每个环节 /228

　　[案例5]舍小本,求大利 /229

　　[案例6]不确认机票的"后果" /230

　　[案例7]组织出境游,违反规定应受处罚 /230

　　[案例8]团费被扣除,责任在谁,是导游,还是旅行社? /231

[实践练习] /233

第八章 计调部的管理 /234

[培训重点] /234

[案例导入] /234

[专题论述] /234

　　一、计调管理 /234

　　(一)"物"的管理,是计调管理的依托 /235

　　(二)"财"的管理,是计调管理的基础与核心 /238

　　(三)计调部应注重痕迹化管理 /242

　　二、客户的管理 /244

　　(一)建立客户档案(信息库) /244

（二）客户评估（真正地去了解你的客户） /245

（三）巩固客户关系 /245

三、计调部与其他部门和单位的协作关系 /247

（一）计调部与总经理室及外联、接待、财务部的协作关系 /247

（二）计调部与交通运输、游览景点、餐饮饭店和其他旅行社等外部旅游相关行业的协作关系 /248

[实操问答] /248

[问答1]饭店、餐馆、车队、导游员、景区景点、航空、车船等这些机构和人员的常用电话、传真、电子邮件等，都是由计调部收集整理的，那么怎样才能事半功倍、井然有序地做好这项工作呢？ /248

[问答2]由于天气原因，航班临时延误，客人只好在西安多住一晚。被滞留在西安的游客很多，住房非常紧张，计调部怎样快速为重要客户60多人的大旅游团找到合适的住房？ /248

[问答3]2018年3月，外联人员在一次旅游博览会上结识了一家新客户。该客户计划在2019年春节组织旅游团"到中国过大年"，希望外联人员在2018年年底之前给出报价。在这种情况下，计调人员该怎样协助外联人员报出一个既能吸引客源又能创造利润的价格呢？ /249

[问答4]80多人的大旅游团，分乘两辆旅游车游览，结果B车的客人都纷纷跑到A车上来了，理由是B车导游什么都不懂，什么都不知道。这样的事情应该怎样避免呢？ /249

[问答5]计调经理要勇于使用新导游。 /249

[问答6]计调部可以通过什么方式协助外联更新产品，促进销售？ /249

[问答7]某客户因不可抗力因素，造成实际成团量与预订发团量的差距相去甚远，计调部是否可以避免损失？ /250

[问答8]外联部收到财务部发来的201802-1126团的欠款通知，责成尽快结账，否则将影响部门绩效。可是经外联人员核查后发现，该团早在几个月前就已取消了，更改通知是通过电子邮件形式下发的，有相关计调人员确认收悉的原始邮件为凭。那么，是哪个环节出了问题呢？ /250

[问答9]火车票的采购痛失已到手的团队？ /250

[问答10]资深旅游业人士如何处理飞机上游客的突发事件？ /251

[问答11]计调经理能够派遣这样的出境旅游领队吗？ /251

[问答12]计调人员没有预订到返程船票，怎么办？ /252

[经典案例] / 253
　　[案例1]马虎的危害　/ 253
　　[案例2]"旅游团"成了"猪崽团"　/ 254
　　[案例3]"旅游刁民"该封杀吗　/ 255
　　[案例4]强迫自费之后　/ 256
　　[案例5]旅行社如何管理司机兼导游　/ 257
　　[案例6]经济纠纷竟扣游客为人质　/ 258
　　[案例7]游客的利益受到损害时,怎么办　/ 259
　　[案例8]变更合同慎用口头形式　/ 259
　　[案例9]旅行社和运输公司的责任承担　/ 260
[实践练习] / 261

主要参考资料　/ 262
后记　/ 263

第一章 计调部概述

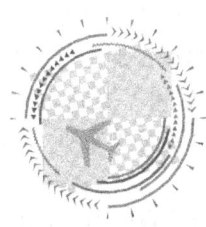

［培训重点］

本章主要讲述计调部的概念、发展过程及其机构设置特点,明确计调部经理的职责及其素质要求、计调人员的主要职责及其素质要求。通过本章学习,您将了解到计调部的概念、职能、特点,并对计调部在旅行社发展过程中,如何行使计调人员和计调部经理的职责有一定的帮助。

［案例导入］

请问你认为计调具体是做什么的?

"世界这么大,我想去看看"很时髦,一些高职院校老师在做旅游管理专业的入学教育时,这样循循善诱新生:你想旅游吗?你想免费旅游吗?你想免费带薪旅游吗?致使学生纷纷投入导游这一行业,想免费游览世界;可是有些学生因故没有考取导游资格证,不得不放弃理想,转入做计调人员,这种不情不愿遭到旅行社企业用人单位的质疑。请问你认为计调具体是做什么的?

［专题论述］

一、计调部概述

（一）计调业务的内容及其发展过程

1.概念

旅行社的计调部业务有广义与狭义之分。从广义上讲,旅行社计调部业务,既包括计调部门为业务决策而进行的信息提供、调查研究、统计分析、计划编制等参谋性的工作,又包括为实现计划目标而进行的统筹安排、协调联络、组织落实、业务签约、监督检查等业务性工作。从狭义上讲,计调部业务主要是指,旅行社在接待业务工作中,为旅游团安排各种旅游活动所提供的间接性服务,包括安排食、住、行、游、购、娱等事宜,选择旅游合作伙伴和导游,编制和下发旅游接待计划、旅游预算单等,以及为确保这些服务而与其他旅游企业或有关行业、部门建立合作关系等。

简言之,计调,是为了完成旅行社接待计划和与之相关的信息统计,承担着与接待相关的旅游服务采购和有关业务调度工作,是旅行社业务中的重要组成部分。

2. 旅行社计调业务的发展过程

(1)后勤的计调业务。在我国20世纪50年代初期,旅行社是"统一招待外宾食、住、行事务的管理机构",负责承办政府部门有关外宾招待的相关事宜。为此,当时的计调业务主要是为外宾订房、订车、订餐、订票(机、车、船及文艺票)和一些委托代办服务。那时的计调业务,一般由接待部门后勤人员承担,所以通常称为后勤工作。它是一种间接的、最早的计调工作。

(2)独立的计调业务。到了20世纪70年代末、80年代初,随着我国旅行社接待业务量的日益增长和旅行社规模逐渐扩大,建立了专门的计调部门,使计调业务从接待部门的后勤工作中独立出来。计调业务对内为旅行社各部门提供接团的后勤服务;对外为旅行社与合作单位建立固定的合作关系并代表旅行社与其签订合同。另外,计调部也是旅行社的信息中心,每天要把来自内外的大量信息进行整理、统计和传递。

(3)职能转变的计调业务。到了20世纪80年代末、90年代初,当旅行社开始建立和完善计划管理时,计调从一般为接待业务做好后勤服务,转向为全旅行社的业务决策、计划管理提供信息和制订方案,并进行可行性分析等参谋性工作,在旅行社经营管理中担负着计划管理、质量管理和业务管理的具体实施。随着计调职能的转变,其职责可以由两个部门(计调部和企管部)分别承担,也可以由一个部门(计调部)承担。目前的中小旅行社,只设计调部,没有企管部,所以一般由计调部承担。

(4)按业务运营环节设置的采购部。到了20世纪90年代末,人们开始发现旅行社原有组织设置的弊端,出现了"外联买菜,计调做菜,接待吃菜,总经理洗碗筷"的局面。于是一些旅行社开始采取措施,如外联部人员自己承担外联、计调和接待。其他部门也有类似的现象发生。这种情况的出现,促使旅行社的传统部门设置发生了变化,多数旅行社不再设置专门的计调部而设置采购部。

现有的计调部门主要负责统一调控、统一谈价,以争取批量优惠,并以此约束外联和导游的行为。另外,许多大、中型旅行社便设立了票务部门,既能保证团队票务,又能对外扩大服务范围。

(5)智慧旅游影响下的新计调业务。2009年9月14日,IBM总裁彭明盛首次提出"智慧地球"的概念。此后,我国学者在对"智慧"的全面诠释基础上,提出了"智慧城市""智慧旅游"。从一定意义上来说,无论是"智慧城市""智慧旅游"的发展,都对旅行社计调业务的发展有一定的影响,对旅行社的老计调提出新的要求,不再是手工操作的小作坊式的计调,而是在网上服务终端进行操作的新型的计调业务。

(二)计调部的机构和设置

计调部的工作包括采购业务、客流调度平衡和统计等工作。一般中小旅行社设有1~3个计调人员;大的旅行社则根据业务量设置计调人员,按部门来说,有国际部,如欧洲部、美洲部等;国内部,按照线路不同,来设置计调中心。如图所示:

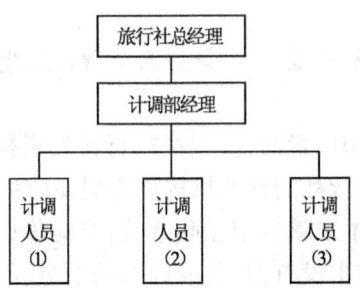

图1-1 中小旅行社机构设置图

图1-1,是中小旅行社的机构设置图,在总经理下设计调部。一般情况下计调部有1~3个计调人员,因为在比较小的旅行社,计调人员身兼数职。他们既要做业务,又要做计调,还要做导游,有的甚至还要做门市接待。因此在比较小的旅行社同时设有几个计调人员,如果一个带团去了,另一个还在办公室兼做其他二职,这是中小旅行社人手少所决定的。

图1-2,显示了一些大型旅行社的机构设置情况。在总经理下设计调中心,在计调中心下分为国际部和国内部。国际部比较简单,下设欧洲部、美洲部、亚洲部等;而国内部却比较复杂,随着国内旅游竞争的日益激烈,一些大型旅行社也纷纷涉足国内旅游业。国内部的计调业务主要是根据旅游线路来设置的,所

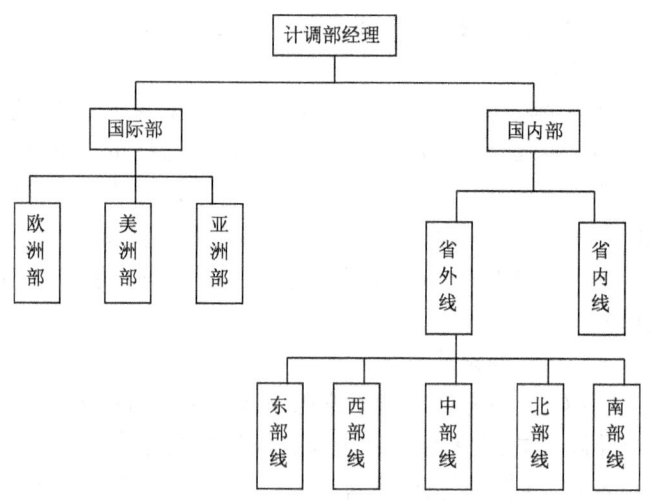

图 1-2 大型旅行社机构设置图

以又常常分为省内线和省外线,一个计调人员管几条线路,负责接听电话、报价、签约、问询等。

相对这两个计调机构设置而言,大型旅行社的机构设置要合理、科学一些。它是专人负责,而中小旅行社的计调机构设置则要混乱一些,常常会发生衔接不好的现象。如一些事情本来就是相互联系的,有时你以为另外一个计调人员做了这件事,而实际上却谁也没有做,造成计调部的失误,给旅行社带来不必要的损失。比较理想的计调部机构设置应该是专人负责。

图 1-3 是中南国际旅行社机构设置图。它们的计调部由公司专门负责业务的副总管理,下设:计调部经理;计调部经理按业务类型下面由出境部和国内部计调经理、境外地接部,国内地接与导游部组成。

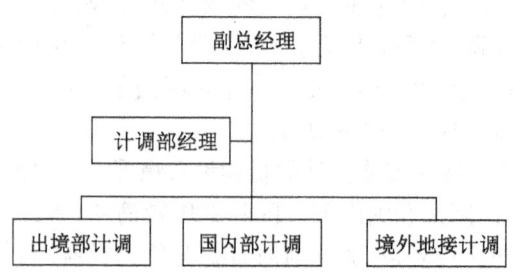

图 1-3 中南国际旅行社机构设置图

其国内、出境计调岗位职责如下：

1.每天监控供应商在操作系统上发布的散客拼团线路，对不符合要求的产品予以退回。

2.每天审核系统订单，对金额为零或金额明显不符的订单予以退回，要求门市修改计划，填写正确内容。

3.每天审核系统订单，对当天出发供应商还未确认的订单，督促供应商及时确认，以免漏买保险。

4.对使用非协议社的计划，核实门市提交的书面情况说明，审核非协议社资质、系统上确认此订单。

5.解答门市相关线路咨询，协调门市和供应商之间的关系及突发事件。

6.每周整理广告线路，及时了解和掌握供应商最新线路产品。

7.积极主动获取景区资源和供应商广告支持，协助营策中心研发公司自组产品及后期自组团在公司内部的推广、系统收客。

8.对本职工作内的景区门票、账目等做好登记统计，做到日清月结。

(三)计调部的职能特点

旅行社作为旅游行业的中介组织，向旅游者提供的食、住、行、游、购、娱等产品，大部分不是自己生产的，而是由其他旅游企业供应的，或者说是旅行社通过向其他旅游服务企业采购的，然后加上自己的导游服务再销售出去。目前，我国旅行社除导游服务外，其余服务几乎都是从其他旅游供应商那里采购进来的。

1.选择职能

旅行社通过与许多旅游企业建立采购关系，向游客提供服务。如，酒店、餐厅、航空、铁路、车船公司、游览景点、娱乐场所及各地的接待社等。在采购旅游服务过程中，作为一家旅行社不可能去干涉饭店的经营管理，不可能去调度航空公司飞机的飞行时间和线路，但却可以在采购业务过程中发挥选择职能，在众多的采购对象中选择最理想的合作伙伴，进行优化组合，构成一个最佳服务系统，以保证旅行社的最优服务质量。

2.签约职能

一家旅行社在经营中要与许多旅游企业(饭店、餐厅、车(船)队和其他旅行社)及相关行业(交通、园林、娱乐、保险等)发生经济关系，通常采取签订经济合同的形式来保持这种关系的稳定。

旅行社采购业务的签约职能是必不可少的，同时要求旅行社对外统一签约，以便从旅游供应商那里得到更好的优惠价格。旅行社赖以生存的重要途径，便是通过批量采购获得价格和交易条件的优惠。如果一家旅行社能够集中内部所有的购买力，相对集中地投放到相关旅游企业，由此带来的利益比分散投放到众多的相关旅游企业中要大得多。

3. 联络职能

旅行社组织一个旅游团的旅行过程,本身就是一个比较复杂的历程。它的涉及面很广,碰到的问题很多,而在第一线的导游人员却没有足够的时间和充分的条件来处理旅途中遇到的棘手问题。这就需要旅行社在经营管理中有24小时不间断的值班联络中心,来及时、准确、无误地转达。如团队在旅途中发生车祸、在饭店被盗、游客在旅途中生病、死亡等重大事故,就需要向有关部门及保险公司联络通报,采取相应措施;发生航班或车、船时间的变更、取消,则需要马上与饭店、餐厅、车队联系并做出相应的安排,使采购的旅游服务保证供应,不至于各站之间发生脱节,给游客和旅行社造成不必要的损失,从而导致游客投诉事件的发生。

4. 统计职能

统计工作,是旅行社实现经营目标和提高经济效益的重要保证。其重点是对本旅行社旅游业务进行逐月、逐季、逐年的定量科学分析,绘制成月、季、年的统计表。通过对这些信息的统计和分析,可以检查旅行社经营业务的实际情况,从而发现新问题并及时设法解决,同时还能了解客源的流向及流量,作为旅行社进行经营决策的依据。

5. 创收职能

计调部门在对外洽谈业务时,根据社会总的旅游供给能力的变化,在协议价的基础上作出价格调整,尽量争取最优惠价格,从而降低旅行社的经营成本,使企业利润增加。虽然计调部不是旅行社的直接创收部门,但它是间接创收,增加经济效益。因此,这也是旅行社一项重要的职能特点。

二、计调部经理的岗位职责和权限

如前机构设置所述,计调部经理直接隶属于旅行社总经理的领导之下,负责着全社的业务流程及其操作,其岗位职责显得非常重要。

(一)计调部经理的主要职责

计划调度部——开源节流之口

计调部是旅行社工作的核心部门,计调工作直接影响和决定着公司的正常运转,为了提高工作效率,增加工作效益,计调部经理应本着尽心尽责、求实创新的态度,履行如下职责:

(1)负责对外接待、安排旅游团队、发报计划、公关协调、组织接团等。

(2)广泛收集和了解不断变化的旅游市场信息及同行相关动态,对其他旅行社推出的常规、特色旅游线路要认真分析,为更好地策划本社的旅游产品做出方案。

(3) 不断地修改、制订和完善本社各条旅游线路及其行程安排,不断推陈出新,制订出符合当前旅游市场需求、能满足游客要求的旅游线路及适当的旅游价位。

(4) 在操作、协调、安排团队省内外旅游时,对有关交通、导游服务及住、食、购、娱等活动,要尽可能考虑周到,在确保团队接待质量的前提下,力争"低成本、高效益"。

(5) 在每个旅游团行程结束后,有关导游、司机报账时,要严格把关,并与财务部门仔细核对每一项账目,确保准确无误。

(6) 在每个带团导游出发前,应把带团的详细资料、注意事项,以及在此线路中可能出现的问题和解决建议作出全方位的考虑并告知导游人员,尽可能做到防患于未然。

(7) 为提高本社的工作效率,计调部经理应监督计调人员,在工作中要及时按日、月、季掌握各线路的成本及报价,同时要及时通知各部门,以确保对外报价的统一性、可靠性、可行性和准确性。

(8) 要时刻与各业务部门加强联系,及时了解、掌握、分析反馈的信息,然后进行消化、吸收、落实。

(9) 每个团队操作,必须要求做到售前、售中、售后完美服务,即出团前的亲情服务;团队旅游过程中的质量跟踪监控;团队行程结束后的回访及建立档案。

(10) 必须时刻注意同行动态,特别是要注意收集各种媒体广告以及关注网上价格,建档保存并进行分析。

(二) 计调部经理的权限

计调部经理除具有上述职责外,还应享有相应的权限。

(1) 旅游资源采录工作权限。计调部经理在旅游淡季时,应该抽出时间到旅游景点及其线路进行踩点、踩线,只有了解第一手资料,才能制作出精美的线路,适合市场需求,甚至走在市场前面的线路,而不是闭门造车。

(2) 旅游产品制作工作权限。计调部经理踩点、踩线回来,应该和计调人员一起进行旅游产品的粗加工制作工作。

(3) 同行报价收集工作权限。计调部经理在推出本旅行社的线路及报价之前,有权带领其他计调人员一起,完成收集本地区其他旅行社的线路报价工作,做到知己知彼、百战百胜。

(4) 本社产品报价工作权限。在上述产品的粗加工工作和同行报价收集工作的基础上,经过旅行社总经理的认可,及与旅行社其他部门(如外联部)共同协商,有权对外报出本社旅游产品的价格。

(5)签订旅游合同工作权限。在每年的年底或年初,计调部经理要与交通部门(如航空公司、铁路部门、旅游车〈船〉单位)、景区景点、饭店、旅游定点餐厅等相关部门签订旅游协议,以便定下来年的优惠协议价。

(6)网站信息收集编辑工作权限。计调部经理在收集同行旅游线路报价的同时,注意观察和收集网络旅游信息,有权对本旅行社网站工作进行不断更新。

(三)计调部经理的素质要求

在一些中小旅行社,十分需要水平高的计调部经理进行总控服务质量。整合旅游资源、包装旅游产品、进行市场定位等,都需要计调部来完成。计调部经理对市场要反应敏锐,必须懂得游客心理、具有分销意识及产品的开发能力等。

在具体的团队操作过程中,一名称职的计调部经理,必须业务熟练,对团队旅行目的地的情况、接待单位的实力、票务运作等,都要胸有成竹。具体来说,应具有以下五大素质:

(1)要具有责任心。一名好的计调部经理不仅能让旅行社经理放心,而且还能让导游人员和外联人员省心。尤其是导游人员在外带团和外联人员在外联团时,体现得非常明显。导游人员在外带团是否顺利,很大程度上取决于计调部经理在操作过程中的程序是否妥当、周到;而外联人员在外联团时,需要计调部报价的及时性和准确性,还要把握旅游市场的命脉。这样才能在竞争激烈的市场中取胜。

(2)工作要有计划性。如出境旅游需要提前多少天办理签证,要给自己建立一个预警机制,不要等到要出团时,才发现领队的签证或者某某人的签证还没有办来,从而给旅行社造成一定的损失,有时候甚至会失去该团队的业务。

(3)应具有掌握与合作单位谈判的技巧。计调部经理在与合作单位(如地接社和交通部门)谈判时,要善于讨价还价,并且要多咨询几家,既要与合作单位建立友好关系,又要学会做到不要在一棵树上吊死的谈判技巧,从而为旅行社带来比较丰厚的利润。

(4)应具有风险和法律意识,对旅游相关法规要了如指掌。计调部经理还要懂得相关的法律知识,在不违反法规的条件下操作团队。

(5)要具有市场意识。这一点,是目前计调部经理普遍缺乏的。某旅行社同人认为,尽管总社的分工细化,在制定旅游线路、新产品开发及采购上要求计调部经理必须具有强烈的市场意识,要对旅游市场、旅游目的地的变化及各地接待单位实力的情况等有所了解;按季节及时掌握各条线路的成本及报价,确保对外报价的可靠性、可行性及准确性,还要不断对计调部的工作进行创新。

目前,高水平、高素质的计调部经理人才实在难求。一方面,是因为旅游从业人员门槛低,文化素质和经验不足;另一方面,就是分工细化后,计调部仅仅是熟练的流水线作业,而不关心其他业务工作,所以真正达到要求的计调部经理人员很少。现实中,有些小旅行社的计调部经理,是导游、外联、计调集于一身。如此大的工作量,往往会令其心理不平衡,从而,造成有一定经验的、比较好的计调部经理的流失。

三、计调人员的主要职责

除上述计调部经理需要具备的素质外,计调部的人员也需要明确其职责、权限范围,并符合相应的素质要求。

(一)计调人员的主要职责

计调部门是旅行社工作的核心部门,计调部工作直接影响和决定着旅行社的正常工作。为了提高工作效率,增加工作效益,计调工作人员,应本着"尽心尽职、求实创新"的态度,履行如下岗位职责:

(1)负责对内接待、安排旅游团,对外计划、协调、发团等。

(2)广泛收集和了解不断变化的旅游市场信息及同行相关信息。对其他旅行社推出的常规、特色旅游线路逐一分析,力推本社特色线路及旅游方案。

(3)修改、制定和完善本社各常规线路的行程及具体安排,及时提出符合客人要求的旅游线路及报价建议。

(4)计调部人员在协调、安排市郊及周边地区旅游团旅游时,对有关交通服务、导游服务等方面,要协助本部门经理,尽量做到有备无患,在安排游客的食、住、行、游、购、娱等活动时,尽量考虑周到,在确保团队质量的前提下,力争"低成本、高效益"。

(5)为提高工作效率,在工作中,按季节及时掌握各条线路的成本及报价,以确保对外报价的可靠性、可行性及准确性。

(6)加强同外联人员的联系,及时了解、掌握、分析反馈的信息,然后进行消化、吸收、落实,提出合适的线路和价位建议。

(7)整理团队资料做好归档工作。随着通信技术的发展与普及,在电脑里存档各个文件与报价线路等资料繁杂,在电脑上做好文件夹的命名,以便日后做线路时查找方便。

(二)计调人员的主要工作

计调人员的工作概括起来为"五化"法。

计调是旅行社完成地接、落实发团计划的总调度、总指挥、总设计。"事无巨细,大权在握",具有较强的专业性、自主性、灵活性。如果说"外联"是辛勤的采购员,那么计调就是"烹饪大师",经他们的巧手要把"酸、甜、苦、麻、辣、咸"的不同滋味调制出来以满足不同团队的"口味",确实需要一定的技巧。计调人员提高工作效率、避免差错应注意以下几个方面的问题。

1. 人性化

计调人员在讲话和接电话时应客气、礼貌、谦虚、简洁、利索、大方、善解人意、体贴对方,养成使用"多关照""马上办""请放心""多合作"等"谦词"的习惯,给人亲密无间,春风拂面之感。每个电话、每个确认、每个报价、每个说明都要充满感情,以体现你合作的诚意,表达你作业的信心,显示你准备的实力。书写信函、公文要规范化,字面要干净利落、清楚漂亮,简明扼要、准确鲜明,以赢得对方的好感,以换取对方的信任与合作,一个优秀的计调人员,一定是这个旅行社多彩"窗口"的展示,它像"花蕊"一样吸引四处的"蜜蜂"纷至沓来。

2. 条理化

计调人员一定要细致地阅读对方发来的接待计划,重点是人数、用房数,有否自然单间,小孩是否占床;抵达大交通的准确时间和抵达口岸,核查中发现问题及时通知对方,迅速进行更改。此外,还要看看人员中有否少数民族,或宗教信徒,饮食上有无特殊要求,以便提前通知餐厅;如果发现有在本地过生日的游客,记得要送他一个生日蛋糕以表庆贺。如人数有增减,要及时进行车辆调换。条理化是规范化的核心,是标准化的前奏曲,是程序化的基础。

3. 周到化

"五定"(定房、定票、定车、定导游员、定餐)是计调人员的主要任务。尽管事物繁杂缭乱,但计调人员头脑必须时刻清醒,逐项落实。这很像火车货运段编组站,编不好,就要"穿帮""撞车",甚至"脱节"。俗话说:"好记性不如烂笔头。"要做到耐心周到,还要特别注意两个字。第一个字是"快",答复对方问题不可超过24小时,能解决的马上解决,解决问题的速度往往代表旅行社的作业水平,一定要争分夺秒,快速行动。第二个字是"准",即准确无误,一板一眼,说到做到,"不放空炮",不变化无常。回答对方的询问,要用肯定词语,行还是不行,"行"怎么办?"不行"怎么办?不能模棱两可,似是而非。

4. 多样化

组一个团不容易,往往价格要低质量要好,计调人员在其中往往发挥很大作用。因此,计调人员要对地接线路多备几套不同的价格方案,以适应不同游客的需求,同时留下取得合理利润的空间。同客户"讨价还价"是计调人员的家常便饭。有多套方案、多种手段,计调就能在"变数"中求得成功,不能固守"一个打法",方案要多、要细、要全,你才可"兵来将挡,水来土掩",纵然千变万化,我有一定之规。

5. 知识化

计调人员既要具有正常作业的常规手段,又要善于学习,肯于钻研,及时掌握不断变化的新动态、新信息,以提高作业水平,肯下功夫学习新的工作方法,不断进行"自我充电",以求更高、更快、更准、更强。如要掌握酒店上下浮动的价位;海陆空价格的调整,航班的变化;本地新景点、新线路的情况,不能靠"听人家说",也不能靠电话问,应注重实地考察,只有掌握详细、准确的一手材料,才能沉着应战、对答如流,保证作业迅速流畅。

计调人员不仅要"埋头拉车",也要"抬头看路",要先学一步,快学一步,早学一步,以丰富的知识武装自己,以最快的速度从各种渠道获得最新的资讯,并付诸研究运用,才可以"春江水暖鸭先知"。虚心苦学、知识化运作其实是最大的窍门。

计调人员的主要工作,是分发和落实各业务部门提交的预订计划,变更计划;协助导游中心监控接待计划的实施,处理预订计划在实施过程中遇到的问题;及时收集、掌握、管理、分析和传递各种信息资料,提高咨询服务质量,协助外联人员和宣传策划人员调整产品结构,核定产品成本,负责业务档案的整理、归纳工作;负责选择和评审工作;负责对饭店、购物、娱乐场所、餐厅、旅游运输公司的不合格服务提出处理意见并负责实施。

(三)计调人员的素质要求

在旅行社的经营管理中,销售部、计调部、接待部构成了旅行社具体操作的三大块,与财务、人事等后勤部门组成了整个旅行社的运作体系。其中,计调部起着联系各方的作用。计调就是计划调配的意思。它的运作,通常是从销售部或销售人员手中接下任务后,计调人员开始操作,进行用车的调配、行程的安排、饭店的落实、票务的预订、景点的确认等,然后交给接待部门执行。通过计调部的有效运作,使各部门形成完整的、互动的经营体系。

许多行外人士甚至部分旅行社经营管理人员都有一种误解,认为在有关旅行社的服务质量投诉中,很大部分是由于员工的素质及服务态度造成的。但据有关资料分析,旅行社发生的服务质量问题,其根源,很大部分可追溯到计调人员的操作上去。

所以一个管理严格、完善的旅行社,会对计调人员的素质提出以下要求:

(1)业务熟练。必须对团队的旅行目的地情况、接待单位的实力及票务运作等都胸有成竹。一般来说,旅行社计调人员多是做过几年导游的,有着较丰富的带团实践经验,对计调部业务轻车熟路。

(2)具有敬业精神。必须热爱旅游事业,计调工作其实是很枯燥的,是由无数琐碎的工作环节组成,没有敬业乐业的精神,是无法把这份工作做好的。

(3)认真细致的工作态度。旅游是个一环紧扣一环的活动,而负责将这些环节紧扣在一起的工作便由计调人员去完成。如果没有认真负责的工作态度,票务、用车、接送团队等其中一环没扣好或没扣上,就会出现一招不慎、满盘皆乱的失控局面。

（4）精确的预算能力。必须要做到成本控制与团队运作效果相兼顾。也就是说，必须在保证团队有良好的运作效果的前提下，能在不同行程安排中编制出一条最经济，能把成本控制得最低的线路出来。要多问几个为什么，为什么人家旅行社能做下来，而我们做不下来呢？

（5）不断学习、创新的能力。旅游市场千变万化，计调人员必须要懂得不断学习的重要性，不断向经验丰富的导游人员和计调人员学习；认真了解旅游市场、各旅游目的地的变化、各地接待单位实力的消长情况等，还要根据学习的收获，不断对工作进行创新，跟上时代潮流的发展。

（6）良好的人际关系和较强的交际能力。在与有关部门、单位的协作中，善于配合，谦虚谨慎、广交朋友，同时注意维护本旅行社的声誉。

（7）严格的组织纪律观念。对有关重大问题，必须多向领导请示汇报，批准后再进行处理，千万不可擅自决定；否则后果不堪设想。

（8）较强的法制观念。要严格遵守财务制度和合作单位的各项规定，自觉维护国家和集体利益，绝不牟取私利。尤其是2013年4月25日第十二届全国人民代表大会常务委员会第二次会议通过《中华人民共和国旅游法》，2013年10月1日正式实施，计调人员在操作业务时，需要掌握相关法律知识。

（9）熟悉使用智能旅游；熟悉旅游计调业务；熟练使用地图册、列车时刻表、航班时刻表。尤其是进入新的世纪的今天，智慧旅游无处不在。计调人员要熟练掌握云计算、物联网、移动互联网、人工智能和信息处理等技术，借助智能手机、iPad、电脑等智能终端设备，实现旅游信息的广泛搜集、分析，为旅行社作出决策提供建设性的建议。

（10）有一定的地理、历史知识及文档编辑和计算能力。

在当今世界，旅游行业正朝着国际化、大型化、网络化发展，这是一个更强调服务个性化的时代。它对旅行社计调人员素质的要求也越来越高。旅行社计调人员能否跟得上时代的潮流，能否组合出更具个性化的旅游产品，正日益成为旅行社之间竞争的着力点。

[实操问答]

[问答1] 如何成为一名合格的旅游计调？

计调属于"单兵作战"，常常要负责对接多个部门、多个环节。因而，要成为一名合格的旅游计调，必须做到"德、智、体"全面发展。计调岗位分布精细，这就要求他们一专多能，具备极强的综合协调能力，从实地考察到策划产品，到市场营销、招徕团队、各项途中的安排，每一个环节都离不开计调的协调和调度。"认识别人不重要，重要的是要让别人认识你"，这句话体现出，计调需要具备强大的业界人脉资源，才能顺利开展工作。如何维护客户关系、留住重要客户也是计调工作的重要一环，有时直接决定着旅行社的盈利情况。在财务方面，计调要学会精打细算，做到"该省的一定省，不该省的绝不能省"，为了让游客满意，有时该换车就换车，酒店、餐饮等该升级就得升级。极强的应变能力对于计调来说更是必须具备的，因为随时有可能深更半夜接到客户投诉，如何处理好突发事件，就要靠机敏的应变了。这些问题充分说明，计调这一岗位要求从业者具有超出普通员工的工作能力。

计调虽然不负责带团，但是这份工作绝不是普通人想象中的"坐办公室"。从踩线开始，计调就要代表旅行社与沿途各企业谈妥合作细节，产品线路研发、市场推广等过程也必须亲力亲为，最忙的是接到团队以后，除了常规行程外，哪些客人有特殊需求，计调都必须先通过全陪了解清楚，再一一告知地接导游员，并认真督促沿途接待点予以落实。在旺季时，一名计调经常要负责接听多部座机和多部手机，晚上连觉也睡不好，第二天却仍要处理大量团队运行中的各种细节问题。所以，旅游计调还应拥有强健的体魄和充沛的精力。

淡季时要耐得住寂寞，旺季时要顶得住压力。淡季来临时，计调不应该因为业务量的缩减而偷闲，而应该认真整理手上的各种资源，例如再次拜访自己所操作线路上的景区、酒店、购物点等，进一步巩固合作关系，同时通过网络、电话与重要客户保持经常联系，为旺季做好充分准备。旺季来临时，旅游计调常常忙得不可开交，要同时对接很多部门和很多企业，这时候就要调整心态，应该从一开始就充分认识到这项工作的艰巨性，随时保持清醒的头脑和平和的心态，细致周密地处理好每一件看似不起眼的"小事"。

用长远的眼光看待收入与付出的"不成正比"。以目前的情况来看，计调在旅行社业界还没有得到足够重视，收入不是很高；但与此同时，计调的辛苦却是常人难以想象的。因此，旅游计调尤其是刚刚从业的旅游计调师，经常面临着收入和付出不成正比的尴尬。旅游计调是一个需要时间积累的岗位。一般来说，能坚持3—5年的计调，手上就能掌握足够的旅游要素资源和客户资源，随之而来的必然是收入的不断增加。

对游客必须一诺千金。计调要帮助客人预订酒店、餐饮等，这当中包含着很多细节，有时可能在随口答应游客后又忘记落实，例如团队中有一名少数民族游客，计调却忘了安排酒店给他预备特殊菜肴。这种情况对计调来说可能觉得是个小失误，但对游客而言却是失信，往往引发投诉甚至纠纷。因此计调人员须切记，向游客做出的承诺必须认真履行。

尽自己之力为旅行社实现利润最大化。利润最大化是企业生存和发展的必然需求,对于计调人员而言,这也是实现自我价值的重要途径。要使利润最大化,就要依靠计调丰富的经验了。例如,有经验的计调能较为准确地估计本公司发往某景区的游客量,与景区协商更大额度的门票优惠,以降低旅行社的运营成本;在同一条旅游线路上也应该尽可能多地掌握酒店、餐饮、购物点等信息,一方面为旅行社赚取更丰厚的利润,一方面也避免因某些企业的垄断,导致旅行社成本增加。

[问答2] 计调部一味追求高标准的住宿就能满足客人的要求吗?

答:计调人员未就团队中客人的构成,客人对行程首站、末站的要求等事宜与销售人员进行充分沟通,没有充分了解客人的要求,便在操作中过分地掺杂个人主观、甚至是想当然的东西,总以为这样安排,客人通常都不会有意见。结果菜是做出来了,却不合客人的口味。例如,有个旅游团的线路,是去内蒙古和山西,团队价位报得有点高,计调部经理想安排好一点,因此决定,在内蒙古安排住豪华蒙古包,即二人一包,和星级饭店一样有独立卫生间;在山西省则住太原的四星级饭店。结果团队对住房并不满意。他们说在内蒙古还不如住六人一包的普包,这样才像住蒙古包,大家济济一堂,那才热闹、有来到内蒙古的感觉;对于在太原安排住四星级饭店,他们并不好受,因为他们是教师团,与饭店进进出出拎着公文包的商务客人格格不入,显得穷酸,故而,他们宁愿住在平遥古城,第二天早晨也不必赶时间,头天晚上又能在平遥古城好好逛逛。这算不算"赔了夫人又折兵"呢?因为豪包的价位比普包的价位要高出好几倍,平遥古城的住房也比太原的四星级饭店要低一些,真是出了钱还未能达到客人满意,这就是计调人员没有与外联人员很好沟通、不了解游客心理需求所造成的后果。

[问答3] 计调部经理能这样袒护其地陪吗?

答:计调经理因为担负着重要的对内对外纽带作用,因此,也尽量做到公平、公正、公道,不能一意孤行袒护自己旅行社的导游。有一案例:新疆某旅行社地陪在带团购物时,因旅游团购物不理想而面露不悦之色,带着情绪工作,全陪向组团社领导汇报工作时说明此事,组团社与地接社进行了沟通。早餐是房费含早的,第二天早餐地陪没有来,因为上午自由活动。本来,头天晚上地陪告诉客人,只要报出旅行社的名称即可就餐,可是地陪未与餐厅衔接好,餐厅当班的服务员根本不知道此事,故拒绝让客人吃早餐。全陪与地陪联系不上,地陪手机关机;全陪与餐厅领班进行沟通,领班与餐厅经理联系,餐厅经理手机关机,无法接通。无奈,全陪交付了早餐费用,餐厅才让客人吃上早饭。全陪在与地接社计调部经理通话时,该计调部经理却大声责备全陪不应把这件事情向组团社总经理汇报,而应向她反映,并说地陪有情绪是正常的。为此全陪非常生气,迅速关机。这件事情影响非常恶劣,作为地接社的计调经理应该清楚:你只能批评指责自己的导游,没有交代清楚给餐厅负责人;怎能指责不属于你管辖的全陪呢?导致第二个团没有交给该地接社操作。可见,全陪的作用,地接社的计调人员不可忽视。

[问答4] 计调部能如此安排其行程吗?

答:把行程安排得时紧时松,弄得客人时而疲于赶路,以到达某预订的饭店入住,时而又百无聊赖地在某餐厅待上很长一段时间,以便在该指定餐厅用餐。松紧不当的活动安排,容易导致客人的体力分配不均,产生不安情绪,也容易使客人对旅行社及导游人员的安排产生不信任感。如,某旅游团从武汉出发,目的地是井冈山,计调部安排在九江定点餐厅吃午餐。但该旅游团抵达九江时才11:00,客人要求到南昌再吃午餐,全陪导游在与计调部经理协商时,得到计调部经理同意,及时满足了客人的要求,受到客人的好评。

[问答5] 计调部经理不应该知道我国主要客源国概况吗?

答:在向用车单位下订单时,仅就用车时间、接车地点、座位数进行落实,而忽略了对车容、车貌、车况的了解。在航空票务方面仅对票务中心报了计划,而忽略了对机型、航空公司、航班时间等进行跟踪。如某旅行社有一日本团,计调部经理在派车时,只考虑车况还可以,司机也常做外团,因此就派了这辆较新的金龙车。等到地陪上团时,发现该旅游车是一辆黄色的旅游车,而做旅游的人应该知道,日本是我国主要客源国,应该知道日本人是忌讳黄颜色的。其著名案例——可口可乐和百事可乐竞争日本市场,就是因为百事可乐饮料包装盒是黄颜色的,而可口可乐的易拉罐包装盒则是深受日本人喜爱的红色,从而导致了百事可乐进军日本市场的失败,可口可乐取胜。可是,当地陪问到计调部经理时,该经理却怪地陪不事先告诉她。可见,她不知道,日本是我国最大的客源国。作为计调部经理,她应该知道我国主要客源国的概况及其忌讳,可见我们计调部经理素质低下,还有待提高。

[问答6] 计调人员对入住的饭店不熟悉,会影响带团质量吗?

答:预订饭店方面,仅强调对饭店星级的选择,而忽略对饭店位置、服务设施、周边环境的选择,在实际运作中有可能产生不良效果。如某旅游团在入住泉州酒店时,由于计调人员不熟悉泉州酒店的情况(旅行社在厦门),给该旅游团安排了一处招待所,而该旅游团的标准应该是挂牌三星。这个招待所周围的环境很差,内部设施也很差,是热水器式的淋浴器。客人说,先吃了午餐再说吧,于是,就在招待所餐厅用了午餐,饭菜质量也不好。为此,客人表示坚决不住该招待所。无奈,地陪只有先带领客人参观景点,后来,旅行社给该旅游团安排了一个四星级的宾馆入住才解决了客人的罢住问题。

[问答7] 侥幸心理能保证带团质量吗？

答：某旅行社在某省属地、市、县地区组织了一个赴港澳的旅游团。对于一个以组团为主的旅行社来说，能组成一个省属地、市、县的出境团真是不容易。旅游团的游客自己办好了"港澳通行证"，可是旅行社的领队却还没有办好签证。团队出发了，在深圳有个一日游行程安排，带此团的导游兼领队与该团一起出发。计调部经理计划着该团坐火车需要一天，然后在深圳停留一天，估计办个加急，也许领队的通行证就可以办下来了，然后可快递到深圳。然而，事与愿违，直到出境前的头一天晚上，才知道领队通行证未办妥，不可能出去了，于是，只好将该团队交给其他旅行社的领队。且不说该领队来回的费用问题，更重要的是，其结果导致了该团队业务的流失。本来，该团回来后该地区还有一个团队也要出境，因为该团队出境前说好了，这是一个系列团。然而，由于该旅行社做不出领队通行证，第二批团队就跟着第一批带团领队所在的旅行社走了，致使该社失去了一次向该省所属市、县拓展业务的绝好机会。

[问答8] 普通话也会影响团队的运作吗？

答：也许人们认为计调人员在办公室工作，只是接接电话、打打电话，不需要太多的技能，更不在乎普通话讲得是否标准。可是，就有因计调人员普通话不标准而导致旅游团运作出现故障的事情发生。那是某年的十一黄金周，因旅游车故障，旅游团必须在外多停留一宿。因黄金周住房相当紧张，计调部被迫临时决定在某市找住房，而这个旅游团又比较大，计调人员当天下午联系饭店，不得不分两处住宿。作为武汉人的计调人员在告知全陪饭店的地址时，发音不准，把"青年"路，说成"青春"路，"春"字发成"qūn"，结果导致全陪和司机晚上在陌生的城市到处找，耽误了游客的时间。这个旅游团恰巧又是个教师团，非常重视普通话问题。游客问："你们计调经理的普通话怎么这么差劲啊？"可想而知，全陪导游无言以对，只得暗暗叫苦。

[问答9] 怎样对待计调人员的流失问题？

答：在一些小旅行社，计调人员身兼数职是一点也不奇怪的，既要做导游，又要做门市接待，还要做业务，但工资，一般都不能高于旅行社总经理的工资，而他们的工作量却不一定就比总经理少。在这种情况下，造成了一部分计调人员的流失。因此在某些小旅行社，常常让亲信或家属充当计调部经理或计调人员；而在一些大旅行社，则多采取业务提成或按人头费的提取方式来留住计调人员。否则旅行社几乎就留不住计调人才，实际是变成了一个人才培训机构。

[问答10] 计调人员的计算能力有如此重要吗?

答:是的。别小瞧简单的加减乘除,一不小心就促成大错,才知晓小学的算术是多么的重要。事情是发生在2015年的上半年,有一个外团,从2015年的大年三十接到计划开始作价,人数不断地变化,从16人慢慢减少到只有10人,变化一次人数就要重新报价一次;在不断的变化中,终于在最后一次计算中错误,双方都没有看出来,如下演示:

计:地接费用:深圳段600+湖南段8610+湖北段2800+云南段34 920+桂林段13 000+上海段3800=63 730

城市间交通:深圳—长沙高铁388.5×10人+长沙—武汉高铁169.5×10人+武汉飞丽江1940×10人+香格里拉飞昆明1320×10人+昆明飞桂林890×10人+桂林飞上海1350×10人=60580

可是,计调人员交给外联人员的结算单却是:

深圳—长沙高铁388.5×10人+长沙—武汉高铁169.5×10人+武汉飞丽江1940+香格里拉飞昆明1320×10人+昆明飞桂林890×10人+桂林飞上海1350×10人=60580

说明:该团是从深圳入境,线路是深圳—长沙—武汉—丽江—香格里拉—昆明—桂林—上海,然后从上海出境,以上是两个部分计价,一部分是地接费用,另一部分是城市间的交通费用。结果在城市间交通费用中"武汉飞丽江1940"的机票核算中少了一个零,或者是说只核算了一个人的机票,团队在进行到武汉,与领队准备结账时,突然该团的外联人员像是在睡梦中惊醒一样,再次审核该团的账目,发现了这个环节的计算错误,急忙与该团领队联系,得到领队的谅解。否则将会导致旅行社的损失为19 400-1940=17 460。

可见,旅行社的计调人员的计算能力是多么重要啊!

综上所述,很多问题其实在计调操作过程中就已经产生,到真正问题发生时,导游人员发挥主观能动性的余地已经不大,导游直接面对游客,可回旋的空间已经很小了。事实上,问题发生的根源是在导游的大后方——计调部经理及其计调人员身上。可见,计调部经理及其计调人员的作用,在旅行社运作中可以说是举足轻重的。计调人员的素质直接关系到团队运作是否顺利和成功。

[问答11] 计调经理为何会打错团款?

某旅行社机构设置比较小,计调经理兼任财务出纳人员。有一去北京旅游团,结束后经审核无误,准备打团款给北京地接社。随着通信技术的发展,现在计调、财务操作人员大多是通过微信联系,该计调经理与北京地接社经理联系几次后,对团款审核无误后,就按照地接社经理发给的银行账号打团款过去了。

可是,过了几天,北京地接社经理打电话过来,说是没有收到团款。于是组团社计调经理连忙把打款账号发过去,北京地接社经理说前几天他的微信号被盗了,该银行账号不是他及其他的财务人员账号,此时,组团社计调经理才知道她遇到了骗子。经过多方查找,了解该账号是福建地区的,无法追回该团款,导致旅行社损失。

该案例说明,计调人员做事情一定要小心再小心!!!如果该组团社经理在打团款时,与北京地接社经理打一个电话,也许就不会发生这样的事情。

[经典案例]

[案例1] 计划安排不周,影响游客利益

案情: 某年6月,西安的导游员赵小姐接待一个32人住在唐城饭店的旅游团。该团原计划在西安的活动为:第一天下午看城墙、大雁塔、小雁塔;第二天去乾陵、昭陵、华清池;第三天上午参观兵马俑,下午乘飞机去桂林。第二天晚上11:00,赵小姐突然接到全陪打来的电话,说该团次日去桂林的飞机改变了航班,起飞时间改在第三天上午7:00多钟。赵小姐得此消息后非常焦急,因为航班一改,将牵扯到游览、用餐、行李、送机和通知游客等一系列问题。而那时大部分游客已经入睡,司机也早回家了。这件事究竟该如何处理呢?她马上与旅行社联系,得知情况属实,并让她到社里取机票。赵小姐质问计调人员为什么不及早通知她。计调人员说,已经给她的手机打过电话,但没联系上。赵小姐没有继续与其争辩,忙请他帮助联系第二天的旅游车、行李车、退餐等事宜,又请全陪通知客人第二天早晨出运行李和出发的时间,在与饭店联系有关早餐、出行李、退房等事宜后,又赶去旅行社取机票,夜里12:00多才赶回饭店。那时,旅游团的随员和全陪正在等着她,等一切都落实后已经是凌晨1:00了。

第三天凌晨5:00,该团就由饭店出发赶往临潼机场。赵小姐见大家的脸色都很难看,忙向大家解释改航班的原因:"由于最近去桂林的航班很紧张,据天气预报讲,桂林今天要下雨,大家在那里也只停留一天,旅行社为了你们以后的日程,所以想尽办法为大家搞到了咱们团去桂林的飞机票,昨天晚上临时通知了大家,还请诸位多多见谅。至于大家没有看到兵马俑,确实很遗憾,这属于我们安排上的失误。我会向旅行社反映,让他们将以后的日程安排得更合理一些。不过兵马俑博物馆最近正在维修,只开放小部分俑坑,况且,今天西安要下大雨,即使今天不改航班,我们也准备更改一下游览线路。不管怎样,对今天的事我都要向大家道歉。"大家听完赵小姐的解释并没有发火,他们仍对赵小姐这两天的导游和服务表示非常满意,鼓了掌,并对旅行社的安排表示理解。然而,赵小姐

心里仍不是滋味,因为万一天气预报不准,游客到桂林后晴空万里,而西安又没有下雨,兵马俑博物馆也只是进行小规模维修的话,岂不是要怀疑我欺骗他们吗?在从机场回来的路上,西安下起了大雨,此时桂林也正在下大雨。虽然游客不会怀疑她欺骗他们,但赵小姐的心情仍和雨天一样阴沉,始终因客人们没能参观兵马俑而感到不安。

点评:导游员在接待过程中要随时与旅行社和全陪保持联系,为下一步日程安排做好准备,以免在实际工作中处于被动。准备的内容包括:了解和确认游览项目、游客用餐、航班时间、办理离开饭店和去机场的有关事宜等。如计划安排游客第二天走,最好提前一天去取机票。本例中的赵小姐只是在听到全陪的电话后,才得知航班改变的情况,如能事先自己亲自到旅行社去取机票,即使没有得到通知,也能及早地了解情况,争取主动。

旅行社计调人员在安排计划和准备工作方面起到关键性的作用。没有计调人员的协助和配合,工作在第一线的导游,就不可能顺利地完成任务。因此,内勤人员一定要精心安排好计划中的每一个环节,遇到计划变更的情况要及时通知导游,并为其安排好所有的辅助措施。本例中的计调,虽然通过BP机和手机联络了导游,但在得不到回音后并没有进一步联系,致使该团的接待工作出现了麻烦。如果他进一步与导游要去的饭店联系或留言,一定能将航班时间变更的消息及早通知到导游,使她赢得准备时间及与客人沟通解释的时间。

因此,在这个案例中,计调部内勤人员没有及早采用多种渠道通知地陪赵小姐,造成了赵小姐工作的被动,是本案例的焦点;再则,赵小姐的解释工作应做在客人上车之前,否则客人会拒绝上车,在这个案例中,游客虽未做出异常反应,但这只能说这批客人实在是太好了!或者说是地陪赵小姐前两天的工作做得很好,客人谅解了她。

至于行程安排问题,原计划第三天上午去临潼参观兵马俑博物馆,下午送机场,刚好方便,应该说并没有错。

[案例2] 误机,谁的错

案情:某年,北京某旅游团通知,乘8月30日1301次班机于14:05离京飞广州,9月1日晨离广州飞香港。7月26日有关人员预订机票时,该航班已满员,便改订了同日3102次班机的票,12:05起飞。订票人当即在订票单上注明"注意航班变化,12:05起飞",并将订票单附在通知单上送到计调部门。但计调部门工作人员并没有注意到航班的变化,仍按原通知中的航班起飞时间安排活动日程,并预订了起飞当日的午饭。日程表送达内勤人员后,内勤人员也没有核对把关,错误地认为,导游员应该知道航班的变化。因此,内勤人员只通知了行李员航班变化的时间,而没有通知导游员。8月30日上午9:00,行李员发现导游员留言条上写的时间与他的任务单上的时间不符,经过提醒,也没有引起导游员的注意。结果造成了误机的重大责任事故。

点评:(1)导游员违背《接待工作规程》的规定,既没有看到注明"注意航班变化"的通知,也未看所订机票的起飞时间;更没有认真核实飞机起飞的准确时间,所以对造成这次误机事故负有重要责任。

(2)在这次事故中,导游员之所以负有重要责任而不是全部责任,是因为旅行社计调部门也有过错,也应负有一定的责任。我国民法第一百三十条规定,两人以上共同侵权造成他人损害的,应当承担连带责任。按照我国法律的规定,旅行社在支付了因其导游的行为造成的受害者的损失后,有权在内部向有过错的导游人员进行追偿。

(3)误机(车、船)事故发生后,旅游者不能按计划离开本地,游客的不满和沮丧是可想而知的,旅行社必然招致游客的抱怨和指责。同时,误机事故也会给旅行社带来大量的工作和经济损失。旅行社管理人员必须采取各种必要的补救措施,妥善安排游客在本地滞留期间的生活和活动,力争缓解他们的不满情绪,使不利影响减少到最低限度。旅行社经营管理人员在处理误机(车、船)事故时,首先,应立即设法与机场(车站、码头)联系,争取安排游客乘最早班次的交通工具离开,如果无法获得当天其他航班(车次、船次)的交通票据,可设法购买最近期的飞机票,使游客尽快赶赴旅游计划中的下一站。第二,如果正值旅游旺季,旅行社无法购买到近期正常航班的机票,可采取包机或改乘其他交通工具的方式,使游客能够尽快前往下一站。第三,游客无法离开本地时,必须稳定游客的情绪,妥善安排他们在当地滞留期间的食宿、游览等事宜。同时,游客离开后,要认真清查造成事故的原因和责任承担者,并处理善后事宜,实事求是地认真总结经验教训,避免类似事件的发生。

(4)严格制度管理,规范运作。旅行社计调部的工作是一项组织复杂而细致的工作,接待一个团队,常常在几天之内,由几个城市的几家旅行社及几十家提供食、住、行、游、购、娱服务的企业,按预定的程序提供相应的服务才能完成。它需要计调部及各地接待社进行复杂而细致的组织、调度,需要各部门按时、保质、保量地提供相关服务。同时,还要有全陪和地陪的现场联络和安排。在实际操作过程中,还常常会因为主客观原因,发生预想不到的变化(如本案例中的误机等)而打乱行程,甚至造成人身、财物损失等较大的事故。所以,旅行社要认真做好组织接待服务工作,制定科学、严密的管理制度和信息传递工作程序,以及发生事故的应变处理方法。

[案例3] 客人错,还是旅行社错

案情:北海某国际旅行社 BZL.99.2.15 北京旅游团,于2月19日由越南返回南宁,入住凤凰宾馆,原定20日10:30乘K6次火车返回北京。但因春运紧张,柳州铁路局临时通知调部分火车票支援桂林,致使该社原订20日南宁至北京的计划票有一部分被取消。

该旅行社知情后采取紧急措施,千方百计地在当晚19:00才订到了20日15:28从柳州到北京的卧铺票,并连夜送到南宁凤凰宾馆,向游客说明了今年游客剧增,车票紧张的特殊情况,并请客人多多谅解。谁料想,客人不依,坚持要从南宁坐火车返京。

深夜1:20,该社副总经理致电南宁与客人代表通话做工作,经理连夜从北海驱车南宁。20日早上7:40赶到后,立即召集客人在会议室解释,再三动员客人马上动身,但客人仍不愿动身,故此,错过了乘南宁至柳州火车的启程时间。

这时旅行社又通知导游紧急做工作,动员一部分客人从南宁走,另一部分游客乘韩国产豪华空调大巴到柳州。同时,副总经理电传致歉信给客人,并许诺补偿每位客人200元。尽管一而再、再而三地向客人说明,客人就是不上车,一口咬定只能从南宁返京,否则就要乘坐飞机返京,并不承担任何费用。

当时,旅行社也承诺过可为客人订飞机票,差价由客人出,但当时南宁至北京的机票只有几张,根本无法满足客人的要求。在该旅行社承诺"南宁至北京的卧铺票费用由本社全部承担"时,客人仍不同意返京,致使26张火车票全部作废。加上南宁至柳州的火车票及全部手续费共损失13 221元。

计调部在此情况下,传真给凤凰宾馆,叫客人自付房费、餐费。但总经理知道这件事后,马上纠正过来,并于2月21日电传该社在凤凰宾馆的工作人员,传真如下:"由于北京客人不同意从南宁市经柳州中转回北京的行程安排,致使客人在南宁市已停滞两天,请你们代表我们向客人表示敬意和歉意,请他们多保重!现请你们做好以下工作:继续为客人支付房、餐费,直至离开南宁;全力以赴为客人购买返程票,使他们尽早与家人团聚,尽快回到工作岗位;协助客人与家人通电话,告知在南宁的情况,话费由我社承担,请家人放心;注意客人的饮食、身体健康情况,特别要注意老年人、妇女和儿童;出现情况要及时报告北海总社。"

23日,客人终于全部返回北京,该旅行社终于松了一口气。

点评: 在本案中,首先是旅行社违约,造成游客的损失,旅行社要承担违约赔偿责任。对旅行社而言,在宣传产品时应实事求是,不要夸大,以免引起争议。但在行程中,遇到旅行社违约,游客应本着合理而可能的原则,与旅行社协商问题的解决方案,待返程后仍可再向旅行社追究违约赔偿责任。违约已是事实,游客损失已造成,任何过激的行为,如拒绝上车,既不利于事件的解决,也可能造成更大的损失,将损失扩大化,如拒绝上车的损失、滞留的费用等。根据合同法的有关规定,"一方违约后,对方应当采取措施防止损失的扩大;没有采取适当措施致使损失扩大的,不得就扩大的损失要求赔偿"。消费者理性维权的落脚点应放在这里,在加强自我保护意识的前提下,增强法律意识,文明旅游。因此,在本案中,车票的损失、滞留的费用等应由游客自行承担。

旅行社方面应该怎样运用法律武器维护自己的合法权益,不要一遇到客人投诉、闹事,就害怕媒体曝光,为了息事宁人,而以高额赔偿平息事件。这一方法,虽可快速解决问题,但"后遗症"不少。旅行社既损失了经济利益,自己的正当权益也得不到维护;既不利于旅游市场的健康发展,也不利于游客正常消费心理的培养。游客误以为只要一闹就能得到高价赔偿,以后将更加"有恃无恐"。其实,旅行社违约后,只要依法依规及时得到游客的谅解和支持即可。成熟游客心理的形成,既有待于游客群体自身的努力,也有赖于旅行社的培育和正确引导。

[案例4] 旅行社降低了住宿标准

案情:某年8月,大学教师王某等20人参加了××旅行社组织的九寨沟、三峡旅游团,每人交费3400元。根据旅游合同规定,住宿是带独立卫生间的双人标准间。但旅游团到九寨沟后,双人标准间变成了简陋的木板房,更谈不上什么独立的卫生设备及其他设施,因而引起游客的强烈不满。王某等教师认为,旅行社的这种行为,属于欺诈行为,侵犯了游客的合法权益,要求加倍赔偿损失。旅行社对王某等提出的要求不予理睬。行程结束后,王某等遂向旅游局质检所投诉,要求维护自己的合法权益。旅游局质检所在收到王某等人的投诉后,通过调查,确认投诉属实,做出了裁决。

点评:旅行社应当赔偿王某等游客的损失。《中华人民共和国消费者权益保护法》第十六条第二款规定:"经营者和消费者有约定的,应当按约定履行义务,但双方的约定不得违背法律、法规的规定。"《消费者权益保护法》第十一条又规定:"消费者在购买、使用商品或者接受服务受到人身、财产损害的,享有依法获得赔偿的权利。"本案例中旅行社与游客之间签有旅游合同,是旅行社违反了合约,损害了王某等游客的利益,所以应当赔偿游客的损失。

本案例中,王某等游客还提出要求加倍赔偿损失费的请求,该请求也应予以满足。依据《中华人民共和国消费者权益保护法》第四十九条规定:"若经营者提供商品或者服务有欺诈行为的,应当按照消费者的要求增加赔偿其受到的损失。增加赔偿的金额为消费者购买商品的价款或者接受服务的费用一倍。"从本案例中的具体情形看,旅行社降低住宿标准,主观上存在着故意,属于欺诈行为。又根据《旅行社质量保证金赔偿试行标准》第六条规定:"旅行社安排的旅游活动及服务档次与协议合同不符,造成旅游者经济损失,应退还旅游合同金额与实际花费的差额,并赔偿同额违约金。"因此本案例中,旅行社不仅应退还王某等旅游者住宿费的差价,同时还应赔偿相同数额的违约金。这样裁决体现了旅游行政管理部门依照法律和经济手段,促使旅行社在经营活动中诚实守信,从而达到提高旅游服务质量的目的。

[案例5] 回程买不到卧铺票

案情: S市某国内旅行社导游员小刘做全陪带一40人的国内旅游团赴北京旅游,按计划,全团10月20日坐火车硬卧返回。在10月19日中午,委托购票单位的票务员告知小刘,由于旺季卧铺票非常紧张,无法买到,只能改乘硬座。小刘得知这一情况后,心想不如先把真情瞒着游客,等第二天上午时再告诉游客,既成事实了,游客不走也不行。到了20日上午时,当小刘把卧铺改硬座的事实告诉游客时,旅游团集体指责小刘欺骗他们,拒绝上车,一定要小刘所在社做出满意的安排。无奈,小刘只好打电话告知旅行社领导相关事宜。旅行社多方努力终于买到次日的卧铺票。但旅游团因此在北京多住一天,造成火车票费、餐费、房费等各种损失。最后,该团旅行社不但没赚反而赔钱,并导致游客对旅行社严重不满,真是赔了夫人又折兵。

点评: 这是一例国内旅游业务中比较常见但又较难处理的案例。没有买到卧铺票,虽说不是导游员的责任,但从旅行社的利益和游客利益出发,在处理问题时导游员必须掌握分寸,一定要兼顾两者利益,争取双赢的结局。本案例中导游员小刘采用隐瞒游客的手法,"骗"游客上硬座车,想造成既成事实后强迫游客乘硬座返回,但结果却适得其反,这样的做法实为下下策。这样做,原本好商量的游客也会变成不好商量。因为,最起码的一点,导游员小刘疏忽了人际交往中最重要的原则:尊重他人。

那么,遇到此类情况导游员应该怎么办呢?

(1)当导游员得知没有卧铺时,不要急着向游客宣布,应马上与自己所在社联系,看看是否还有别的途径可买到卧铺票;若经过努力确实无法改变现状,导游员应先找到领队说明事实,争取领队的谅解和支持,并商量对策。

(2)向游客说明不能照原计划乘卧铺返回的原因,和领队一起做游客的思想工作,同时拿出"补偿"游客损失的措施,一定要想办法尽量按原定"日子"返回;若游客提出改乘飞机返回,则应搞清楚有无航班机票,同时应说服游客补足差额部分,且最好是当场收取现金,如游客不愿补差价,则须向旅行社领导汇报,得到指示后方可行事。

(3)返回后,应请旅行社领导出面赔礼道歉。

[案例6] 游客少游景点,是谁的错

案情: 某年10月的一天,李某等15人参加了A城××旅行社组织的长江三峡游。在游览过程中,因组团社与地方接待社之间的团款纠纷而耽误了游程。

计划中的重庆红岩村、渣滓洞两个游览点被取消;过三峡时,因恰好是晚上时间,致使游客未能欣赏到西陵峡、神女峰等景观,小三峡和丰都鬼城也没能成行。旅游团行程结束后,李某等向旅游局质检所递交了投诉状。李某等人声称,在游览过程中,由于旅行社方的过错,违反协议,导致部分景点未游或取消,要求旅行社方赔偿全部旅游费用一倍的损失。旅游局质检所接到投诉后,即进行调查、取证。在调查取证过程中,作为组团社的A城××旅行社承认投诉事实,但又认为重庆红岩村、渣滓洞未能游览是重庆地方接待社行程安排不当,应由重庆地方接待社承担责任;西陵峡、小三峡未能成行,是游船公司的过错,因此,责任在重庆地方接待社和游船公司,A城××旅行社不应承担其损失费及赔偿费。在A城旅行社和重庆地方接待社及游船公司相互推诿责任的情况下,最后旅游局质检所依据有关法律条文做出了裁决。

点评:A城××旅行社应当赔偿李某等游客的损失,包括重庆、大三峡、小三峡、丰都鬼城等景点损失费。根据《中华人民共和国消费者权益保护法》第十六条第二款规定:"经营者和消费者有约定的,应按照约定履行义务,但双方的约定不得违背法律、法规的规定。"又根据《旅行社管理条例》第二十四条规定:"旅行社因自身的过错未达到合同约定服务质量标准的,给旅游者造成损失的,旅游者有权向旅游行政管理部门投诉。"本案例中,旅行社在旅游过程中未全面履约,损害了旅游者的经济利益,应承担赔偿责任。旅行社收款并开具发票,旅游合同已成立,双方的权利和义务也随之确立。旅行社是旅游合同的承诺方,按照"组团社先行赔偿"的原则,组团社应先赔偿旅游者的损失,然后再向有关责任方追偿。因此,A城××旅行社应赔偿这次旅行中全部未游览之景点的损失费。拒绝赔偿重庆、大小三峡、丰都鬼城未游景点的损失费用是不可接受的。

至于李某等游客请求旅行社赔偿全部旅游费用的一倍损失,则缺乏法律依据。《中华人民共和国消费者权益保护法》第四十九条规定:"若经营者提供商品或者服务有欺诈行为的,应当按照消费者的要求增加赔偿其受到的损失。增加赔偿的金额为消费者购买商品的价款或者接受服务的费用一倍。"根据本案例中的具体情况,旅行社的过错并不是欺诈行为。对于欺诈行为,我国有关法律是这样规定的:"只有当一方当事人故意告知对方虚假情况;或故意隐瞒真实情况,诱使对方当事人做出错误的意思表示的才可以认定为欺诈行为。"本案中的旅行社并没有上述行为,而且大部分约定已履行。所以对李某等游客这个投诉请求不予支持,不应满足。

[案例7] 广告宣传名不副实

案情:某年10月,××旅行社为了招徕游客,在电视台登了一则广告,称其组织的长江三峡7日游,不仅游览项目多,食宿条件好,而且价格便宜,服务质量有保障。游客张某等15人被此广告所吸引,交费参加了该旅行社组织的长江三峡游。然而,在行程中,张某等得到的服务与广告中说的相去甚远,大家都有一种上当受骗的感觉。于是,张某便联络其他游客联名向当地旅游局质检所投诉。旅游局质检所在调查过程中发觉该旅行社因不具备经营条件,已与另一家旅行社合并,改名为一家新的旅行社。

点评:(1)旅游局质检所在查得该旅行社以虚假广告招徕游客,导致游客上当受骗的事实后,可依法进行处理。依据《旅行社管理条例》第二十一条:"旅行社应当维护旅游者的合法权益,旅行社向旅游者提供的旅游服务信息必须真实可靠,不得作虚假宣传。"《中华人民共和国消费者权益保护法》第三十九条规定:"消费者因经营者利用虚假言行提供商品或者服务,其合法权益受到损害的,可以向经营者要求索赔。"《旅行社质量保证金赔偿试行标准》规定:"旅行社安排的旅游活动及服务档次与协议合同不符,造成旅游者经济损失,应退回旅游者合同金额与实际花费的差额,并赔偿同额违约金。"由此,旅游局质检所做出了旅行社及有关人员必须赔偿张某等游客的损失,并赔付适当违约金的处罚。

(2)该旅行社虽和另一家旅行社合并,并改名为一家新的旅行社,但依照《中华人民共和国消费者权益保护法》第三十六条规定:"消费者在购买、使用商品或者接受服务时,其合法权益受到损害的,因原先企业是分立、合并的,可以向变更以后承受其权利义务的企业要求赔偿。"所以本案中合并后新成立的这家旅行社应最终赔偿张某等游客损失的责任。

[案例8] 游客的自主选择权受法律保护

案情:××旅行社为了更多的创收,对游客硬性搭售,他们不管游客愿不愿意,行程一开始时,就由导游员强行向游客收取人民币150元,然后发给统一的遮阳帽、登山鞋、旅游保健产品,并美其名曰"配套服务"。这一做法引起了游客的强烈不满,他们向旅游局质检所提出了投诉。

点评:(1)该旅行社的做法是错误的,它违反了《中华人民共和国消费者权益保护法》。《中华人民共和国消费者权益保护法》第九条规定:"消费者享有自主选择商品或者服务的权利。消费者有权自主选择提供商品或者服务,自主选择商品品种或者服务方式,自主决定购买或者不购买任何一种商品,接受或者不接受任何一项服务。消费者在自主选择商品或服务时,有权进行比较,鉴别和挑选。"本案例中该旅行社不管游客是否愿意,在提供旅游服务时,强行搭售其他商品的做法是不合理的。如果游客要求退货,旅行社应满足游客的要求。

(2)旅行社的配套服务如果真正是方便了游客,为游客所欢迎的,那当然是好事,但任何一种强行提供服务的做法,都是背离了商业活动的基本行为规范的,应该予以制止。

[案例9] 赴韩旅游违约脱团,应如何划分责任?

案情:赴韩国旅游的游客在签证申请表上承诺"如滞留韩国应支付旅行社5万元违约金",到达韩国后,这名游客真的一去不返。旅行社因此提起诉讼。本市河北区人民法院经审理后,判令该游客给付旅行社5万元违约金。

2014年3月,王某到本案原告某旅行社处报名,参加前往韩国的旅游。数日后,双方签订了协议,约定王某参加原告组织的赴韩旅游团队,同时还约定了其他事项,双方均在协议上签了字。之后,王某在旅行社提供的《签证给发申请表》上填写了个人信息。该申请表上明确提示:"我保证在签证有效期内随团回国,不会滞留韩国。我已明确了解,如滞留韩国,需支付签证代办公司不少于5万元违约金。"王某在申请人署名处签署了姓名。在王某提供了身份证、在职证明及担保函,并交纳2460元旅游费之后,旅行社为他办理了签证并购买了机票。

2014年3月21日晚,旅行团到达韩国后,王某等13人脱团,旅行社一直不能联系上他。旅行社方面根据和王某的约定,王某应该支付旅行社不低于5万元的违约金,故提起诉讼。被告王某未进行答辩。

分析:法院经审理认为,被告到原告处报名参加旅游,原告为被告办理了相关手续,被告交纳了旅游费用,双方已形成旅游合同关系。双方也签订了相关协议,该协议系双方当事人的真实意思表示,双方均应按约定履行。被告填写了《签证发给申请表》,也明确了解了提示的相关内容,承诺不会滞留韩国。并知晓了"如滞留韩国,需支付签证代办公司不少于5万元违约金"的违约责任,被告明知自己是持旅游签证的情况下,而非法滞留韩国,逾期不归。其行为违反了双方的旅游合同及自己的承诺,应按约定承担违约责任,故原告的诉讼请求应予支持。

(来源:中国旅游新闻网 2015-05-06)

[实践练习]

1.你认为计调人员仅仅是在办公室接打电话吗?

2.请写出贵社(公司)计调部的机构和设置,以及你认为理想的计调部机构设置模式。

3.你认为计调人员可以带团吗?

4.如何控制计调人员的流失呢?

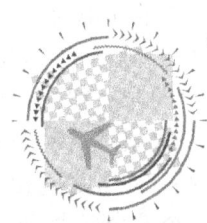

第二章 计调部工作的原理和内容

[培训重点]

本章主要讲述旅行社计调部工作的原理和内容,通过学习,您将了解到计调部在旅行社中的重要地位和作用,了解计调部的特点以及旅行社与计调部的关系和旅行社对计调部的要求,了解到在旅行社中为什么人们会认为是"外联部买菜、计调部做菜、导游员带领客人品大餐"的关系,阐述"计调部做菜"之难及其重要性,从而掌握计调部工作的基本原理和内容。

[案例导入]

如何核算一个旅游团的成本费用

某一旅行社计调人员金某,是刚刚从学校毕业没多久的学生。在一次计调经理安排她做一旅游团的报价,小金同学把该团的全陪导游的费用没有核算,她不知道"羊毛出在羊身上"这个道理,误以为全陪导游坐飞机、坐火车不需要费用。你知道如何核算一个旅游团的成本费用吗?

[专题论述]

一、计调部的重要性

(一)旅行社的产品与市场定位

1.旅行社产品

产品,是一种向市场提供的能满足买方某种需求和利益的物质实体或非物质形态的服务。它包括有形和无形两种产品形态。作为一种特殊的产品——旅行社产品,从广义上讲,凡是旅行社向旅游者销售的能满足旅游者旅游需求的任何有形的产品和无形的服务,都属于旅行社产品。旅行社产品有的简单、有的复杂。前者,如旅行社向旅游者提供的一张机票、几张旅游景点门票等;后者,如旅行社为旅游者组织的一次出国观光旅游。对旅行社来说,销售的产品往往不仅可以是为旅游者提供的某一单项产品或服务,而且可以是在一次旅游活动中由一系列单项产品和服务有机组合成的综合产品。这些单项产品和服务之间相互关联、紧密配合,并不只是简单地相加。所以,旅行社产品是一个综合概念,而单项的产品,如旅行社提供的一项住宿、饮食、交通等方面的服务,可以看做是旅行社产品的特殊形式。

根据《旅行社管理条例》,"旅行社是指有营利目的,从事旅游业务的企业"。其中旅游业务是指"为旅游者代办出境、入境和签证手续,招徕、接待旅游者,为旅游者安排食宿等有偿服务的经营活动"。从中可以看出:一方面,旅行社提供的主要是服务形态的产品。旅游者在大多数情况下,都始终参与了旅行社旅游服务的全过程,即使是旅行社为旅游者提供的一张机票,也包含了旅行社由预订到销售这一系列的服务。这种服务是与旅游设施、旅游资源结合在一起的。另一方面,旅行社是以营利为目的的企业,这决定了其所提供的产品是有偿的。所以,从供给者方面,也就是从旅游经营者的角度看,旅行社产品,是指旅行社凭借一定的旅游资源和旅游设施,向旅游者提供的能满足旅游者在旅游活动中需求的各种有偿服务。而从需求者,即旅游者的角度看,旅行社产品,是指旅游者花费一定的时间、费用和精力,通过旅行社获得的一段旅游经历。这段经历包括旅游者从离开居住地开始,到旅游活动结束后返回期间,在所有时间范围和空间跨度中,对所接触的事物、事件和所接受的各种服务的综合感受。在旅游者心目中,旅行社产品不仅仅是整个旅游活动中从旅行社购买的一次导游讲解或一间客房,而是对所有产品和服务的整体感受,也就是通过旅游得到的一段经历。所以在旅行社产品生产与销售过程中,要做到各个环节紧密配合,按质按量地组织好整个旅游活动,才会使旅游者的旅游需求得到满足,才会获得良好的旅游经历。

2. 市场定位

(1)市场定位的策略。产品市场定位是旅行社产品经营中的一项重要的战略性工作。所谓产品市场定位,是指旅行社确定自身产品在目标市场上的竞争位置的活动。具体讲,市场定位是旅行社根据目标市场上的旅游者偏好,以及竞争者产品的经营状况,结合旅行社的条件,通过本企业产品特色与形象的营造和传递,使自己的产品在目标市场中形成区别于竞争对手的印象与认识。

在旅行社经营活动中存在着大量的竞争者,竞争,是市场经济的一个基本特征。在进行产品市场定位时,旅行社必须研究竞争对手,包括潜在的竞争对手。竞争者,一般是指那些与旅行社提供的产品相同或相类似,并且所服务的目标市场也相同或相似的企业。从市场经济实践来看,一个企业很可能会被潜在的竞争者挤垮,而不是当前的主要竞争者。说到底,旅行社产品市场定位策略是一种竞争策略,目的是在目标市场中谋求产品的竞争优势。

按旅行社在目标市场中的竞争地位划分,旅行社产品的市场定位主要有以下几种策略:

①市场挑战策略。市场挑战策略的意图非常明确,即向市场主导者挑战,开发与其相同或相似的产品,通过企业形象攻势,争夺客源市场,并且图谋取而代之。旅行社采取这种市场定位策略,可以迅速地进入目标市场,而且进入目标市场的成本较低,但竞争风险较大,容易引起竞争性报复。如果旅行社没有足够与竞争对手相抗衡的实力,市场也没有足够的客源增量,不应贸然挑战。

②市场跟随策略。市场跟随策略,是指旅行社模仿市场主导者的产品,或者对某产品进行适度改良,从而占据一定的市场份额。与市场挑战策略不同,市场跟随策略不是向市场主导者发起进攻,而是尾随在主导者之后,维持共处局面。美国管理学家李维特认为,产品模仿有时与产品创新一样有利。采取市场跟随策略的旅行社,虽然不能成为市场的主导者,但因不需大量投资,而可获得较高的市场利润。

③市场补缺策略。市场补缺策略,是以市场需求的"空白点"为补缺基点,通过对特色产品的专业化经营来占据有利的市场位置,最大限度地获取收益。选择市场补缺策略的旅行社,避开与市场主导者的竞争,专门关注市场上未被满足的需求。这些需求往往被市场主力所忽视,却有较大的市场潜力。这种市场定位策略,既安全又有利,尤其对中小型旅行社具有现实意义。当然,多重补缺要比单一补缺更能减少风险。

(2)市场定位的步骤。完成一个旅游企业的市场定位,并不是一件很容易的事情。通常需要经过分析评价当前定位—选择期望定位—规划定位策略—执行定位策略等四个步骤。

步骤一:在广泛收集旅行社作业信息和决策信息(市场需求信息、旅游服务供应信息、同行竞争信息,以及旅游环境信息)的基础上,分析评价当前定位,绘制市场定位策略草图,找出存在的主要问题,选择突破口。

步骤二:在新的评价指标指导下,根据市场竞争和旅游消费者需求的发展趋势,选择期望定位,实施积极引导旅游消费。对所选择的期望定位,既要符合市场需要,也要符合旅游企业的实际需要,以便发挥企业优势,实现企业目标。

步骤三:规划定位策略,即对所选择的定位方案进行充分的论证,制订详细的规划,施行策略组合,落实保障措施,计划实施方案,以确保旅游区域和旅行社制定的市场定位策略科学合理、切实可行。

步骤四:执行定位策略,就是要明确专门人员(如计调部人员)按照规划和计划进行市场定位策略的实际操作。其中有针对性的旅游产品设计、合适的营销策略组合,以及企业的形象塑造等,均是十分重要的内容。

因此,计调部在旅行社企业中扮演着非常重要的角色。

(二)计调的重要性

计调在旅行社的整体运作中发挥着极其重要的作用,在旅游行业中,一直就有"外联买菜、计调做菜、导游带游客品尝大餐"的说法。可见,外联、导游、计调各司其职,都是旅行社业务中十分重要的角色。而当人们把目光集中到导游与外联身上的时候,往往对旅行社的幕后英雄——计调关注过少。其实,计调人员犹如饭店里的厨师一样,其素质与水平的高低,直接决定着旅游行程的服务质量,所以有人把"计调"比喻为"旅游行程中的命脉"。

1.计调是旅游行程中的命脉

在旅行社的经营管理中,销售部、计调部、接待部构成了旅行社具体操作的三大块,与财务、人事等后勤部门组成了整个旅行社的运作体系。外联人员和旅游团队取得联系后,接下来就是计调部要发挥作用的时候了。计调部会根据团队客人的特点和要求,进行用车的调配、行程的安排、饭店的落实、票务的预订、景点的确认等,然后交给接待部门,派导游去执行。可以说,旅行社是通过计调人员的有效运作,使各部门形成完整、互动的经营体系的。

许多业外人士,甚至部分旅行社经营管理人员有一种误解,认为在有关旅行社的服务质量投诉中,很大部分是由于员工的素质及服务态度造成的。但据有关资料分析,旅行社发生的服务质量问题,其根源可追溯到计调人员的操作程序上去。

比如,一个旅游团队按计划下周一要去雍和宫,计调人员就要把行程提早做出来,并要进行准确的确认。如果遇到一位不负责任的计调人员,想当然地认为周一雍和宫永远是开门迎客的,为了省事而不去进行再确认,结果,那个周一雍和宫就可能会因故而没有开门,此时,游客就会把气撒在导游身上,以致影响到旅行社的信誉。

我国大多数博物馆和纪念馆都是周一休息,但是也有个别。如湖南省长沙市简牍博物馆是周二休息,所以计调人员在操作团队时,需要关注每一个地方的博物馆的作息时间,不致影响团队的参观游览。

在计调安排的行程计划书中,游客的用餐时间、用餐地点,导游一般不能随意改动,所以计划书的细致与周到,直接影响着团队的服务质量。一位导游员讲了这样一件事情,有个外宾团早上到北京,导游员准时在8:30将游客接到了宾馆,并安排吃了早餐。由于旅途劳累,游客吃过早饭后已经是上午10:00了,而按照此团的行程计划书,12:00进午餐。刚用过早餐的客人不愿意在那么短的时间内再吃一顿,要求午餐时间后延,但导游员没有权利更改用餐时间,这种情况就属于计调人员对行程安排不合理。没有完整、清晰、准确地向接待部门阐明接待的细则和要求;对行程松紧安排不当;对交通工具监控不力;对住宿酒店了解不足等,都是计调人员易发生的失误。

如某年的7月有一个旅游团,是这样的行程:

第一天,17:02乘T192次火车卧铺从武汉去兰州　　　　　　住火车上

第二天,中午12:12分抵达兰州,中餐后,游览水车园、母亲像、中山桥、白塔山公园

　　　　　　　　　　　　　　　　　　　　　　　　　　　住兰州

第三天,4:00起床去西宁,参观青海湖、塔尔寺,晚回兰州,乘火车去宁夏银川

　　　　　　　　　　　　　　　　　　　　　　　　　　　住火车上

第四天,早抵银川,早餐,游览西夏王陵、镇北堡西部影视城　　住银川

第五天,继续游览宁夏的沙湖、沙坡头景区　　　　　　　　　住银川

第六天,早餐后,离开银川乘飞机去西安转机返回武汉。

游客对以上的行程非常不满意。第三天的行程安排太紧张,凌晨就起床去西宁,西宁没有住宿,而晚上又从西宁返回兰州,真是疲于奔命。旅行社没有考虑客人的体力,只是考虑自己的利益,实在不应该。

可见,计调对旅游行程中服务质量所起的作用是至关重要的。计调人员丰富的操作经验、灵活的调配能力及细心、周到的人性化服务理念及超强的责任心,都是决定服务质量的关键,决定着旅行社所做的每道"菜"是否适合游客的"口味"。

2.计调人员是旅游活动的幕后操纵者

对计调部而言,成本控制与质量控制是两大核心工作。成本控制,是指计调部要与接待旅游团队的饭店、餐厅、旅游车队及合作的地接社等洽谈接待费用,计调部能够控制旅行社的成本。所以,一个好的计调人员必须要做到成本

控制与团队运作效果相兼顾,也就是说,必须在保证团队有良好运作效果的前提下,在不同行程中编制出一条能把成本控制到最低的线路。在旅游旺季,计调人员要凭借自己的能力争取到十分紧张的客房、餐位等,这对旅行社来说,相当重要。质量控制,就是在细心周到地安排团队行程计划书外,还要对所接待旅游团队的整个行程进行监控。因为导游在外带团,与旅行社唯一的联系途径就是计调部,而旅行社也恰恰是通过计调部对旅游团队的活动情况进行跟踪、了解,对导游的服务进行监督,包括代表旅行社对游客在旅游过程中的突发事件进行灵活应变。所以说,计调人员是旅游活动的幕后操纵者,是旅行社完成地接、落实发团计划的总调度、总指挥、总设计。可以说,"事无巨细,大权在握",具有较强的专业性、自主性和灵活性,而不是一个简单重复的技术性劳动。

二、计调部的特点和作用

(一)旅行社与计调部的关系

旅行社与计调部门是"唇齿相依"的关系。计调部门隶属于旅行社,是旅行社下设众多部门之一,但它在旅行社的众多部门中,是一个核心部门,是旅行社总经理的参谋部;进而言之,计调部门看似不创收,但它却控制着旅行社的成本和服务质量。

(二)旅行社计调部的特点

(1)具体性。计调工作,无论是收集本地区的接待情况向其他旅行社预报,还是接受组团社的业务接待要约,编制接待计划,都是非常具体的事务性工作,计调部总是在解决和处理采购、联络、安排接待计划等具体工作中忙碌。

(2)复杂性。首先,计调业务的种类繁杂,涉及采购、接待、票务、交通,以及安排旅游者食宿等工作;其次,计调业务的程序繁杂,从接到组团社的报告到旅游团接待工作结束后的结算,无不与计调人员发生关系;最后,计调业务涉及的关系繁杂,几乎与所有的旅游接待部门都有业务上的联系,协调处理这些关系贯穿于计调业务的全过程。

(3)多变性。计调业务的多变性,是由旅游团人数和旅行社计划的多变性决定的。旅游团的人数一旦发生变化,几乎影响到计调人员的所有工作,可谓"牵一发而动全身"。此外,我国的交通和住宿条件不能保证正常供给,也给计调工作带来许多的不确定性。

(4)不确定性。如某年7月25日有一个团去北京走常规行程,人数老是变来变去。一般来说,每年的暑假,北京的住房都是相当紧张的。这个团由二十几个人变成三十几个人,导致北京用车发生了变化,住房也跟着发生变化。该团回来后,说车经常迟到,旅行社的解释是因为堵车,或者是没法停车。可是据调查,部分原因是北京的地接社在套车,导致经常客人等车,而不是车等客人的现象发生。

(5)灵活性。计调工作的灵活性表现在旅游线路变更的灵活性。计调部门在旅游旺季或者春运期间,因火车票或其他交通票据紧张而不得不改变行程线路;有时候为了与其他旅行社竞争而灵活变更旅游线路;有时候则为了满足游客的需求,灵活变换所乘交通工具,正可谓"条条道路通罗马"。关于计调工作的灵活性问题,还将在实操问答中进一步说明。

(三)旅行社计调部的作用

(1)计划工作。计调部门是旅行社接待任务的计划部门。当招徕到客源后,计调部门就是旅游团接待工作的第一站。计调人员根据组团社发来的接团要约,收集旅游团的各种资料,进行分析,并按照本社在一定时期内的客源数量,所需人、财、物,以及如何接待等情况,编制科学的接待计划,然后下发到接待部门做好接待工作。

(2)联络工作。计调部门是当地各旅游企业的联络站。当组团社发来要约后,计调部门就要预订当地的食宿、交通等,以及将本来松散的旅游企业和其他部门统一协调起来,围绕旅游团运转而形成综合接待能力。也可以说,没有计调部门,就没有旅游团的总体服务,当地的旅游企业也形成不了体现综合接待能力的联合体。同时,计调部门又是旅游团整个行程中的联络站。它要保证旅游团在行程中各站之间的衔接,避免延误和脱节的发生,从这个意义上讲,计调部门就是旅游线路上的枢纽。

(3)参谋工作。计调部门是旅行社决策层搞好计划管理的参谋部门。旅行社决策层要编制计划,就要掌握全面而科学的统计资料,而这些资料大部分来自计调部门。计调部门不仅有旅行社接待旅游者的全部资料,而且有与其他旅游企业交往的资料。这些资料的分析和统计结果,就是旅行社决策层进行计划管理的依据。

(4)结算工作。旅行社和饭店、餐厅、交通部门等接待单位的经济结算,是通过接待计划和合同来完成的,而这些接待计划往往会因为导游或其他人为的疏忽而产生差错,或由于交通、气候等因素的影响而发生变化,这就给财务结算带来了麻烦。在这种情况下,计调部门旅游团的原始资料,就成了团队财务结算的凭证。

附:某旅行社结算单

××旅行社有限公司
旅行团(者)费用拨款结算通知

计划号:XSJ-20180125		国别	内宾	旅行社名称	XX旅行社	人数	成人8人
组团社团号:							
旅行等级:		全陪姓名及性别					
客人到离时间		1月25日 时抵哈 用餐 至1月31日 用 时离哈					

项目		拨款结算			
		天数	单价	人数	金额
旅行团(者)综合服务费	综合服务费拨款				
	住宿:哈尔滨(4间)	2天	180元/间	4间	1440元
	漠河(4间)	1天	160元/间	4间	640元
	北极村(4间)	1天	160元/间	4间	640元
	餐费:	9正	25元/餐	8人	1800元
	导服:				400元
	车费:				4000元
	门票:雪博会、冰上活动、滑雪2小时、二人转		355元	8人	2840元
	漠河门票		60元	4人	240元
	漠河半票		30元	4人	120元
	交通:哈尔滨/漠河(硬卧)		254.5元 263.5元 272.5元	3张 3张 2张	763.5元 790.5元 545元
	漠河/哈尔滨(硬卧)		263.5元 272.5元	2张 6张	527元 1635元
	综费:		60元	8张	480元
	导游垫付:冰雪大世界330×8=2640,电瓶车20×8=160,马拉爬犁220×8=1760,滑道260×8=2080 雪服100×8=800,教练200×8=1600,鞋筐5×8=40				9080元
拨款结算总计:贰万伍仟玖佰肆拾壹元整					25 941元
备注	已汇入我社10 000元,余款15 941元请汇入我社,多谢!				
2018年2月1日				编号	

(四)旅行社对计调部的要求

旅行社对计调部的要求主要表现在以下方面:

1.线路制作的有效性

旅行社外联部人员在外联团做业务时,经常需要一些新的线路及其制作,这时就要发挥计调人员的积极性,需要他们准确地制作一系列有效性的线路和产品。

2.产品报价的准确性与竞争性

旅行社外联部人员不仅需要一系列有效的线路,还需要其线路或产品报价的准确性。这样他们在对外与其他旅行社竞争时,才有胜算的把握,才具有一定的竞争性。比如,××年全国开展"红色旅游",对井冈山一地的报价有三日游和四日游两种行程。可是,各旅行社的报价却不大一样,差不多相差100元左右。以三日游为例,价低的,有588元/人,报价高的则有688元/人;这样低价的线路报价就相差百元左右,对于我国潜在的游客来说,不能说不是一个比较敏感的因素。游客多半还是会选择低价位的旅行社,因此旅行社计调部对各条线路或各种产品报价的准确性,或者说是否具有竞争性就显得非常重要。

3.协调好与组团社或地接社的关系

(1)协调好与组团社的关系。作为地接社的计调部,要协调好与组团社的关系,组团社组织客源交给地接社,而对同一目的地来说,有许许多多的地接社,哪一家地接社的报价适中,又能保证服务质量,就能在同行中取胜。每一地接社不仅要自己明白,还要导游人员明白:组团社组织客源,是非常不容易的,是在许多家旅行社相互竞争中取胜的。所以我们地接社要正确对待每一个旅游团,要确保其服务质量。

(2)协调好与地接社的关系。作为组团社的计调部,也要协调好与地接社的关系,不要以为自己是交团社,而摆出"大姐大、大哥大"的样子,组团社与地接社虽然是两个不同的旅行社,有不同的利益分割,但它们都有一个共同的目标,就是通过自己的服务,使游客获得一次美好的经历,让游客满意,并以此来树立各自旅行社的品牌。所以组团社与地接社的关系,可以说是"唇齿相依"的关系,与各地接社建立良好关系,关系到每一个旅游团的服务质量问题。

4.与各合作单位的协调性

协调好与各合作单位的关系,即是与饭店、餐厅、景点、车队等交通单位协调好关系。最近,随着北京景区(点)门票的上浮,其他地区一些景点门票也跟着上浮。旅行社计调部门要与景点单位签好门票的协议价。还有车、房、餐等缺一不可,一个环节协调不好,就会影响全局,影响整个服务质量。

三、计调部工作的原理和内容

(一)计调工作的基本原理

旅游产品从某种程度上受到环境、气候、交通等诸多因素的制约,而且还会随着消费者的不同要求而变化,这就增加了计调业务的难度。成功的计调操作,往往可以弥补旅游产品的不足或其他原因造成的失误,起到鼓励更多旅游者购买旅游产品的作用。反过来也会因为计调业务的不严密、不细致而使旅游产品发生偏差,导致严重后果。因此要求计调具体操作人员,要精通业务、一丝不苟,稍一疏忽,差错与损失就有可能接踵而至。

具体说,计调部业务,就是要根据销售部及各组团社发来的预报进行分类整理,编制计划,并根据销售合同的要求落实好旅游者在当地的食、住、行、游、购、娱等事宜。

计调业务要编写全社月、季接待任务预报及流量预报,及时发到接待部、车队、饭店等有关部门,使他们提前安排好接待工作;还要根据本社历年的接待统计资料,分析、预测下一年度及每个月的旅游者流量;代表旅行社提前与交通运输部门、饭店和其他旅行社及相关部门签订业务合同,预订各种单项旅游产品,使旅游者在食、住、行、游、购、娱等各个环节的服务供给,都能得到保证。

旅行社计调部门作为旅游供需之间的媒介,既可以对旅游者的流量加以调节(如与外联部门、组团社协商调整或变更旅游线路等),又可以对旅游供给部门所提供的产品与服务进行导向(如根据客流量的增减,与供给部门协商或增加航班、预订包机等),还可以与供给部门协调调整价格等。这些都是计调业务的重要工作。

旅行社计调人员要对每个旅游团的接待计划逐项进行具体落实,目前,一般常用的操作方法有流水操作法和专人负责法。

(1)流水操作法,就是由几个业务员,每人负责一项工作。其流程线是:接待计划(A业务员签收)—订车、船票(B业务员负责)—订房(C业务员负责)—市内交通(D业务员负责)—安排游览活动(E业务员负责)—订文艺节目(F业务员负责)—向接待部下达接团通知(G业务员负责)……

这种操作方法,常被接待量较大的旅行社所采用,它一环套一环,不太容易出现差错,即使在某个环节上发生差错,也容易发现。

(2)专人负责法,就是将与本社有关系的旅行社(客户)分成几块,让每个业务员负责一块,从客户发来接待计划起,一直到向本社计调部发来传真确认件为止,均由一个业务员负责到底。这也是一种行之有效的操作方法,尤其是对业务量不太大的小旅行社比较适用。

(二)计调工作的基本内容

旅行社与相关旅游企业合作的步骤如下:

1.与交通部门合作的步骤及注意事项

(1)与交通部门合作的步骤

①向交通部门申请建立合同关系,签订正式经济合同书,确定合同量,然后领取合同书。这一点在实际操作中很难做到,常常是在旅游旺季时,旅行社的汽车票、火车票、飞机票很难搞定,造成游客投诉,所以在平时如果能与交通部门协调好,签订协议书是非常有必要的。

②及时领取最新价格表和车(班)次表,与交通部门保持联系。

③将各种票务的规定了解清楚,然后进行整理、打印,再分配给外联部门,并报审计和财务备案。其中包括:

- 提前预订票的时间限制。
- 订票应交付定(或订)金的百分比(每个旅行社会设置不同的比例)。
- 改票、退票的损失比例(参考交通部门的有关规定)。

④与财务部门协商、设计和印制一些账单,其中包括:

- 机/车票报账单。
- 机/车票定(或订)金报账单。
- 机/车票变更/取消报账单。

⑤与外联部门协商、设计、印制一些订单,其中包括:

- 飞机票预订单(表2-1)。
- 火车票预订单(表2-2)。
- 汽车票预订单。
- 机/车票变更/取消通知单(有些单位是用笔在彩色纸上写或填写变更/取消单)。

表2-1 飞机票预订单

团号		国籍		人数		组团单位	
乘机日期			航班			去向	
人员	成人	2岁以下儿童	2~12岁儿童		金额合计	开票要求	
游客							
陪同							
订票日期			订票单位			订票人	
票务员联系日期				民航接受人			

⑥根据接待计划实施订票、购票。
⑦明确拿票手续和报账程序。
（2）与交通部门合作的注意事项
①订票时，应注意，因路线、季节的不同，价格也不同，特别是儿童票价优惠的百分比。
②在取机票或再确认机票时，千万别忘了带齐有关证件（外团要带个人护照、团体签证，内团要带身份证等）。
③在订火车票时，要注意火车票硬卧、软卧的差价，还有上、下铺的差价等。
④在预订汽车票时，要注意汽车的设施设备是否齐全，车况如何，这是如今双休游非常关键的问题，它常常对团队的质量和利润产生决定性影响。

表 2-2　火车票预订单

团号		国籍		人数		组团单位	
乘车日期				车次		去向	
人员	成人	1.2~1.5米儿童		1.5米以上儿童	金额合计	开票要求	
		1.2~1.5米		1.5米以上			
游客							
陪同							
订票日期		订票单位				订票人	
票务员联系日期				车站接受人			

中国　　　　　　　　　　　旅行社

表 2-3　旅游团车次、航班、目的地变更通知单

```
游客            人数, 陪同          人, 原计划
  月   日       航班(车次)去           现改为
  月   日       航班(车次)去
特此通知

                        通知人
                          年   月   日
                        经办人
                          年   月   日
```

2.与饭店部门合作的步骤及注意事项

(1)与饭店部门合作的步骤

①根据外联部门预报的年客流量、客源的层次、住宿要求与外地和本地的饭店洽谈业务,并实地考察饭店的环境、设施及服务等,签订合作协议书及经济合同等。

②把以下各项内容了解清楚,整理列表,打印后发给外联部门,报审计、财务备案。

- 有关订房的各种规定。如有无预订要求或提前预订房的时间。
- 各饭店旺、平、淡季的月份划分及其价格。
- 客房单、双、三人间,大、中、小套间,豪华、总统套间等不同类型,在不同季节的价格。
- 门市价(散客价)、旅行社合同价(团队价)和特殊优惠价,加床费、陪同床费等。
- 各式早餐、正餐的价格等。

③掌握饭店最新客房行情,争取更优惠的房价,要经常与饭店保持联络,及时主动地将客人的反映转达给饭店。

④与外联部门协商、设计、印制一些订单,其中包括:

- 住房预订单(表2-4)。
- 变更住房预订单(表2-5)。
- 取消住房预订单(表2-6)。

表2-4　住房预订单

_____饭店销售部							
请为我社预订下列团队住房,并速确认。谢谢合作。							
团号	国籍	人数	抵达时间	离店时间	订房间数	预订早餐	备注
注:1.代订餐、房费结算账单,请寄我社财务部。							
2.其他费用均由客人自理,本社不予承担。							
3.收到订房委托书后,请速将订房回执传回我社。							
					联系人		
					年　月　日		
订　房　回　执							
兹收到　　　旅行社　　旅行团订房委托书,房价按　　　元/间结算,已列入计划。							
				饭(酒)店		联系人	

⑤把预订好的单子转交给接待部门或导游,以便搞好接待工作。

⑥注意报账程序。

（2）与饭店部门合作的注意事项

①订房时,如有重点团队、旅行社经理人团队或团队中有VIP客人时,旅行社应事先通知饭店销售部或营业部,在其客房内摆放鲜花或水果等。

②对旅游团队需要举行小型欢迎仪式,或需悬挂欢迎横幅的,应事先征得饭店的同意,并在指定地点举行,避免影响饭店的正常营业。

表2-5　变更住房预订单

＿＿＿＿饭店销售部
请为我社变更下列团队住房,并速确认。谢谢合作。
团号　　国籍　　人数　　抵达时间　　离店时间　　订房间数　　预订早餐　　备注
变更项目　　　　　经手人　　　　　电话
报送日期　　　　　　　　　　　　　收到日期
注：1.变更订餐、房费结算账单,请寄我社财务部。
2.其他费用均由客人自理,本社不予承担。
3.收到变更订房委托书后,请速将订房回执传回我社。
变　更　订　房　回　执
兹收到　　　　旅行社　　旅行团变更订房委托书,房价按　　　元/间结算,已列入计划。
饭(酒)店　　　　联系人

表2-6　取消住房预订单

＿＿＿＿饭店销售部
请为我社取消下列团队住房,并速确认。谢谢合作。
团号　　国籍　　人数　　抵达时间　　离店时间　　订房间数　　预订早餐　　备注
取消项目　　　　　经手人　　　　　电话
报送日期　　　　　　　　　　　　　收到日期
注：1.取消订房结算账单,请寄我社财务部。
2.其他费用均由客人自理,本社不予承担。
3.收到取消订房委托书后,请速将订房回执传回我社。
取　消　订　房　回　执
兹收到　　　　旅行社　　旅行团取消订房委托书,房价按　　　元/间结算,已列入计划。
饭(酒)店　　　　联系人

3.与餐饮行业合作的步骤及注意事项

（1）与餐饮部门合作的步骤

①先实地查看旅游定点餐厅的地点、环境、卫生设施、停车场地、便餐和风味餐菜单等。满意后,根据国家旅游行政管理部门规定的用餐收费标准,与餐厅或

饭店洽谈用餐事宜,并签订有关经济合同与协议书等。

②与财务部门协商印制或打印专用的"餐饮费用结算单"(表2-7)。

③将下列有关内容整理、列表、打印、分发给接待部,并报财务部备案。

- 签约餐饮单位名称、电话、联系人的姓名、风味特色等。
- 不同等级(标准、豪华)旅游者(团)的便餐、风味餐最低价格标准等。

④根据接待计划或订餐单,将用餐地点、联系人姓名转告接待部门或导游,以便搞好接待工作。

⑤根据"餐饮费用结算单"与财务部门共同进行复核,并由财务部门定期统一向签约餐厅结账付款。

(2)与餐饮部门合作的注意事项

①选择餐厅时,餐点不宜过多,应该少而精;而且要注意地理位置的合理,尽可能靠近机场、车站、码头、游览点、剧场等,避免因用餐而来回往返用车。

②订餐时,及时把旅游者(团)的宗教信仰和个别客人的特殊要求转告餐厅,避免出现不愉快和尴尬的局面。

③提醒餐厅,结算用的"餐饮费用结算单"上,必须有陪同导游的签字,否则无效。

表2-7 餐饮费用结算单

受款单位				用途		日期	
旅游团名称				人数		陪同签名:	
项目	餐费			品名		单位公章	
	客人	全陪	地陪	司机	陪餐		
标准						单价	
人数						数量	
金额						金额	
合计金额(大写)							
本单须经陪同签名,数量必须大写,涂改无效,无公章无效。							

4. 与参观游览点合作的步骤及注意事项

(1) 与参观游览景点合作的步骤

①与旅游单位就以下内容进行洽谈,并签订协议书及经济合同书。

- 旅游团门票优惠协议价事宜。
- 大、小车进园的费用。
- 结账的期限。

②与签约单位协商印制专用的"参观游览结算单"(表2-8)。

③将以下有关签约单位的规定事宜整理列表,打印后分发给接待部并报审计、财务备案。

- 签约单位的名称、电话、联系人。
- 将带团前往某旅游参观点的进门方向。
- 去某旅游参观点的行车线路、停车地点。

表2-8 参观游览结算单

参观游览券存根	中国　　　旅行社参观游览券
团名:	旅游团名称:
人数:	旅游团人数:　(大写)　佰　拾　个
地点:	收款单位(公章):
陪同:	陪同姓名:
日期:	日期:　　年　月　日

(2) 与参观游览点合作的注意事项

①旅游单位在结算用的"参观游览券"上必须有单位的公章和导游的签字,否则无效。

②一家旅行社还应与游览单位附属的服务部门和相关服务公司建立合作关系,签订合作协议书,以方便旅游团的游览和导游服务工作。如武汉东湖的游湖船队、黄山的缆车组、定陵直升机游览公司、黄浦江游船公司等。

5. 与旅游定点商店合作的步骤

①根据国家及地方旅游行政管理机构的有关规定,与旅游定点商店签订协议书,并洽谈以下合作事宜:

- 对导游带旅游团(者)前来购物的,给予业务提成。
- 旅行社参加商店的股份或投资合营。
- 明确旅行社应尽的义务及经济收益上所占的比例。

②本着兼顾国家、集体、个人三方利益,又注意鼓励多劳多得的原则,制定内

部分配政策和奖励措施。

③将所签约的商店名称、导游带团购物手续、附属的有关规定打印后,分发给接待部。

④与财务部和接待部协商后,设计、印制"购物结算单",并明确使用方法。

⑤由财务部按所签协议书上的规定,从签约商店领取劳务费或按股分红,然后根据旅行社内部分配政策对各方实行奖励。

6. 与娱乐行业合作的步骤

①与娱乐单位就以下事宜进行合作洽谈,并签订协议书:
- 旅行社可以通过电话进行预订文艺节目票。
- 旅行社还可以为旅游者(团)进行包场演出。
- 文艺单位送戏上门演出。

②将下列事宜整理、列表、打印后分发给接待部,并报审计、财务备案。
- 签约娱乐单位的名称、地址、电话、联系人等。
- 演出节目的种类和演出时间。
- 每张票的价格。

③随时与娱乐单位保持联系,有新节目上演时,了解节目内容,索取节目简介并通报给接待部。

④与外联部协商后,设计、印制一些单子,并明确其使用方法,其中包括:
- 文艺票预订单。
- 文艺票变更/取消通知单。

⑤根据接待计划或订票单,实施订票并把订票情况如实转告接待部或陪同。

⑥财务部按协议统一结账或一次一报、一团一清。

7. 与保险公司合作的步骤

①认真阅读中华人民共和国国家旅游局第 14 号令《旅行社投保旅行社责任险规定》和保险公司的有关规定。

②与保险公司就旅行社游客的旅游保险事宜签订协议书。

③将协议书上的有关内容进行整理打印,分发给外联部门并通知其对外收取保险费。

④将每一个投保的旅游团(者)接待通知(含名单)及时发传真给保险公司,并请保险公司及时回复传真确认,以此作为投保依据。

⑤注意接收和保存保险公司的《承保确认书》。

⑥投保的准确人数每季向保险公司交纳保险费。

⑦当旅游途中发生意外事故或遇到自然灾害,必须及时向在第一线的导游了解情况,必要时去现场考察并以最快速度通知保险公司。还应在三天之内向

保险公司呈报书面材料,其中包括:
- 旅行社游客旅游保险事故通知书。
- 旅行社游客保险索赔申请书。

⑧索赔时,须向保险公司提供有关方面的证明,其中包括:
- 医院的"死亡诊断证明"(经司法机关公证)。
- 民航或铁路部门的"行李丢失证单"。
- 饭店或餐厅保卫部门的"被盗证明信"等。

当前国家旅游局为了保护游客的消费利益,要求每一个合法经营的旅行社都必须购买旅游责任险,才能合法经营。因此,旅行社购买了一年的一定责任险后,在每一个旅游团中扣除计入成本,大多数旅行社采取的是5元/人,不管是一日游、二日游、三日游还是十天半月都是如此,笔者认为有失公平,对于一日游的团队,本来利润就很薄,和多日游的团队一样也扣除5元/人的旅游责任险,利润将更少,对于外联人员来说没有积极性。

[实操问答]

[问答1] 计调工作是旅游团的命脉吗?

答:有位导游员带团去天坛,因为没按计划书中要求的上午参观,而擅自将参观时间改到了下午,结果受到执法大队的处罚。但他认为上午参观的时间并不合理,还说了许多理由,而这些理由还真都是为客人着想的。他说,其实都是计调部没有安排好,都说团队带得好坏靠导游,其实很多时候——计调才是旅游行程中的命脉。

前几天有个土耳其团到北京,导游员准时在8:10将游客接到了宾馆,并安排吃了早饭。饭后已是上午10:00了,而在此团的行程计划书中,却又安排客人12:30吃午饭。客人觉得刚吃过早饭,根本不可能在那么短的时间内再吃一顿,于是要求将午饭时间往后延。此时导游员犯难了,计划书就是这样安排的,自己无权擅自更改,并且在新的导游员管理办法中,擅自更改行程是要扣分的。但不改吧,游客又不干,本来嘛,这样的行程安排确实不合理。没有办法,导游员还是按照计划书办事,让客人又吃了一顿。这虽然是没有违反规定,但游客对此却是怨声载道。导游员也怨气十足地说:"我都快冤枉死了。客人们都以为行程是我安排的,对我特别不满意,刚第一天就这样,以后这团就更不好带了。"

当记者把这个事情告诉某国旅徐副总时,他马上深有同感地说:"其实这些都是计调的失误。现在经过旅游市场整顿后,旅行社上层的管理步入了正轨,导游员行为也都逐渐规范了,但这中间的计划调度却没有很好地治理。好多人说一个团队的好坏取决于导游,但说实在的,那只是表面,最根本的还是取决于计调的安排。一旦计调安排失误,许多环节衔接不上,导游员就会遭受到一些莫名的冤屈。"

徐副总认为,很多时候可以说计调是团队的命脉。因为在整个行程安排中,游客是几点到站、在哪儿接站、车辆的安排、什么时间吃饭、景点及购物的衔接,这些只有计调人员知道,而导游并不知道。细心的计调人员在接团前就应当详细地告知导游,以免出错。

但往往就有些计调人员不负责任,没能将所有细节告知导游。例如,安排导游人员去北京站接客人,但计调忘了说明是在哪个出口接,导游人员也不知道对方全陪的电话,只好挨个到各个出口去找,最后让客人等了30分钟。客人哪里会知道这是计调的失误,把火全发在了导游员身上,导游员也只能忍着。像这样的事例还有很多。有一个30人的团队上车,计调人员没通知导游员该团有两个小孩,结果位子不够坐,导游员只好站着讲解。几天的行程下来,导游一直站着,心情肯定不好,有时就会影响到服务质量。

[问答2] 计调部的安排不符合实际需求,导游员怎么办?

答:一个荷兰团队爬完金山岭后,下午2:00吃了午饭。5:00团队返回宾馆,5:30吃晚饭。客人们要求回房间洗一洗换身衣服再吃饭。导游员想,吃饭时间是计调安排的,如果往后延,宾馆也不干,那么多团队一餐一餐都压着,刚好这个时间是留给自己这个团队的。但客人们的要求也是合情合理的,谁愿意带着一身臭汗去吃饭。这名导游员挺聪明,并未擅自更改吃饭时间,而是先给旅行社打了个电话,将情况说明,征得旅行社同意后,才将晚饭时间往后延了。一位资深的业内人士说,这就需要计调在安排上要有灵活性,同时多与老导游交流,知道什么时间、什么地方容易堵车,景点什么时候开门等。

有人说,既然这样,何不将计划都交给导游来安排呢?某总经理说,这是最要不得的。一旦由导游安排行程,而又未将行程内容告知旅行社,旅行社便失去了对导游的客观控制。如果有事需要找导游或者是团队里的客人,就可能找不到;但若是计调安排的,旅行社可根据行程在团队即将前往的地点做留言,而更重要的是便于对导游的掌控。如果导游员将所有景点删除,全部都安排成购物,那岂不是坏了旅行社的名声?

于是,计调的重要性再一次显现出来。有位业内人士说,其实有些事情很简单,只要计调人员多听、多问、多说,做事情时再多用些心,很多麻烦就不会产生,就不会让游客不愉快,更不会让导游人员受委屈了,凡事只要多想一想,或许就会好一些。

[问答3] 游客手中的行程怎么与全陪手中的行程不一样?

答:有一旅游团去云南旅游,其行程是常规的昆明、大理、丽江双飞六日游。全陪和地陪手中的行程是:

第一天,早飞昆明,中午抵达昆明,午餐后,游览世博园,住昆明。

第二天,大、小石林一日游,晚餐后,乘火车卧铺去大理,住车上。

第三天,早餐后,乘船游览苍山、洱海,蝴蝶泉,大理三塔,大理古城,住大理。

第四天,乘车前往丽江,午餐后,游览丽江古城、四方街,黑龙潭公园,住丽江。

第五天,玉龙雪山一日游,甘海子、白水河等,下午乘汽车返大理—昆明,住车上。

第六天,早抵昆明,逛花市,10:30飞机返程。

而游客手中的行程却是如下:

第一天,早飞昆明,中午抵达昆明,午餐后,游览世博园,住昆明。

第二天,游览西山、龙门,大、小石林,晚餐后,乘火车卧铺去大理,住车上。

第三天,早餐后,游览苍山、洱海,蝴蝶泉,大理三塔,大理古城,住大理。

第四天,乘车前往丽江,午餐后,游览丽江古城、四方街,黑龙潭公园,住丽江。

第五天,玉龙雪山一日游,甘海子、白水河等,下午乘汽车返大理—昆明,住车上。

第六天,早抵昆明,逛花市,10:30飞机返程。

上述两个行程不一样,出入在于游客行程中多了一个西山、龙门这个景点,而这个异议是在游览大、小石林时由游客提出的,地陪说根本没有时间去,回来的时间也相当紧张,去西山、龙门至少需要半天的时间。这里很明显的错误是在出团时,全陪未同领队、游客核对商定日程,而根本错误是计调部门在操作该团队时,不知道外联人员发给游客的行程,就按照常规,非常主观地操作了该团队的日程安排。这充分说明,计调部门没有和外联部门协商好,才是导致全陪在外带团的尴尬的根本原因。因为全陪手中的行程是计调部门下达的。多亏该团队游客比较好说话,也幸亏全陪是个经验丰富的老导游,在一番钻研行程后,在"乘船游览苍山、洱海"上面做文章,在途中采取了弥补措施,才使该团队没有投诉。

[问答4] 计调部门是如何降低团队成本的?

答:"五一"黄金周过后,正值旅游旺季中的一个小淡季,某旅行社有一42人的旅游团于某个周末到周边旅游,为期三天,计调人员在操作此团队时,谈下的车费是3800元/辆,房费80元/人×2天,当计调部经理回来时,该计调人员向计调部经理汇报此团队的操作。经理对于在淡季对方地接社给予这样的价位并不满意,对车费也有异议。因此,经理在与车队和地接社谈判时,最好把车费降到3200元/辆,房费75元/人×2天,由于团队人多,时值淡季,地接社让出门票5人×42元的优惠;这样算下来,该团队的利润增加了1230(42人×5元门票+600车+房5元×2天×42人)元,可见旅行社计调人员的谈判口才也是很重要的,计调部的操作如何,直接影响着团队及旅行社的利润。

[问答5] 计调部门与团队的结算有关吗?

答:当然有关,有一案例很好说明。某旅行社一团队因有一客人在酒店洗澡摔倒,不能马上结算,要等到客人出院半年后再结算。到了第二年,外联人员去结算,却发现因时间太长而记不清该团队到底去了多少人。即使看原先签订的协议书,因曾有改动,也看不清楚。在这种情况下,只得按照客人给的名单23人结算。后来过了一段时间,在旅行社与地接社结算时,发现发给地接社的传真确认件显示该团队一共有游客25人,其中包括因摔伤的游客和送他回来的游客。这样致使该组团社少收了两名游客的费用,约损失5000元左右,又不太好再向该团队去收费,因为已经结算完毕,使旅行社蒙受损失。如果该旅行社计调部门能够保存好原始资料,如传真件等文件,也许就不会招致这么大的损失。当然,外联人员对此也有很大的责任。

[问答6] 为什么没有竞争到该团队?

答:某组团社外联人员应某单位的要求,让计调部门制定出一条"九寨、黄龙双飞五日游"线路的价位,参与同其他几家旅行社的竞争。计调部门给出了高出2000元/人的价位。外联人员拿着这样的报价与其他旅行社竞争,结果比其他旅行社的报价高出200元/人左右,虽然该出游单位很想与该组团社合作,但无奈,如今在旅游市场上价格还是最敏感的因素,致使该组团社失去了此项业务。究其原因,原来是该组团社计调部门在机票折扣方面,不如其他旅行社有优势,说明该社在与航空公司协调关系方面还需要下功夫;同时,也说明该社的产品定价不具有竞争性。

[问答7] 地接社有如此重要吗?

答:某旅行社组织一旅游团赴江西九江旅游。由于该团很重要,组团社要求地接社派一个好一点的导游上团。地接社承诺,派一个校长级别的导游上团。组团社这边派了一个副总上团。可是到了九江,第一个晚餐就吃得不怎么样,全陪想,地陪也许会用他那精彩的讲解消除游客的不满情绪。在车上还没有太多的感受。第二天到了景区,因为是周末,景区内有很多团队,也有很多地陪导游在讲解,一比较,我们的校长级别的导游,还不如其他一般级别的导游,"校长导游"不但普通话说得极差,而且文化修养也比较差。最后,客人们无奈地说:"你们的朋友没有找好啊!"可见,地接社的选择是很重要的。

[问答8] 如何对待挑剔的全陪?

答:某组团社组团去福建福州、泉州、石狮、厦门一地游览。团队到了泉州,旅游车七拐八拐地到了下榻的宾馆,"××老干部招待所",全陪下去看了看房,对客房不太满意,周围的环境也很差,于是一面先安排客人在这个招待所餐厅就餐,一面和团内的领队一起去看房,回来后,游客反映这个餐厅的饭菜很不好,并强烈要求换房,因为组团社与客人签订的协议是二星级饭店,这个招待所不符合要求。由于正值旅游旺季,房间比较紧张,于是安排客人下午先游览,由地接社另外安排住房,地陪觉得该团全陪有点挑剔。但地接社还是满足了其要求,给该团换了酒店。由于二星级的房间紧张,换了一个三星级的房,地接社要贴钱了。当全陪问地陪时,地陪说:我们老总告诉我们,组团社联系到一个团队不容易,所以我们地接社的地陪,要好好接待。由此消除了全陪和地陪的隔阂,地接社的所作所为让全陪很是感动。

[问答9] 计调部门也可以满足游客的需求吗?

答:我们用事实来说明吧。案例一,某一广州旅游团,在游览长江三峡的返程中因票务一事,弄得武汉某地接社坐卧不宁,像拿着一块烫手的山芋一样难受。原来,时值老兵退伍返回家乡,该旅游团的返程票因政府征用而不能按期返程。原计划是早晨旅游团从宜昌到武汉,午餐后游览黄鹤楼,下午或晚上乘火车卧铺离开武汉。为了让游客能按时回家,该旅行社计调部门经理在征得大多数游客的同意下,改变了一下行程,游客到武汉后午餐,然后乘火车硬座到岳阳,游览岳阳楼,再从岳阳乘火车卧铺返程回广州,这样游客顺利地回到了家。

案例二,是在99世博园期间,有一旅游团坚持要去昆明参观世博园,当时,没有去昆明的火车票和机票,怎么办呢?该旅行社变通了一下,先飞到贵阳,游览黄果树瀑布,然后乘火车卧铺取道去昆明,最终既满足了游客的需求,又占领了竞争激烈的市场份额。

案例三,还有一旅游团更有趣,游览广州、珠海、深圳,到了第二站珠海,旅游团想改变行程去海南,可是当时快临近"五一"黄金周了,从深圳飞往海口的机票和船票均已售完,游客却说:就是游泳也要去海南!全陪电告组团社,组团社计调部与地接社联系、协商,得知从广州飞往海口的机票还有,因此,该旅游团又返回广州,于5月1日早晨7:30乘飞机飞往他们梦寐以求的旅游目的地——海南,最终帮助游客实现了他们的愿望。

以上实际操作案例足以说明,旅行社计调部门在操作团队时较好地把握灵活性,不仅可以给旅行社带来利润,同时,还可保住客源。

[问答10] 计划书或派遣证没有盖旅行社公章如何处理？

答：某旅游团去张家界旅游，全陪导游带领全团进入索溪峪森林公园，在购买门票时，景点工作人员请全陪出示旅行社计划书或派遣证，全陪拿出计划书，景点工作人员仔细审查，发现其计划书没有盖公章。由此，景点工作人员不同意让地陪购买协议门票，认为此团是没有经过旅行社认可的旅游团，是全陪带的私团。后来，通过打电话到组团社，经过确认后，才同意其购买协议门票。可见计调部的工作需要仔细，不能漏掉任一环节。

[问答11] 门票协议签单没有盖公章是否有效？

答：某地陪带团去黄鹤楼景点购买门票，景点工作人员发现他携带的签单未加盖旅行社公章，因此，不允许其使用此签单。经协商，景点工作人员仍坚持原则，不允许地陪购买协议门票。最后，为了不耽误旅游团的游览时间，该地陪不得不购买了全额门票。

以上两个案例说明，导游员事前没有认真阅读计划书和派遣证，乃至门票协议签单；但更重要的，是计调部门工作马虎，使旅行社招致损失，也给导游人员带团带来了不必要的麻烦，同时也足以证明计调部门工作的重要性——只有降低成本，才能带来利润。

[问答12] 你遇见过最奇葩的司机吗？

答：某计调人员与导游都是做了二十余年的老旅游，遇见过形形色色的司机，却没有遇见过这么奇葩的司机。

那是某年的10月2日的一个团队，是旅行社总经理的客户——大学同学聚会，客户的同学来自全国各地，最远的来自新疆。10月2日中餐后接团，接团前，导游与司机联系好了接站地点，不过后来客人变化了一下接站地点。因此，旅行社计调就电话司机，问司机到哪里了，司机很不耐烦。计调有点奇怪这个司机怎么这样说话，导游说，可能他在开车，所以不耐烦接电话吧。

两天的游玩没有问题，客人比较满意，问题出在返程上。

司机没有按照地陪指引的方向返程，司机很倔。不同意方便地陪下车。

在返程的路上，客人休息一会儿，就开始玩微信抢红包，玩得蛮开心的。就这样旅游大巴进入民族大道了，客人突然跟导游说他们要在湖滨花园酒店下车，导游就及时转告司机，司机却说不行，在哪里上车就在哪里下车！导游说：又不是散客拼团，我们可是独立成团的团队。司机不听，导游没有办法，只有打电话给计调，希望计调赶快跟车队打电话！结果司机听到导游说给车队打电话，反而说道：跟天王老子打电话都不中！眼看车子过了光谷的转盘，没有朝湖滨花园酒店开，而是朝鲁磨路的方向开去！客人又好言道道，从前面的方向左转也可以到那个酒店,司机不听劝而激怒了客人,有两个本地客人跟他发生了争执,开始吵起来。做了旅游二十多年,没有见过这么奇葩的司机!

就在这样的争吵中,我们已经到了学校门口。导游赶快招呼客人,给客人拦的士到酒店。事后,导游再向计调汇报全部救场的经过,两个人异口同声说:没有见过这么奇葩的司机!

[问答13] 为什么说迪斯尼乐园条款是"霸王条款"呢?

答:历来在景点面前处于主动地位的旅行社,近来却意外地在迪斯尼乐园碰了壁。据记者获悉,将于9月开幕的香港迪斯尼乐园,近日对旅行社开出"苛刻"的合作条款,昂贵的押金、捆绑销售和严格的操作规范,给满腔热情的旅行社当头浇了一瓢冷水。一时间,迪斯尼被指责"强卖""不合行规"的舆论甚嚣尘上,部分旅行社暂停了对其相关产品的预订。

上海中旅证实,由于票务问题未能解决,目前"不敢也不能接受游客到迪斯尼乐园游玩的预订"。旅行社抱怨最多的,是迪斯尼乐园将门票与饭店"捆绑"销售,以及收取高额押金的做法。据悉,旅行社从迪斯尼拿饭店与门票的"套票",可获得一定折扣;而若是单买门票,旅行社则无法获得折扣。更令旅行社望而却步的是,迪斯尼要求旅行社缴纳巨额押金,金额在100万元以上。此外,若预订有变化,还须提前30日告知迪斯尼。

这引起了不少旅行社的不满,认为收取巨额押金的做法,既"不合行规"又增加了旅行社的运营风险。"此前,只有航空公司、饭店在黄金周前后才会收取押金,而从未有景点收取押金的。"另外,单拿门票无折扣,相当于强迫旅行社销"套票"。这些做法都让旅行社很难接受。有旅行社透露,迪斯尼乐园的强制性规定,纯属"霸王条款",几乎没有任何回旋的余地,旅行社如不接受则会失去合作的可能。

[问答14] 旅行社愿意接受迪斯尼的"霸王条款"吗?

答:尽管迪斯尼开的条件被业界频称"苛刻",但仍有旅行社表示"可以理解"并安之若素。据透露,迪斯尼乐园提供了多种票务供应和结算方式,其中优先考虑代理商,每天保证代理商获得一定量的票,并有一定折扣,而非代理商则无法享受此优惠。关键是,并非所有旅行社都能成为迪斯尼的代理商。

"在华东地区,迪斯尼乐园顶多找3~4家代理商,至于会花落谁家……"消息灵通人士向记者表示,迪斯尼的苛刻条件,对旅行社的实力、抗风险能力等起到一定程度的筛选作用。事实上,一旦被选定为代理商,迪斯尼乐园不仅能为旅行社提供稳定的票务、一定的折扣,还将投重资帮助旅行社展开"捆绑宣传"。这对旅行社来说,绝对是件美事。

[问答15] 迪斯尼"专横"有理？

答：上海大学旅游管理教研室主任指出，市场决定了话语权的归属。以往，内地旅游市场长期处于买方市场，即，景点对旅行社依赖度高，需千方百计请旅行社帮忙宣传，并引导游客来玩，主动权始终掌握在旅行社手中。与此不同的是，迪斯尼知名度极高，"皇帝的女儿不愁嫁"，且在这片市场上属于"稀缺资源"，业界也普遍将其视为旅游市场新的增长点，短期内不大会发生"卖不动"的情形。这就使原来的"买方市场"变成了"卖方市场"。

事实上，这并不是内地旅行社从景点处遭遇的第一个"钉子"。此前，周庄不顾旅行社的不满，调高门票价格，且明示团队票价使旅行社无法从中渔利；还有黄山、张家界等景点调高票价等。此类做法的前提之一，同样是因为它们都处于"卖方市场"。业内指出，"行规"并非一成不变，随着市场供求关系的变化，旅行社亦须及时随机应变。

[经典案例]

[案例1] 75人团被减,谁的责任更大

旅行社状告机场，孰是孰非？5年之后有了结果，但此事留给业内的思考远未结束。无论是旅行社、机场还是航空公司，都是服务行业，到底应该怎样更好地为客人服务呢？

2003年2月18日，广州市中级人民法院，对一起广州某旅行社诉广州白云机场75人旅行团误机纠纷进行终审判决，撤销一审、重审，终审后，终于画上了句号。

事情的起因：事情还得从5年前说起。1998年4月28日，广州某旅行社组织113名旅客分为两个团前往海南旅游，其中75人团乘坐7:00整的某航班，在白云机场二号大厅办理登机手续；38人团乘坐7:05的另一航班，在机场一号大厅办理手续。

导游员在为38人团办理登机手续时发现，该旅行社从某票务中心购买的38张机票中，有22张曾经涂改过，机票姓名与电脑记录不符，需要重新购票后方能办理登机手续。这个团的大多数游客是初次乘坐飞机，知情后一片惊慌。

导游见状，立刻进行处理。在补办22人的机票及手续时耽误了时间。6:50，离75人团的航班起飞还剩10分钟时，虽然团中的绝大部分人已办理好了登机手续，但还有导游员及几名游客未到登机口。这75人来自同一家企业，客观上有一起行动的愿望。已办好登机手续的游客在走与留的问题上发生分歧，

一种意见认为：导游不在，团队到了海南可能没有人安排吃、住、行等。商量后他们很快达成一致，决定都不搭乘这一航班。于是，机场工作人员便将这75人团减掉了。

三次审理结果截然不同：因为购买的是团队折扣票，退票和改签都很困难，75人团的机票只能作废。导游到来后，该团另行购买了当天其他航班的机票飞往海南，整个行程受到的影响并不太大。但旅行社的重购机票款和误餐费等费用加起来，损失却不小。

团队从海南回来后，1998年5月11日，该旅行社将白云机场告上法庭，要求白云机场、某票务中心赔偿经济损失7.86万元，不含票务中心已退赔的22张机票款。

一审法院认为，某票务中心开出的22张涂改过姓名的机票与75人漏乘没有直接因果关系，造成游客未能登机的直接原因是白云机场的漏乘。虽然民航有规定，在飞机起飞前15分钟停止登机，但根据公平、对等原则，机场仍应让已持有登机牌的旅游团成员搭乘航班，而机场却以该批旅游团负责人或导游未到为由，拒绝该批乘客登机，显属失当。法院一审判决，白云机场赔偿75人团因误机所蒙受的7.86万元费用。机场不服提起上诉，2000年经过重审，白云机场再次败诉。

随后，白云机场上诉至广州中院。广州中院在对双方证据进行调查时发现，75人团的7名游客对何时到达登机口这一关键问题时，前后说法存在矛盾。白云机场提出减掉75人团是受航空公司的指令。该航空公司对此并无异议。对于白云机场提出的该旅行社不具备本案诉讼主体资格，中院认为，虽然旅行社不是航空旅客运输合同的一方，不过因本案的纠纷基于其与旅客间的旅游合同，而且旅行社已承付了75人团误机的实际损失，因而旅行社可以向机场提出追索请求。

最后，广州中院作出终审判决：75人团误机的责任是因旅行社自身过错导致的，应承担完全责任，白云机场减掉该75人团，符合航空运输规则，没有过错，撤销原审法院的民事裁定，一审、二审2868元受理费均由旅行社承担。

焦点何在？认真梳理整个案情可以发现，本案争议的焦点，在于"75人团该不该减"？事情发生后，该旅行社一直非常低调，不愿发表过多看法，不过其他旅行社同行认为，规定是死的，人是活的，旅客仅比规定的时间晚到几分钟，飞机还未起飞，从互利的角度出发，飞机为什么不能等一等晚到的客人呢？况且其中绝大多数人已办好了登机手续，最终结果却是75人都没有按时走成，无形中将损失扩大了许多。

白云机场运输服务公司有关负责人表示，在规定时间内，75人团中确实多数已办好登机牌,完全可以乘机,但他们未能登机不是因为机场工作人员的拒绝,而是这些客人担心到海口后无人安排吃、住、行等,而不愿登机。这个7:00整的航班是当天的首发航班,如若延误,将造成一系列航班延误。为保证该航班和后续航班的正点,白云机场才将75人团减掉。

机场方面的律师认为,领取登机牌只是登机的必要手续,旅客在持有登机牌后,还必须按照"登机闸口于起飞前15分钟关闭"的民航规定,在规定截止登机时间前到达登机口,才能登机。从证据和事实分析,75人团因导游和部分旅客晚到而被减,是机场依法、按章办事,无可厚非。

结论: 终审判决后,记者采访了某律师事务所徐律师。徐律师说,以前我曾多次参与讨论过旅行社与航空、铁路部门的关系问题。比如,因运输部门的延误而导致游客不满。在这种情况下,我认为游客向旅行社索赔是没有道理的,因为过错不在旅行社。但75人团误机案与这些案例不同,比较容易认定责任,我认为责任确实应该在旅行社。不管是票务中心出错票,还是旅行社管理、导游考虑不周造成的后果,航空公司提前15分钟关闸是一个硬性规定,在此案例中,最终是旅行社没能使游客提前15分钟登机。

实际上,徐律师认为旅行社告错了人,应该告的是票务中心,因为票务中心出错票,导游在登机前有限的时间里不可能全部改完,才导致误机。虽然票务中心将22张错票的票款退还了,但这还不够。因为,旅行社组织的是一个113人的大团,甩下一部分人先走有困难,22张错票对113人按时登机都造成了影响。法律上讲,责任的前提是有过错,航空公司按规定办事没有过错,有过错的是票务中心。虽然法院也可能认定22张错票与75人误机没有直接关系,但旅行社告机场,还不如告票务中心的胜算要大一些。

徐律师认为,旅行社在遇到此类问题时,有几点要注意:一是要分清责任,如果责任一时难以分清,则要尽量找到责任大的一方;二是要把工作做完善,防患于未然,让时间尽量充裕一些。旅游团人数多,谁也不知道临时会发生什么问题,有经验的导游或领队一定会把时间控制得很好,或者在送机时,另外再派1~2名内勤人员专门送机;三是就此案来讲,机票显然是前一天晚上就出了的,不可能等到当天早上才出票。旅行社拿到机票后应该尽快核对,发现问题马上联系解决,到机场后才解决肯定来不及。所以这家旅行社在管理上存在漏洞。

这几年,我国旅游市场发展很快,也带来了许多问题。许多游客对航空公司和旅行社的接待程序不完全了解,因误解造成了很多纠纷。比如,乘客误机,根据2002年民航运输服务质量监督中心接到的游客投诉分析,往往是由于游客不明白航空运输的手续流程而造成的。特别是初次乘机的客人。许多游客认为,乘机前只要提前半小时办好登机牌就可以松一口气了。但根据民航规定,如果客人办了登机牌后迟迟不登机,机场有责任进行三次广播,最后一次要明确告知这是最后一次广播。如果客人还不来,飞机就不再等了。客人有行李托运就把行李卸下来再走。游客在拿到机票和登机牌后,一定要详细阅读"旅客须知"和相应的条款,以免错过时间或违反民航的有关规定而误机。

  白云机场运输服务公司有关负责人说,根据他们的经验,团队出行的客人在乘机时确实容易发生问题。散客提前半小时办好登机手续,一般都是来得及的,但这一条在团队中往往行不通,尤其是大团。机场在遇到类似情况时会让团队优先通过安检,但在北京首都、广州白云这样繁忙的大机场,安检与登机口离得又远,通常都来不及。

  值得肯定的是,虽然涉及此案的旅行社规模不大,出现问题后首先承付了全部损失,没有使游客的不满扩大,整个行程基本完成,是很负责任的表现。

  不得不指出的是,虽然法院终审判决白云机场减掉75人团符合航空运输规则,但从服务于游客、不使损失扩大的角度出发,机场工作人员应该及时与导游员联系,并明确告知乘客,可以登机而未登机者机票作废,以使损失减少到最小。

  航空公司和机场希望最大限度地保障航班正点是可以理解的,但这需要各相关方面,尤其是旅客的配合。我国游客缺少出游经验,尤其对飞机这种交通工具缺乏了解,这是客观现实。作为服务行业,不管是旅行社、机场还是航空公司,面向的都是游客,以消费者满意为工作着眼点才是生存之道。航空部门应本着服务的理念,通过各种渠道,加强《民航法》及有关规章、流程的宣传力度,增强透明度,将游客可能不太了解、不太清楚、不太能分得清权利和义务的规定主动对外宣传,帮助游客尽早成熟起来。市场和游客成熟了,纠纷发生的也就少了。

[案例2] 未上旅游保险,旅行社难辞其咎

  案情:高中生王某随其父亲参加某旅行社组织的普陀山等地五日游。8月5日下午,应一些游客要求,随团导游员同意游完普济寺和小西天两个景点后,留出一些时间让游客去海滨浴场游泳。王某等7名游客从普陀山小西天下山后,在地接社导游的带领下,直接到了百步沙海滨浴场。

  由于初次下海,几个人就在海滩边的浅水处游玩。一阵海浪袭来,惊慌过后,人们才发现少了王某。有关部门随即组织寻找,但没有结果。直到9日下午,才在普陀山朝阳阁附近的礁石间发现了溺水身亡的王某。普陀山海滨浴场依照门票上约定的人身意外伤害保险及相关责任,向王某家人支付了5万元保险金及3万元赔偿金。王某家人对此表示满意,不再向浴场提出其他要求。

  王某家人在有关部门的主持下,与旅行社就善后事宜进行了几次协商,要求依照旅游意外保险的规定,赔偿保险金。对于王某家的索赔要求,旅行社称:由于发团时间比较急,没来得及投保,但依据保险规定,被保险人的年龄应在16岁

至65岁之间,而王某不属此规定;另外,普陀山海滨浴场不是旅行社安排的旅游项目,王某遇难属擅自活动而发生的意外,即使旅行社事先投保,保险公司也不会理赔。

旅行社表示,出于道义上的原因,愿意向王某家人付数千元的补偿。王某家人以旅行社未给王某上旅游意外险为由,要求旅行社支付相应的旅游意外保险金。

点评:王某家人的赔偿要求于法有据,应该予以支持。旅行社未履行其法定义务,所辩称的理由不能成立。因此,应依法承担相应的法律责任。

《旅行社管理条例》第二十二条规定:"旅行社组织旅游,应当为旅游者办理旅游意外险,并保证所提供的服务符合保障旅游者人身、财物安全的要求……"按照我国《保险法》的规定,根据国家社会经济政策的需要,法律和行政法规可以规定,在某一范围必须实行强制保险。旅游意外保险就是通过国务院发布的行政法规所确立的强制保险。旅行社组织旅游,必须履行为旅游者投保旅游意外保险的法定义务,而没有选择的余地。本案中,旅行社以时间来不及为由而不履行义务,显然有悖法律规定。因此,不能免除其责任。

本案中王某等到海滨浴场游泳,是经过地接社导游同意并在导游的带领下进行的。因此,不能认定系终止约定的自行旅游行为,而应视为双方约定增加的自费游览项目。凡旅行社认可的游览活动都应纳入旅游行程中,在此期间发生的人身伤亡事故,旅游者或者其亲属有权依法获得相应的保险金赔偿。

相关知识:

旅游意外保险的赔偿范围,是旅游者在旅游期间发生的意外事故而引起的赔偿,其中包括人身伤亡、急性病死亡引起的赔偿,死亡处理或遗体遣返所需的费用,受伤和急性病治疗支出的医药费,第三者责任引起的赔偿等。另外还规定了旅游意外保险中上述各项赔偿的比例,由旅行社与承保保险公司商定。依照保险规定,被保险人是所有参加旅行社组织的游览活动的旅游者。旅行社以年龄划界,剥夺王某所应享有被保险人的权利,是没有法律根据的。

旅游意外保险的保险期限规定,旅行社组织的国内旅游、出境旅游,保险期限,从旅游者在约定的时间登上由旅行社安排的交通工具开始,直至该次旅行结束,离开旅行社安排的交通工具为止。旅游者在终止双方约定的旅游行程后自行旅游的,不在旅游意外保险之列。

(摘自《旅行社经营与管理案例分析》第77~78页)

[案例3] **四张火车票**

案情:某年8月中旬,北京的导游员任先生出任一个国际会议旅游团的全陪。全团共有不同国籍的游客25人,旅游日程是从北京到西安,再从西安到南京、无锡,最后在上海解散。从北京出发前,旅游团内4位澳大利亚客人要求,到上海后乘火车去广州参加广交会。旅行社已将客人要求的时间和车次通知了上海方面,请他们务必买到票,并要求任先生全力落实此事。

一路上,每参观完一个地方都有游客离团,因此,任先生为确认他们的飞机票和火车票费了不少力。所有需要订票的客人都得到了确认,唯独那4位澳大利亚客人的火车票得不到肯定的答复。任先生多次打电话与上海方面联系,但对方答复总是到广州的票不好买。为了不影响客人的情绪,在客人询问时,任先生总是以肯定的口气回答:"他们一定会尽力买到车票的。"一到上海,任先生就向地陪询问澳大利亚客人的火车票落实情况。结果是票虽买到了,但时间却推迟了一天。当任先生将情况告知客人后,客人很不满意,理由是已经与广州的朋友商定了会面的时间,因此离沪时间绝对不能推后。任先生和上海导游员耐心地向客人解释了原因,告诉他们每年8月购买去广州的火车票都非常困难,能买到推迟一天的票已经是很不容易了。任先生又建议,如果要赶时间,就乘飞机去。但当时那些客人不听他的劝告,一定要把车票退掉,并说此事不需要旅行社解决了。没办法,地陪只好将车票退掉了。

第二天,在旅游团即将解散时,那4位客人在饭店找到任先生说,经了解火车票确实不好买,连后一个星期的票都售空了,希望他把昨天的票要回来。任先生和上海地陪连忙向旅行社反映,但所退车票已经卖出了。

第三天,上海旅行社终于为客人找到了4张软卧票。客人喜出望外,连连向地陪和任先生表示感谢,只是因未能乘坐计划中的那趟火车去广州而略有一点遗憾。

点评:为游客落实预订的交通票证,是导游员接待工作中的重要内容,也是旅游要素中不可缺少的部分,直接关系到游客活动日程的完成。导游员在为客人落实机车票时,绝不能认为此项工作只是旅行社票务人员的职责,与己无关。导游员要认真执行计划的内容,随时了解客人新的动向和要求。当出现新情况时,应说明原因,提出可行性建议,以求得客人的理解。

本例介绍了任先生和上海导游员为客人购买和落实火车票的过程,反映出这种服务的特色。上海的旅行社在办理此事时有些拖拉,结果没有买到客人所需的车票,这给两位导游员的接待工作带来了麻烦,但他们能够耐心向客人解释,提出合理化建议,积极为他们服务,最终基本满足了客人的要求,弥补了上海旅行社的过失。可见,只要随时了解游客的要求,并不断为之努力,就一定会取得相应的效果。

[案例4] 游客遇不可抗力的事件后

案情:某年10月20日至26日,小王等15人参加了W市××旅行社组织的

"云南六日游"。10月25日这天,原计划乘飞机从西双版纳抵达昆明,但因大雾,预订航班取消。W市××旅行社和西双版纳地方接待社商量后决定旅游团改乘旅游车到昆明,并给予游客一定的物质补偿。但小王等游客坚持要求按原约定乘飞机赴昆明,最后导致旅游团滞留西双版纳4天。行程结束后,小王等游客遂向旅游质检所投诉了W市××旅行社,要求承担违约责任,偿付滞留期间的食宿费及误工费等。

点评:旅游质检所接到投诉后,进行了认真的调查取证。最后的处理是,该团旅行社无须承担违约责任,有关损失由小王等游客自行承担。旅游质检所之所以做出这样的裁决,其理由是:10月25日从西双版纳到昆明的航班的取消,并不是因旅行社的故意或过失造成,而是由天气原因造成,这在法律上称不可抗力。依据《旅行社质量保证金赔偿试行标准》第三条:"由于不可抗力因素或旅游者本身原因造成旅游者经济损失的,旅行社不承担赔偿责任。"根据上述规定,本案例中的组团社不必承担违约责任。再者,事情发生后,组团社并非无动于衷,而是及时采取了补救措施,但却被小王等游客拒绝。因此,小王等游客的经济损失应由自己承担。

[**案例5**] **游客自行决定解除此次旅游合同后**

案情:某年7月的一天,W市××旅行社组织了一个"富春江风光二日游"的旅游团,全团共30人,每人缴纳旅游费用人民币450元。出发前,旅行社与旅游团成员签订了一份协议书,协议书规定:旅游团往返乘坐国产豪华空调车,住宿为二星级标准饭店(标准双人房),餐饮标准为八菜一汤(不含酒水)。傍晚时分,旅游团到达下榻饭店,但有几位游客以该饭店不符合二星级标准(无中央空调,无热水供应,地毯陈旧)为由,拒绝入住,且与导游员发生争执。事后,这几位游客自行决定解除此次旅游合同,并当夜自行返回W市。第二天,这几位游客向W市旅游局质检所投诉,要求退还全部旅游费用,并赔偿经济损失。

点评:旅游局质检所经过了解核实,确认游客所下榻饭店是旅游部门授牌的二星级饭店,因此,根据有关法律,做出如下处理:

(1)该旅行社不需要承担赔偿责任。《旅行社管理条例实施细则》第三十九条规定:"旅行社应当为旅游者提供约定的各项服务,所提供的服务不低于国家标准或行业标准。旅行社对旅游者就其服务项目和服务质量提出的询问,应做真实明确的答复。"依据上述规定,结合本案例中的具体情况,W市旅行社是按协议书在履行自己的义务,旅游者不可以擅自解除合同。《中华人民共和国经济合同法》规定:解除合同的条件之一是由于约定的一方在合同约定的期限内没有履行合同,当事人一方有权通知另一方当事人解除合同,任何一方不能擅自变更或解除合同,否则将负违约责任。本案例中上述情况并没有发生,因此游客自行解除旅游合同是违背合同法的。

(2)由此产生的经济损失应该由游客自己承担。《旅行社质量保证金赔偿试行标准》第三条中明确规定:"由于不可抗力因素或旅游者自身原因造成旅游者经济损失的,旅行社不承担赔偿责任。"案例中的情况是属于由于旅游者自身原因造成经济损失的,因为事实是旅行社并未违约,安排住宿的饭店确为二星级饭店。

[案例6] 如果游客不能按时返回

案情:例1:某年10月6日上午10:30是大地旅行社DD051002团的送团时刻,因国庆期间火车票十分紧张,团队的返程票直到上午8点才被送到,全陪检查后却发现少了3张,而送票的人坚持说经理只给了这么多。打电话到社里询问,确认当初订票数29张,现只收到26张,的确是由于旅行社的失误少了3张。

经理立即在电话中向全陪道歉,并请地陪协助全陪先送26位游客返回,为没拿票的2位客人和全陪重新安排当天的住宿,同时立即打电话与组团社联系接站事宜。团队送走之后,经理又亲自打电话给火车站,订第二天返回重庆的票。中午,经理亲自为游客安排了午餐,并向2位游客和全陪道歉,保证明天一定把车票办好,请2位游客放心,游客在西安延期的费用全部由旅行社负责。第二天,经理派人将3张票送给全陪,再次道歉,安排车送3人到火车站,并对2位游客提出的耽误工作问题给予了相应的物质赔偿,使这件事圆满解决。

例2:某年,由于航空公司的责任,致使万余名乘客上不了飞机,滞留在三亚机场,其中有东莞"青旅"的旅游团126名游客。东莞"青旅"领导得知情况后,几经周折,花费巨资包了一架专机赶赴三亚,将游客全部接回。

点评:在我国目前的交通条件下,游客不能按时返回实属难免,如果再加上旅行社工作人员的工作失误,这种现象的概率还会增加。上述两个实例的结局都较圆满,是旅行社的决策者和工作人员有长远眼光的表现,给我们以启示。

(1)尽快采取得力措施让游客尽早踏上归程是重中之重。例1中,经理"亲自打电话给火车站,订第二天返回重庆的票",相信第二天这个问题一定能够解决。例2中,旅行社"几经周折,花费巨资包了一架飞机赶赴三亚,将游客全部接回",相信面对万余名滞留的乘客,上了专机的126名游客的感觉是良好的,对旅行社充满信任与谢意也是自然的。尽管在促使游客尽早踏上归程的过程中,多了一些花费,但却树立了企业的形象,赢得了无形资产的升值,具有良好的广告效应,当数上策。

(2)应尽心竭力安置好被耽误的游客。游客的日程被延长,损失是显而易见的,旅行社不管有无直接过错,都有义务尽心竭力安置好被耽误的游客。当然,例1中旅行社是有过错的,但旅行社经理立即道歉,重新安排住宿,主动重新联系接站事宜,亲自安排午餐,第二天派车送站,并赔偿损失,应该说是诚恳的、积极的,效果也是好的。此时最忌讳的是轻描淡写、推脱责任、遮遮掩掩,任何把游客不放在心上的行为和言语都会激化矛盾。

(3)对直接责任人应追究责任。对于延误游客返程的直接责任者,应区别情况追究相应责任。虽说错误在所难免,虽说由于旅行社的工作而在游客中挽回了影响,但均不构成对直接责任者不进行惩罚的理由。在旅行社的各项工作中,车票错误尤其是由于工作失误而导致车票错误,是一个重大失误,责任一定要分清,在这个问题上"以功补过"是不对的。

[案例7] 新问题也要早重视

案情:例1:某年秋季,A地150多名游客假期随团去黄山旅游,却在饥饿疲惫中度过了整整96个小时。这150多名游客是由A地14家旅行社联手招徕的。10月1日清晨团队抵达黄山,接团社只安排了两辆载客20人的中巴接站,午餐依次吃到下午3点钟。导游人员不够,临时安排非导游人员顶替,有些要游览的景点由于时间延误被取消,特别是从杭州返回A地时,只能解决少数人的返程车票,而多数人竟只能就地解散"自谋出路"去了。

出于保证接待质量的初衷,A地组团社事先已与游客认真签订了合同,内容涉及游览和违约事项等。为了解决旅途中出现的问题,黄山市有关部门及时出面协调,甚至下令要求接团社做好接待。事后组团社和接团社的负责人都表示了道歉,承认没有做好工作,并诚恳表示按有关规定补偿受损失的游客。

例2:某年4月16日,上海某单位工程处27人和当地A旅行社签订了4月30日至5月3日到普陀山四日游的合同。当时规定:4月27日取船票27张。但27日到29日工程处三次派人到A旅行社取船票都未取到。而旅行社告诉他们肯定有船票,并告之工程处在30日上午等候取票通知。30日上午10:30,工程处向A旅行社问询,得到的答复是船票没有搞到,取消普陀山四日游合同。经工程处派人多次交涉,A旅行社和工程处又达成协议:①由旅行社免费向工程处提供大客车一辆,在5月去镇江金山一日游;②A旅行社须在一日游前一周通知工程处;③由工程处提供汽油票。但协议签订不久,A旅行社在没有提前一周的情况下,突然通知工程处在次日参加一日游。工程处以A旅行社违反协议中提前一周通知的规定为由向法庭起诉。法院经过审理,裁决责任在旅行社。A旅行社先违反合同后违反协议,应负违约责任,赔偿工程处经济损失人民币每人157元,并支付诉讼费。

点评：(1)按我国的合同法,旅行社如果随意改变旅行计划,包括改变旅行线路、时间、价款、服务规格等造成旅游者的额外支出或损失,或者因为不履行订房合同而造成旅馆的经济损失,均应负赔偿责任。

　　(2)旅游者对于旅行社没有全部履行或没有恰当履行契约所规定的服务,有请求旅行社按约履行或提供替代履行的权利。旅行社如果未按契约履行服务,同时又未在合理的期限内提供替代的服务,旅游者可以解除契约,并要求返还价款及要求赔偿损失。

　　(3)造成本案例中问题的原因也许很多,但其中一条恐怕是超载式的接待,例1的情况说明,游黄山的人太多了。

　　(4)历史表明,商家逐渐适应了市场的发展变化,捕捉住了商机。但旅游消费是个综合性的消费,需要众多部门的协调配合,哪一环节出差错,都会给游客留下遗憾,造成损失。超载接待已是目前正在兴起的国内旅游市场的杀手,应该引起我们整个旅行社业方方面面的高度重视,否则许多问题一下集中在一起,谁也无力回天。

[案例8] **1元团带来的投诉**

　　案情：2015年云南导游陈某"辱骂"客人的视频,弄得华夏大地沸沸扬扬,社会舆论纷纷一边儿倒。随着新闻媒体、旅游行政执法部门的快速进入,导游陈某被吊销了执照。平心而论,我不赞同陈某激进乃至侮辱性的言辞。但这一次,她得到了应有的惩罚,她为她的错误埋了单。

　　随着事件的进一步发酵,很多鲜为人知的细节逐渐浮出水面。路边社腾冲分社为大家梳理一下:在旅游之初,郭某等四人,以每人1元的价格报团参加了昆明—大理—丽江—版纳的双飞旅游购物团;4月12日,当大巴从丽江返回到昆明,需要进购物店的时候,有部分客人不愿意履行合同,抵制进店,甚至有客人直指导游陈某"黑心""拿回扣"。为此,导游才会在车上"大发雷霆"。之后,郭某四人,以录制的视频为要挟,向旅行社投诉。旅行社为息事宁人,对其赔礼道歉,同时进行500元/人的赔偿。5月1日,视频被传播到了网络上。

　　路边社腾冲分社想请问郭某几个问题:

　　一、你1元钱来云南参加旅游购物团,为什么不履行你的购物义务?

　　二、即便导游陈某言辞激烈,旅行社已经向你道歉,并每人给予你500元的赔偿,赔偿比例高达1:500。你接受这个条件之后,花费1元钱游览了行程,还创造了499元的财富,中国传统道德之契约精神,你的父母对你可有教养?

　　三、你明知1元钱参加的是购物团,且占尽便宜后抱财归家后,又为何于五一黄金周把视频上传至网络上?

　　这几天朋友圈被昆明导游的事情刷屏了,这个才是说在点子上:

一问此导游,负团费到如此地步的团队,你为什么要接?你有选择不接的权利,可是你接了这样的团,就是你愿意参与到这样的赌博中,参与了就要懂得愿赌服输!你又不是庄家,你也只是一枚棋子,作为一个有职业道德的导游,你没有权利这样粗俗对待你的游客!

二问组团社,你策划这种低价团的时候,有没有责任心,有没有职业操守,有没有良知,有没有道德?既然当时选择赌,不管赌多少,愿赌服输,赌不起就不要赌!把这样的团队压力全部推给导游,把导游推到风口浪尖,这样操作合适吗?

三问此团游客,你们报名参加1块钱的云南还住五星的双飞游,抱的是什么心理?就是因为有像你们这样一群贪图小便宜的旅游群体在,才导致旅游市场低价乱象根治困难,旅行社敢于在刀尖上跳舞,导游敢把你们的尊严踩在脚下!还是你们在报这样的团时就已经做好了放弃尊严的准备?别人骂你们的时候为什么没有一个人站出来反抗,回家了知道上传视频了知道自己委屈了,早都干啥去了?都干啥去了!

"便宜没好货!""低价团"实为购物团的代名词,不购物干吗选择"低价团"?"花钱买服务",出多少钱就享受那类服务呗。

点评:这个导游的做法确实欠妥,没有最基本的职业道德;但是旅行社的促销工作也欠妥当,违反了2013年实施的新《旅游法》第三十五条中的明文规定:"旅行社不得以不合理的低价组织旅游活动,诱骗旅游者,并通过安排购物或者另行付费旅游项目获取回扣等不正当利益。"该旅行社为了促销去组这样的团,也承担了相应的风险与责任,被罚款2万元。

导游是旅游一线的工作人员,每个人刚进入这个行业时都热爱着这份工作。他们是给游客增加旅途知识的文化大使,他们是给游客带去沿途欢乐的微笑大使,也是在旅行过程中为大家保驾护航的安全大使,更是为每个城市兢兢业业守候的形象大使。他们付出了青春和汗水甚至眼泪和血水,作为导游,首先应该拒绝接待这种零负团费;即使接了这样的团队,也应该愿赌服输,不能辱骂游客,这是最基本的道德底线。作为游客,也应该将心比心,1元钱参团,肯定是购物团,怀着侥幸的心理,认为我不买,自然有人买东西的心理要不得。强烈呼吁,拒绝恶性竞争,拒绝零团费负团费,让旅游回归美好!

[**案例9**] 同一家旅行社,为何赔偿不同?

案情:胡先生和李先生分别外出旅游,通过同一家旅行社的服务完成了行程。

旅游行程中,两位游客都遇到了一些烦心事,向旅行社要求赔偿后,结果却大为不同。胡先生参加的是团队旅行,地接社安排的饭店降低服务标准,组团社向胡先生做出了赔偿。而李先生比较有旅游经验,不愿意参团旅游,仅仅通过旅行社代订机票,并指定饭店请旅行社代为预订,饭店服务差强人意,交涉未果,李先生要求旅行社对饭店服务予以赔偿被拒,向旅游主管部门投诉也未获得支持。李先生不明白,同样的情况,同一家旅行社,为什么胡先生可以得到赔偿,自己却投诉无门。

点评:

(一)法律规定

(1)《旅游法》第一百一十一条包价旅游合同,是指旅行社预先安排行程,提供或者通过履行辅助人提供交通、住宿、餐饮、游览、导游或者领队等两项以上旅游服务,旅游者以总价支付旅游费用的合同。

(2)《合同法》第四百零六条规定,有偿的委托合同,因受托人的过错给委托人造成损失的,委托人可以要求赔偿损失。无偿的委托合同,因受托人的故意或者重大过失给委托人造成损失的,委托人可以要求赔偿损失。

(3)《最高人民法院关于审理旅游纠纷案件适用法律若干问题的规定》第二十五条规定,旅游经营者事先设计,并以确定的总价提供交通、住宿、游览等一项或者多项服务,不提供导游和领队服务,由旅游者自行安排游览行程的旅游过程中,旅游经营者提供的服务不符合合同约定,侵害旅游者合法权益,旅游者请求旅游经营者承担相应责任的,人民法院应予支持。

(4)《旅游法》第七十四条旅行社接受旅游者的委托,为其代订交通、住宿、餐饮、游览、娱乐等旅游服务,收取代办费用的,应当亲自处理委托事务。因旅行社的过错给旅游者造成损失的,旅行社应当承担赔偿责任。

(二)旅游合同的类型

旅游合同的类型可以有几种不同归类,从旅游合同的形式上分,可以将旅游合同分为书面旅游合同形式和口头旅游合同形式。从旅游合同的内容上分,在《旅游法》颁布实施之前,可以把旅游合同分为包价旅游合同、自由行旅游合同和代办旅游合同。有关自由行旅游合同的规定可以参照《最高人民法院关于审理旅游纠纷案件适用法律若干问题的规定》第二十五条的规定。《旅游法》颁布实施之后,自由行旅游合同已经归入包价旅游合同中,不再成为一种独立的旅游合同类型,旅游合同分为包价旅游合同和代办旅游合同。本文关注的是从内容上看旅游合同的分类。

(三)传统的自由行旅游合同已经消失

对照《旅游法》第一百一十一条规定可以看出,所谓的包价旅游合同,必须满足三个因素:第一,旅游产品由旅行社事先设计,没有旅游者的参与,旅游者根据自己的需求选择旅游产品。第二,旅行社提供两项以上服务,不论该服务是旅行社直接提供,还是由履行辅助人提供。第三,旅游者以总价支付给旅行社。只要满足上述三个条件,该旅游合同就是包价旅游合同。而对照旅行社所提供的自由行旅游服务,与包价旅游合同的要求完全一致,因为旅行社目前所谓的自由行,也就是旅行社所称的"机加酒"模式,实质上是小包价旅游合同,是"瘦身版"的包价旅游合同,旅行社事先设计产品,为旅游者提供了两项服务,旅游者以总价形式支付给旅行社。

(四)自由行旅游合同的"复活之路"针对如此现状,是否意味着自由行旅游服务就彻底从旅行社服务的历史舞台退场了。回答是否定的。仔细研究包价旅游合同就不难发现,如果要打破现有自由行旅游服务的尴尬局面,唯一的切入点,就是旅行社调整自由行模式,旅游产品必须由旅游者参与设计,甚至是旅游者直接设计,旅行社按照旅游者的需求提供服务。也就是说,设计者为旅游者,服务者为旅行社,旅游者点菜,旅行社烧菜。至于服务是两项还是多项,团款的支付方式是总价还是单项,都不会成为旅行社经营自由行旅游服务的障碍。从这个意义上来说,只要旅行社经营模式改变,提供的服务符合真正自由行的含义,自由行旅游合同依然存在,而且会给旅行社带来惊喜,成为旅行社新的经济增长点。

(五)不同旅游合同责任不同

区分旅游合同为包价旅游合同和代办旅游合同,目的并不仅仅是为了区分合同本身,而是为了阐明旅行社和旅游者签订不同旅游合同,所承担的责任不同。或者说,旅游者和旅行社签订不同类型的旅游合同,维权途径也不完全一致。就包价旅游合同而言,只要旅行社及其履行辅助人服务有过错,不论该过错是违约还是侵权,组团社就是服务过错的最终承担者。当然,旅游者也可以直接向责任人主张权利,可以说,包价旅游合同就是组团社承担合同范围内的全部责任。在代办旅游合同责任中,旅行社承担的责任较轻,旅行社只要为代办服务的过错承担责任,比如旅游者要求预订四星级客房,旅行社却为旅游者预订了三星级客房,旅行社就要承担违约责任。又如旅行社按照旅游者的要求预订了机票,但航班临时取消,旅行社就不承担责任。所以,上述案例中两位旅游者都是客房服务权益受损,旅行社承担的责任不同,原因就是旅行社和旅游者之间存在不同的合同关系。

(来源:第一旅游网:www.toptour.cn 2015-07-06)

[实践练习]

1.请描绘计调部的重要性。

计调部在旅行社整体运作中发挥着极其重要的作用。在旅游行业中,一直就有"外联买菜、计调做菜、导游带游客品尝大餐"的说法,外联、导游、计调各司其职,都是旅行社业务中十分重要的角色。当人们把目光集中到导游与外联身上的时候,往往对旅行社的幕后英雄——计调工作关注过少。其实,计调人员犹如饭店里的厨师一样,其素质与水平的高低,直接决定着旅游行程的服务质量,所以有人把"计调"比喻为"旅游行程中的命脉"。

2.熟练掌握与用车单位谈判车价的技巧。

3.计调人员怎样以最快的速度掌握机票的折扣?

4.计调人员常用的操作方法有哪些?它们有什么不同?贵公司使用的又是哪种方法?

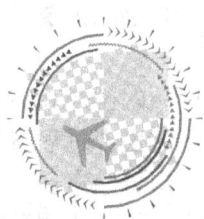

第三章 计调部产品设计和行程制定

[培训重点]

本章主要讲述旅游产品的特点、如何设计旅行社产品,以及如何制定游客最关心的旅游行程。通过本章的学习,您可以了解产品设计的一般原理、流程、原则以及旅行社产品价格的对比,如何设计出受市场欢迎的新的旅行社产品等。

[案例导入]

客户最终选择了哪一份行程单呢?

某一旅游团准备前往杭州西湖、千岛湖等地游览,希望计调经理帮助拟订一个行程。当时恰逢《非诚勿扰1》放映,影片中杭州西溪湿地令计调经理印象深刻;因此,计调经理做了两个行程,一份是没有西溪湿地,另一份是有西溪湿地的。请你猜猜看,客户最终选择了哪一份行程单呢?

[专题论述]

一、旅游产品的特征、类型与形态

(一)产品的特征

1.产品的共同特征

作为服务范畴的旅行社产品,首先具有服务的共同属性,即不可感知性、不可分离性、差异性、不可储存性和缺乏所有权。

(1)不可感知性(intangibility)。不可感知性,又称无形性,是服务最主要的特征。可以从两个方面来理解这一特征：一是与有形消费品或工业品相比，服务产品的特征及组成服务的要素很多都是无形的。人们在消费前和消费过程中都无法感受到它的存在；二是消费者接受服务后的利益也不容易被察觉，或要等一段时间后才能觉察到它的存在。

(2) 不可分离性(inseparability)。不可分离性，是指服务产品的生产和消费同时进行。与物质产品从生产到销售再到消费不同，服务产品的生产过程与消费过程是同步的。一旦旅游者停止消费，旅游服务产品的生产即告结束。生产与消费的同步，使得旅行社产品难以标准化，其质量也难以控制。因为不同游客有着不同的消费需求，满足其需求的服务产品品种和质量标准也就难以达到同一。但从另一方面看，对于不同游客的差别性需求，旅行社应提供个性化服务。

(3) 差异性(heterogeneity)。差异性，是指旅行社产品的构成部分及质量水平很难用一个统一的标准来界定。由于旅游者的年龄、个性、兴趣、爱好等方面客观存在的不同，使得他们对旅行社提供的产品也有高低不等的期望值。一方面旅游服务人员自身的因素和作用，即使是同一服务人员所提供的服务，也可能会有不同的水平；另一方面，顾客直接参与服务的生产和消费过程，其本身的因素也会影响旅行社服务产品的质量。

(4) 不可储存性(perishability)。旅游服务和旅游消费在时空上的同一性，决定了没有旅游者的购买和消费，以服务为核心的旅游产品就不会产生出来，从而也就无法像其他实物产品那样，暂时销售不出去可以储存起来，留待以后再销售。旅游产品的核心是服务，服务是一种行为，只有当旅游者身临其境并消费时，服务所创造的使用价值和价值才能显现出来。"闲置就是浪费"，旅游产品的效用和价值不仅固着在地点上，而且固着在时间上，无论是航空公司飞机的舱位还是饭店客房的床位，只要有一天闲置，所造成的损失将永远无法弥补回来。

(5) 缺乏所有权(absence of ownership)。旅行社产品既非工农业、房地产等实物形态的产品，又非著述、专利、音乐、美术等文化形态的产品，其不可感知与不可储存等特点决定了它缺乏所有权确定的基本要素，故而无法确定旅行社产品的所有权。亦即旅行社产品的归属，无法得到有效的法律保障。

在上述特征中，不可感知性，一般被认为是服务产品五大共同特征中最基本的特征，其他特征都是从这一特征派生出来的。事实上，正是因为服务的不可感知性，才使得产品生产与销售不可分离，而差异性、不可储存性和缺乏所有权，在很大程度上是不可感知性和不可分离性两大特征所决定的。

2.产品的个别特征

旅行社产品是一种以服务为主的综合性产品，它既具有作为服务产品的共性特征，又有其自身的个性特征。即：综合性、无形性、同步性、不可转移性、脆弱性和非均质性。

（1）综合性。旅游产品是一个异质产品。从旅游产品的构成来看，它是由物质产品、精神产品及旅游服务等多种成分构成的综合性产品。从旅游产品的内容来看，它是以旅游线路为内容，凭借多种旅游资源、多种旅游设施和各式各样的特殊旅游服务活动所共同组成的产品。从旅游产品的形成过程来看，生产或提供旅游产品所涉及的部门和行业众多，除涉及旅游部门中的各个行业外，还涉及不少旅游部门之外的其他国民经济部门与行业。

（2）无形性。旅游产品主要表现为旅游服务，因此，它看不见、摸不着、闻不到，不能"先尝后买"。旅行社产品与其他有形的消费品不同，人们在消费之前和消费过程中都无法触摸或感受到它的存在。旅游者花费一定的时间、费用和精力，获取的是一种旅游经历和体验，而这种感受与体验对人们来说是无形的。旅行社产品的无形性加大了旅游者的购买风险，也增加了旅行社与旅游者交易的难度。

（3）同步性。旅游产品的生产，表现为旅游服务的提供，生产与消费具有同步性。因此，旅游产品生产必须以旅游者来到旅游目的地为前提，即以旅游需求为前提。旅游者直接介入旅游产品的生产过程，并在直接消费中检验旅游产品的数量和质量，并以自己的亲身感受表明他们的满意程度。旅游产品的生产、交换、消费在空间上同时并存。当我们的导游、司机、景点服务人员等，向旅游者提供服务的时候，也正是旅游者在消费的时候，二者在时间上是不可分离的。

（4）不可转移性。旅游服务所凭借的旅游资源和旅游设施，无法从旅游目的地运输到客源所在地供游客消费，被运输的对象只能是旅游者。旅游产品进行交换但不发生所有权的转移。旅游者在使用或消费过程中，只是取得在特定的时间和地点，对旅游产品的暂时的使用权。

（5）脆弱性。旅行社产品的脆弱性，又叫易受影响性或易折性，是指旅游产品使用价值和价值的实现，要受到多种因素的制约。构成旅游产品各个部分之间的比例关系是否协调，对旅游产品价值和使用价值的实现影响很大。行、游、住、食、购、娱、卫（含旅游厕所）"七条腿"中，只要有一条腿短了，都会影响旅游经济的健康发展。旅游目的地地理位置、季节变化等自然条件的差异，会对旅游产品价值的实现产生影响；客源发生国和旅游目的地国的政治气候与经济发展水平，也会影响旅游产品的生命和销售。

另外，旅行社产品还有季节性、文化休闲性等特点。

（二）产品的类型划分与形态分析

1.产品的类型划分

产品形态，是指旅行社产品的表现形式和类型划分。旅行社产品的形态是多种多样的,划分角度不同,表现形式各异。

(1)按地理范围划分,可以分为国内旅游、国际旅游、洲际旅游、环球旅游等;

(2)按行程距离划分,可以分为远程旅游、近程旅游;

(3)按旅游动机划分,可以分为消遣旅游、事务旅游(包括商务旅游、公务旅游和会展旅游)、个人和家庭事务旅游(主要指探亲访友旅游和求学旅游);

(4)按旅游者的组织形式,可以分为团体旅游和散客旅游;

(5)按照产品包含的内容,可以分为包价旅游、非包价旅游;

(6)按照产品档次,可以分为豪华旅游、标准旅游和经济旅游;

(7)按费用的来源划分,可以分为自费旅游和公费旅游;

(8)按交通工具划分,可以分为航空旅游、铁路旅游、汽车旅游、游船旅游、徒步旅游;

(9)按旅游主题划分,可以分为观光旅游、民俗旅游、考古旅游、会议旅游、文化旅游以及形形色色的专项旅游或特殊兴趣旅游。

2.产品的形态分析

这里,我们以包价为基础的分类方法为例,对产品形态展开分析。

(1) 团体包价旅游

团体包价旅游,包含两层含义:其一是团体,即参加旅游的旅游者,一般由10人或更多的人组成一个旅游团;其二是包价,即参加旅游团的旅游者采取一次性预付旅费的方式,将各种相关旅游服务全部委托一家旅行社办理。团体包价旅游的服务项目,通常包括依照规定等级提供饭店客房、一日三餐和饮料、固定的市内游览用车、翻译导游服务、交通集散地接送服务、接送行李服务,以及游览场所门票和文娱活动入场券等。

就旅游者而言,参加包价旅游可以获得较优惠的价格,预知旅游费用,并可在旅游团内保持熟悉的氛围,而且旅行社提供全部旅游安排和全陪服务,使旅游者具有安全感,所有这些都是包价旅游的优势。但是,包价旅游同时存在着旅游者不得不放弃自己的个性需求而适应团体包价旅游的劣势。另外,如果旅游者不幸选择了一家服务低劣的旅行社,整个旅程将变得让人无法忍受。

就旅行社而言,团体包价旅游预订周期较长,相对易于操作,而且批量操作可以提高工作效率,降低经营成本。但是,团体包价旅游在预订和实际旅游期间,经常会发生各种变化,而且在旅游旺季容易遇到旅游服务采购方面的问题。

(2)半包价旅游

半包价旅游,是与上述全包价旅游相比较而存在的一种产品形态。它是指,在全包价旅游的基础上,扣除午、晚餐费用的一种包价形式,其目的在于降低产品的直观价格,提高产品的竞争力,同时也是为了更好地满足旅游者在用餐方面的不同要求。

(3) 小包价旅游

小包价旅游,又称可选择性旅游,它由非选择部分和可选择部分组成。非选择部分包括接送、住房和早餐,旅游费用由旅游者在旅游前预付;可选择部分包括导游、风味餐、节目欣赏和参观游览等,旅游者可根据时间、兴趣和经济情况自由选择,费用既可预付,也可现付。

小包价旅游对旅游者具有多方面的优势,主要表现在明码实价、经济实惠、手续简便和机动灵活等方面,最早由香港和海外的旅行商向我国旅行社提出建议,由于其独特的优势而逐步普及到全国。小包价旅游每批旅游者一般在 10 人以下。

(4) 零包价旅游

零包价旅游(Zero Package Tour),是一种独特的产品形态,多见于旅游发达国家。参加这种旅游的旅游者,必须随团前往和离开目的地,但在旅游目的地的活动是完全自由的,形同散客。参加零包价旅游的旅游者可以获得团体机票价格的优惠,并可由旅行社统一代办旅游签证。

(5) 单项服务

单项服务,是旅行社根据旅游者的具体要求而提供的各种非综合性的有偿服务,旅游需求的多样性,决定了旅行社单项服务内容的广泛性,但其中常规性的服务项目,主要包括导游服务、交通集散地接送服务、代办交通票据和文娱票据、代订饭店客房、代客联系参观游览项目、代办签证和代办旅游保险等。

旅行社单项服务的对象十分广泛,但主要是零散的旅游者。包价旅游团中个别旅游者的特殊要求一般也视为单项服务。

单项服务又被称为委托代办业务,旅游者可采取当地委托、联程委托和国际委托等不同方式交旅行社办理。

近年来,委托代办业务日益重要,许多旅行社都成立了散客部或综合业务部,专门办理单项服务,如代办签证业务。旅行社重视单项服务的根本原因,是全球性散客旅游的迅速发展。目前,全世界散客旅游所占比重,与传统的团体旅游相比越来越高,已达 80%,在我国部分旅游城市,如北京,散客旅游者占旅游者总数的比例,也已高达 60%。散客旅游的兴起,是旅游者心理需求个性化、国际旅游者旅游经验日趋丰富、信心与科技的推动等因素综合作用的结果。在我国,由于目前交通状况、语言障碍和信息网络等方面的原因,可能会在一段时间内滞后于世界散客旅游的发展水平,但散客旅游作为一种发展趋势却是不容置疑的。

从以上旅行社 5 种基本产品形态的介绍中我们可以发现,从团体包价旅游到单项旅游服务,旅行社产品的构成要素逐步减少,服务要素的构成方式也各不相同。但这绝不等于说旅行社的产品只有以上 5 种形态。事实上,在有利于满足旅游者需求和提高旅行社竞争力的前提下,任何产品形态都是允许的和可行的。

二、产品设计的含义、原则及流程

(一)旅行社产品的含义

从旅游经营者的角度来看,旅行社产品,是指旅行社为满足旅游者旅游过程中的需要,而凭借一定的旅游吸引物和旅游设施向旅游者提供的各种有偿服务。旅行社提供的主要是服务形态的产品,而且按照戚斯(Chase)对于服务的分类方法,旅行社提供的服务属于高接触服务,即指顾客在服务推广过程中参与其中全部或大部分的活动。

如果从旅游者的角度来看,旅行社产品,是指旅游者花费了一定的时间、费用和精力所换取的一种旅游经历。这种经历包括旅游者从离开始发地起始,到旅游结束归来的全过程之中,对所接触的事物、事件和所接受的服务的综合感受。旅游者用货币换取的不是一件件具体的实物,而是一种经历和体验。很显然,我们从旅游者角度对旅行社产品所作的界定,主要也是以整体或综合服务产品为基础进行的。在旅游者需求只限于特定的单项服务情况下,我们从旅游者角度出发理解旅行社产品的概念,也会出现一定的差别。

在旅行社经营实际运行过程中,其提供的产品既包括整体或综合的旅游服务,也包括零散或单项的旅游服务,还包括介于两者之间任意组合的旅游服务。但是,更多的情况下,旅行社提供给旅游者的是整体的旅游服务和根据旅游者需要不同程度组合的综合旅游服务。因此,旅行社产品与旅游产品的概念便在很大程度上重合在一起了。

(二)产品设计的原则

通过本章第一部分的学习,我们了解到,旅游者是为了娱乐、休闲、求知等目的而外出旅游,而旅行社产品是旅行社为旅游者的旅游活动提供的一系列服务。这种产品的开发不是凭空想象,而是遵循一定的原则,才会开发出适合旅游者需求的产品。旅行社产品的形态是多种多样的,但不同形态的产品在其设计过程中,却应遵循基本相同的原则。

1.市场原则

旅行社产品开发的目的在于通过产品销售,获得经济利益。如果旅行社的产品不能满足旅游者的需要,产品就没有销路,旅行社也就无利可图。市场原则就是要求旅行社在开发新产品前,对市场进行充分的调查研究,预测需求市场的发展趋势和需求数量,分析旅游者的旅游动机。只有这样,才能针对不同目标市场旅游者的需要,设计出适销对路的产品,最大限度地满足旅游者的需求,提高产品的使用价值。

旅行社产品开发的市场原则,具体体现在以下三个方面:

(1)根据市场需求变化的状况开发产品。旅游者的需求千差万别,同时千变万化,但其中也不乏相对稳定的因素。对于大众旅游者来说,以下需求具有代表性和稳定性:

①到异国他乡,旅程丰富多彩,能增广见闻。

②从日常的紧张状态求得短暂的解脱和放松,舒畅身心、解除压力。

③尽量有效、合理地利用时间,又不太劳累。

④尽量有效利用预算,物美价廉。

⑤购买廉价而又新奇的旅游商品。

旅行社可以根据旅游者这些相对稳定并具有代表性的需求特点,同时结合不同时期的不同风尚和潮流,设计出适合市场需求的旅游产品。

(2)根据旅游者或中间商需求开发产品。旅行社还可以直接根据旅游者和客源地中间商的要求,设计专门的旅游产品,开拓自己的市场。

(3)创造性引导旅游消费。旅行社审时度势,创造性地引导旅游消费,也是市场原则的实际应用。

2.经济原则

"经济"一词,作为形容词解释,是指节约,即以相对较低的消耗,获得相对较高的效益。旅行社产品同其他产品一样,也有各种成本支出,如交通费、住宿费和餐饮费等。这就要求旅行社在产品设计过程中加强成本控制,降低各种消耗。例如,通过充分发挥协作网络的作用,降低采购价格,这样既可以降低旅行社产品的直观价格,便于产品销售,又能保证旅行社的最大利润。

旅行社产品开发的经济原则,还表现在旅行社产品的总体结构,应尽可能保证接待能力与实际接待量之间的均衡,减少因接待能力闲置造成的经济损失。

3.旅游点结构合理的原则

旅行社在设计旅游线路时,应慎重选择构成旅游线路的各个旅游点,并对其进行科学的优化组合。具体讲,在旅游线路设计过程中应注意以下几点:

(1)特色各异,尽量避免重复经过同一旅游点。一般来说,除特殊的专业考察旅游外,不应将性质相同、景色相近的旅游点安排在同一产品中,否则旅游者会产生厌烦心理,影响旅行社产品的吸引力。例如,如果是为想从北京入境,游览上海、苏州、杭州、福州、泉州,然后从厦门出境的海外游客编排设计线路,若按北京—上海—苏州—杭州—上海—福州—厦门—泉州—厦门线路设计,就形成了重复出入上海和厦门两个旅游地区的线路,既浪费时间和费用,又使旅游者感到疲倦;若按北京—杭州—苏州—上海—福州—泉州—厦门线路设计,就使产品在价格上更有竞争力。

(2)点间距离适中。同一旅游线路各旅游点之间的距离不宜太远,以免造成大量时间和金钱耗费在旅途之中。例如,江南水乡十日游这一旅游产品,是在长江三角洲地区沿长江和古运河城市之间进行的,主要有江苏省的南京、扬州、镇江、常州、无锡、苏州和浙江的嘉兴、杭州及绍兴等。这条线路旅游城市之间相距很近,景点集中,交通方便,能在很短的时间内集中游览美丽如画的江南风光和体察水乡泽国的风土民情。

(3)择点适量。目前,短期廉价是大众旅游者的追求目标,旅游者的旅游时间一般在一周至两周之间。在时间一定的情况下,过多地安排旅游点,容易使旅游者紧张疲劳,达不到休息和娱乐的目的,也不利于旅游者深入细致地了解旅游目的地。同时,择点过多,对旅行社产品的销售也会产生不利影响,致使旅游回头客减少。

(4)顺序科学。在交通安排合理的前提下,同一线路旅游点的游览顺序应由一般的旅游点逐步过渡到吸引力较大的旅游点,这样可以使旅游者感到高潮迭起,而非每况愈下。例如,对国际旅游者来说,广州、桂林、上海、西安、北京一线的组合,便优于逆向组合。

又如,北京(飞机)—吉林(火车)—哈尔滨(飞机)—黑河(汽车)—俄罗斯冰雪旅游线路。

主题:北国冰雪;

旅游时间:七日游;

旅游等级:①豪华型;②经济型。

活动日程安排:

第一天,乘飞机入吉林,游览市容,住宿。

第二天,观赏雾凇,冰雪观赏,冰上运动,品尝长白山珍宴。

第三天,乘火车抵哈尔滨,游览参观、购物,晚上观赏冰灯,冰上娱乐活动。

第四天,亚布力滑雪、滑冰。

第五天,乘飞机抵黑河,住宿。

第六天,出境旅游,观赏异域冰雪风光、民俗,品尝异域野味佳肴。

第七天,返回。

4.交通安排合理的原则

交通工具的选择应以迅速、舒适、安全、方便为基本标准。其具体安排,长途一般应乘坐飞机;交通工具的选择应与旅程主题相结合;同时要保证交通安排的衔接,减少候车(机、船)的时间。

5.服务设施有保障的原则

服务设施有保障,是指除了交通设施之外,还要充分考虑住宿、餐饮、银行、邮局等配套服务设施安排的合理性,以确保实现旅游产品的规模经营。

6.产品内容丰富多彩的原则

一项旅行社产品一般应突出某个主题,如"草原风光旅游""中国名山探险旅游"等。同时,旅行社应围绕主题,安排丰富多彩的旅游项目,让旅游者通过各种活动,从不同的侧面了解旅游目的地的文化和生活,领略美好的景色,满足旅游者放松、娱乐和求知的欲望。在旅游活动过程中,应力求形成高潮,加深旅游者的印象,以达到宣传自己、扩大影响、吸引游客的目的。其具体体现在以下几个方面:

(1)市域游线路设计。桂林市域游线路设计主要为:

①精华一日游,即"三山两洞"旅游线(含七星公园、芦笛公园)、叠彩山、象鼻山、伏波山。

②市内二日游,分东环一日游和西环一日游(前者含七星公园、穿山公园、靖江王陵、尧山风光;后者含芦笛公园、西山公园、叠彩山、象鼻山、伏波山)。

在此基础上,线路设计还包括:

• 陆路游览线。

市中心游览环线——环联叠彩山、象鼻山、伏波山、独秀峰、榕湖、杉湖。

西环游览线——环联西山公园、芦笛公园、桃花江度假区。

东环游览线——环联尧山景区、靖江王陵、七星公园、穿山公园、民俗风景园。

南环游览线——环联南溪公园、雁山公园。

• 水路游览线。

包括漓江精华游、漓江—小东江游、漓江—桃花江游。

• 洞景游览线。

以芦笛岩和七星岩为最佳。

(2)以桂林为中心的区域旅游。以桂林为中心辐射四周的区域旅游,是伴随旅游规模扩大和游览方式的多样化而发展起来的,逐步形成融山水自然风光、文化古迹、民俗风情于一体的"大桂林"旅游格局。

漓江作为桂林山水的精华,不仅本身构成了从桂林至阳朔83公里长的游览画廊,而且把阳朔境内的景点有机融合于漓江体系中,成为吸引旅游者的区域旅游景观。

此外,区域旅游产品还包括:

- 桂林—兴安灵渠游,乐满地度假村旅游,桂林—青狮潭水库度假游。
- 桂林—龙胜、三江民族风情游(包括龙胜矮岭温泉、龙脊梯角寨、宝鼎瀑布和瑶寨风情)。
- 桂林—融水、融安贝江风情游。包括贝江、苗寨风情。
- 桂林—猫儿山原始森林考察游。
- 桂林—高尚、海洋银杏林考察游。
- 桂林—全州湘山寺、灌阳龙宫游。
- 桂林—恭城孔庙、平乐榕津游。

7.可持续发展的原则

旅行社产品的开发,必须以生态环境保护为前提,科学地利用资源,保护水源、能源和其他环境因素。一旦生态资源受到破坏,产品开发就失去了依托。此外,旅行社产品开发还要考虑其在社会、文化、经济、技术等方面具有的可持续性。

8.充分体现旅游资源的吸引力

(1)及时了解旅游资源的开发情况。及时了解旅游资源的开发信息,在实力允许、时机成熟的情况下,不断丰富旅行社的产品内容,充分体现新开发旅游资源的吸引力,把握发展的契机。

(2)充分展现旅游点的景致。不同景点在不同的时刻,观赏效果是不尽相同的。因此,在条件许可的情况下,应在景点呈现最佳观赏效果的时候,安排旅游者前去游览。一般来说,以水体为主的景点在清晨游览为佳;以观赏植物为主的景点,多以下午游览为佳;而以山体为主的景点,一般以傍晚游览为佳。由于光照角度不同,同一景物也会呈现不同的观赏效果。一般来说,顺光照射的水体,呈现出清澈、碧绿的本色;而逆光照射的水体,会呈现出许多明亮闪烁的反光亮色,水体水色被淡化。因此,如果景点的水质好,应尽量安排旅游者处于顺光的角度观赏;反之,应安排旅游者处于逆光的角度观赏。总的来说,应根据景点的自然状态,选择最能体现景点吸引力的角度,安排旅游者观赏游览。

(三)产品设计的流程

产品设计流程包括以下几个方面:

1.市场调查

市场调查,是旅行社产品设计的出发点。通过对产品市场环境和旅游者消费行为的调查,旅行社可获得有关旅游者和旅游中间商的需求、竞争对手的产品和其他相关消息,并通过对获得的信息进行分析、研究,从中激发有关新产品设计的灵感和创意。同时,市场调查也是保证旅行社设计的产品贴近市场,符合市场需求的前提。

产品设计创意的主要来源有：

（1）了解旅游者需求。旅游者需求是产品创意的出发点，旅行社通过对旅游者的问卷调查（表3-1），分析旅游者建议书、投诉，或组织旅游者讨论，可以获取大量第一手资料，促进产品创意的产生。

在对线路产品设计进行分析、取舍时，首先要做的就是理清头绪，做到思路清晰。其中最重要的就是要站在游客的角度、以游客的心境来进行思考。许多客人远游到另外一个城市、另外一个国家，也许一生只有一次机会。客人珍视这样的机会，旅行社也应该从客人的角度考虑而珍视这样的机会。这种换位思考给产品制作提出了更高的要求，仅仅了解游客想要看什么还是远远不够的，好的策划、好的产品设计还应当想到客人未曾想到的，即所谓让人产生参加这次旅游"超值"的感觉。

表3-1 旅游线路调查表

××旅行社＿＿＿年＿＿＿月＿＿＿日

姓名		国籍（地区）	
性别	男 女	年龄	(1)20岁以下 (2)21~35岁 (3)36~50岁 (4)51~65岁 (5)66岁以上
旅游目的	(1)观光(2)公务和会议 (3)休闲度假 (4)探亲访友(5)奖励 (6)修学 (7)体育(8)探险(9)其他		
您已经游览了中国哪些城市，请写出城市名称：＿＿＿＿、＿＿＿＿、＿＿＿＿、 您最喜欢哪个城市？＿＿＿＿ 最不喜欢哪个城市？＿＿＿＿ 您最喜欢哪些城市的哪些项目？＿＿＿＿、＿＿＿＿、＿＿＿＿ …… 您的要求与建议：＿＿＿＿			

（2）了解竞争对手。分析竞争对手的成功与失败之处，往往可以激发新的创意。旅行社要随时注意竞争对手的产品情况，观察分析其销售及游客对这些产品的评价与反映。

（3）了解旅行社销售人员及旅游代理商。旅行社及销售代理商经常与旅游者打交道，了解市场行情与旅游者的需求心理，也很清楚竞争对手产品的优势，从他们身上获得的产品创意往往最符合市场的需求。

另外，还可以从咨询公司、旅行社内部员工及有关报纸、杂志等媒体或统计资料中了解旅游者的需求、流向及市场发展趋势，激发产品创意。

如:西班牙、葡萄牙12天深度游,这一产品为例,行程如下:

DAY1 深圳—阿姆斯特丹/巴塞罗那　住:巴塞罗那

DAY2 巴塞罗那:【圣家族大教堂】【诺坎普体育场】　住:巴塞罗那

DAY3 巴塞罗那—阿拉贡小镇,【奥林匹克港口】【巨型铜雕鱼】　住:阿拉贡

DAY4 阿拉贡小镇—马德里,【圣妇皮拉尔大教堂】　住:马德里

DAY5 马德里,【马德里皇宫】　住:马德里

DAY6 马德里—雷阿尔城,【太阳门广场】【马约尔大广场】　住:雷阿尔城

DAY7 雷阿尔城—科尔多瓦—阿尔赫西拉斯,【科尔多瓦大清真寺】　住:阿尔赫西拉斯

DAY8 阿尔赫西拉斯—赫雷斯—阿尔赫西拉斯,【赫雷斯斗牛庄园】　住:阿尔赫西拉斯

DAY9 阿尔赫西拉斯—塞维利亚,【皇家骑士俱乐部斗牛场】　住:塞维利亚

DAY10 塞维利亚—里斯本,【西班牙广场】【黄金塔】　住:里斯本

DAY11 里斯本/巴黎/香港,【贝林塔】【发现纪念碑】【圣热罗尼莫斯修道院】

DAY12 香港—深圳

这一产品的优势之一,是在巴塞罗、马德里那住2个晚上,尤其是在巴塞罗那,该团是2019年1月16日在深圳蛇口集合,到巴塞罗那的第二个晚上恰好有一场球赛,在诺坎普体育场有梅西出场球赛,因此,旅游团中有部分游客就是为了这场球赛才参加该旅游团。旅行社可借此打出该旅游产品的广告,如"游葡西、观梅西"等类似广告语,吸引更多的游客。该产品的劣势之一,是葡萄牙停留时间太短,充其量只有半天,参团游客及其亲属朋友感叹不止。作为设计该产品的始作俑者应该考虑周全,既要考虑到旅游者的需求,也要考虑到"深度游"的真正内涵。

2.方案的拟订与选择

市场调查中获得的信息将帮助形成产品的构思,对众多产品构思进行筛选和可行性研究,将产生最终的产品设计方案。

(1)方案的拟订。方案,是产品的雏形,方案的形成源于构思。产品构思越多,旅行社选择的余地就越大。但是,构思并不等于方案,构思只有经过专业技术人员的筛选和可行性论证,才能最终确定价值。

①构思的筛选。构思的筛选一般分为两个步骤。旅行社专业人员根据直观的经验判断,剔除那些与旅行社发展目标、业务专长和接待能力等明显不符或不具备可行性的构思,缩小有效构思的范围,这是对旅行社产品构思的初步筛选。

构思筛选的第二个步骤,是对初步筛选出的有效构思进行等级评定。表 3-2 所示为针对某项产品构思进行的等级评定情况。评定时,选择了销售前景等八项要素作为评定指标,每项指标的权数,根据对产品的重要性而事先确定,评价的等级分别为 3.4.3.3.4.4.3.4,最终计算出的等级系数为 0.68。根据各有效构思等级指数的高低,可以确定可行性论证的顺序。

表 3-2 旅行社产品构思评价表

影响因数	重要性系数	评价等级					得分
		5	4	3	2	1	
旅行社信誉	0.20			√			0.60
市场需求	0.20		√				0.80
研究开发能力	0.20			√			0.60
竞争能力	0.15			√			0.45
赢利能力	0.10		√				0.40
人员安排	0.05		√				0.20
财务状况	0.05			√			0.15
采购与供应	0.05		√				0.20
合计	1.00						3.40

等级系数 = 得分总和/评价等级数量 = 3.40/5 = 0.68。

②构思的可行性论证。可行性论证,是指在市场调查的基础上,进一步有针对性地收集信息、评价信息和作出判断的过程。从产品构思到方案拟订过程中,旅行社需要把握的信息主要包括以下几个方面:

• 发展前景,包括产品市场的规模、进入市场的可能性、市场需求的持久性、产品仿制的困难性和此类产品的发展趋势等;

• 市场销售,包括产品的需求量和需求时间、产品的销售范围和目标市场、此类产品的销售数量和市场占有率、潜在旅游者数量及旅游者实际购买力、旅游者对新产品的要求和希望、季节变动对销售的影响、与旅行社现有产品的关系及产品的销售渠道等;

• 竞争态势,包括生产和销售类似产品的竞争者数量、各竞争者产品的情况、各竞争者采用的竞争策略和竞争手段、竞争者的市场占有率和价格差、潜在的竞争者及他们加入该种新产品市场的可能性等;

• 价格,包括竞争产品价格的变动情况、旅游者对这类产品价格的意见和要求,以及此类产品的价格弹性等;

- 内部条件,包括旅行社设计新产品所需人财物的保证程度、旅行社的信誉与管理水平、所需各种服务设施的供应能力和服务质量等。

③拟订方案时应该注意的问题。旅行社在拟订方案过程中,应注意以下几点:
- 国家发展旅游事业的方针、政策和有关法律,是旅行社新产品设计中必须首先考虑的因素;
- 各类旅行社在业务范围和专长方面都存在差异。旅行社应根据自身的特点和条件设计产品,有针对性地搜集资料;
- 不同地区旅行社所针对的需求群体有所差异,旅行社应考虑服务目标的需求和特征,有针对性地设计产品;
- 各种信息必须全面、系统,避免挂一漏万,支离破碎。

旅行社通过广泛搜集与新产品开发有关的信息,对构思进行可行性分析与研究,便可得出产品的设计方案。

(2)方案的选择。方案的选择比较复杂,旅行社在方案选择过程中,应该采用定性与定量相结合的方法,对各个方案进行综合评价和比较分析。

①定性分析。从定性分析的角度看,旅行社在选择方案过程中,应考虑以下标准:
- 有利于(至少无害于)当地社会、经济的发展;
- 有利于占有市场、增加销售;
- 有利于提高旅行社的竞争力;
- 有利于刺激中间商或代理人的销售热情;
- 有利于保证原有产品的正常发展;
- 有利于降低风险。

②定量分析。定量分析的核心问题,是准确计算各种方案所需的成本和可能达到的利润额。定量分析的方法包括等概率法、最大的最小值法、最大的最大值法、乐观法、最小的最大后悔值法、贝叶斯法、决策树法、马尔柯夫决策法和模拟决策法等。每种方法都有其特定的适应性,旅行社的专业人员应有选择地或综合性地运用各种方法,力求分析结论的准确性和决策的科学性。

3.产品定价

在确立产品价格的时候,涉及的因素很多。一些影响价格确定的因素,常常处于不断的变化状态之中。企业战略的改变、机票价格的增减、饭店价格的升降等,都会对产品定价产生影响(后文将专门讲述)。

旅行社在制定产品价格时,要考虑到企业的整个营销战略。企业整体性的营销战略,意味着企业营销组合中任何战略的制定和贯彻执行,都要同企业的营销战略目标相一致,产品价格的确立自然也不例外。

4.试产试销

在产品设计方案确定后,旅行社即可与有关部门达成协议,将产品设计方案付诸实施,进行试验性销售。产品试产与试销的目的,主要有三个:了解产品的销路;检验市场经营组合策略的优劣、发现问题;解决问题。

在试产试销阶段,旅行社应该注意保持产品规模适中,保证产品质量,充分估计各种可能的情况,争取做到有备无患。经过试销证明确无销路的产品,切忌勉强投入市场。

5.投放市场

通过产品的试销,效果良好的产品应该成批量地投放市场,以便获得预期的经营利润。在将产品正式投放市场时,计调部应协同销售部等部门运用销售渠道策略、促销策略和价格策略等市场营销手段,尽量扩大产品在市场中的占有份额,提高产品的销售率和利润率。

6.检查完善

产品投入市场并非产品设计过程的终结,旅行社还应对产品进行定期的检查完善,对产品进行必要的完善和改进,并广泛搜集各种反馈信息,为进一步开发产品提供依据。

产品的检查除在发展趋势、销售市场、竞争态势、价格和内部条件等几个方面进行外,还应着重就产品收益情况进行分析,包括损益平衡分析和价格分析。损益平衡分析,是通过对产品销售量、销售收入和成本几个变量进行比较分析,明确旅行社的盈亏状况。价格分析,则主要是根据产品质量和产品需求的价格弹性等因素,对产品的价格水平进行衡量。如果销售价格偏高,则往往会失去大量客源,使产品滞销;如果价格偏低,则会影响旅行社的赢利水平。

7.收集反馈

产品的制作,原本在将成型的产品交到销售环节的时候,就可以说是结束了。收集反馈意见的程序,应放在产品制作程序当中,是基于对产品质量、销售效果直接掌控的理由进行的。这样做的好处,是可以避免企业内部工序之间的扯皮推诿,使优秀产品真正能成为拉动企业发展的主线。

由于在许多旅行社中产品销售实行的是单团结算办法,常常会使产品销售的好坏成为评判产品优劣的基础指标。这样一种简单机械的管理方式,对产品的评价不能说是科学、认真。事实上,销售人员及导游、领队等环节所出现的不到位操作,都可能导致对产品优劣的评判不够客观公正,影响信息采撷的准确性。

三、行程制定的内容、流程与原则

旅游行程,是构成旅游产品的主体,包括游览景点、参观项目、饭店、交通、餐饮、购物、娱乐活动等多种要素。旅游行程制定通常有两类方式:一类,是供给方根据旅游市场需求而进行的行程制定。这种产品具有广泛的适应性,具有满足各层次消费者需求的特点;另一类,是由购买方提出要求,而专为满足其需要所进行的行程制定。这种新产品往往含有特殊需求。一般来说,旅游行程制定需要掌握以下信息:国内旅游资源的发展状况,包括供给条件的变化(如住宿、交通、环境、卫生方面的变化),国际旅游市场对旅游线路、旅游项目(如宗教旅游、新婚旅游等)、旅游形式(如全包价、半包价、小包价、零包价等)要求的变化和旅行社经营特色的要求(如对产品专题性、新奇性、适应性的要求)等。

(一)旅游行程制定的内容

旅游行程,是旅行社根据市场需求,结合旅游资源和接待服务的实际状况,为旅游者设计的、包括整个旅游过程中全部旅游项目和服务内容的旅行游览计划。

旅游行程制定,主要包括以下内容:

1.确定行程名称

行程名称,是行程的性质、大致内容和设计思路等方面的高度概括。因此确定行程名称应考虑各方面的因素,并力求体现简约、突出主题、时代感强、富有吸引力等原则。如"烹饪王国游",这一行程名称表示了这是面向美食家或美食爱好者品尝中华名菜、欣赏烹饪技艺,又可以游览各地风光的旅游线路。

2.策划行程计划

从形式上看,旅游行程是以一定的交通方式将行程各节点进行的合理连接。节点,是构成旅游行程的基本空间单元,一个行程节点,通常成为一个有特色的旅游目的地。一般来说,同一条旅游行程中的各个节点,都有相同或相似的特点,用于满足旅游者的同一需求并服从于某一旅游主题,起着相互依存、相互制约的作用。节点可以是城市,也可以是独立的风景名胜区。行程的始端是第一个旅游目的地,是该行程的第一个节点,终端是行程的最后一个节点,是活动的终结或整个行程的最精彩部分,而途经地,则是行程中除始端和终端外的其他节点,是为主题服务的旅游目的地。因此,策划旅游行程,就是合理安排从始端到终端,以及中间途经地之间的游览顺序,在行程上对相关节点进行合理布局。

如"烹饪王国游"这一行程的始端,是广东的广州,终端是上海,途经地为四川成都、北京、江苏南京和无锡,顺序即为"广州—成都—北京—南京—无锡—上海"。

可见,安排旅游行程,一方面,是对符合主题特色的节点城市或风景区的选择;另一方面,是对节点游览顺序的安排,应体现时间最短、费用最少、交通便利、合理搭配的原则,进行全面考察、综合平衡、合理布局。

3.计划活动日程

活动日程,是指旅游行程中具体的旅游项目内容和地点以及各项活动进行的日期,应体现劳逸结合、丰富多彩、各具特色、高潮迭起的原则。

如"烹饪王国游"的活动项目如下:

广州——参观烹饪表演;
　　——品尝广东名菜;
　　——品尝广东各式点心;
　　——品尝广东早茶。
成都——品尝川味小吃;
　　——观看川菜烹饪表演;
　　——品尝四川名菜。
北京——仿膳宫廷菜;
　　——北京饭店谭家菜;
　　——香港美食城(早茶、小吃);
　　——前门梨园剧场(北京地方风味小吃)。
南京——参观南京旅游学校烹饪专业模拟实验室;
　　——夫子庙食品街(江苏风味小吃);
　　——品尝淮扬风味。
无锡——品尝太湖船菜。
上海——品尝上海风味。

4.选择交通方式

交通方式的选择,要体现"安全、舒适、经济、快捷、高效"的原则。首先要了解各种交通方式的游览效果,依次顺序为直升机、水翼船、汽车、火车、海船、客机;其次要了解各种交通工具的适用旅程,其中直升机、水翼船、汽车适于短途旅游,火车、轮船适合中程旅游,客机、海上游轮适于长途旅游;最后要了解国内外交通现状,如类型、分布、形式、网络等。在具体选择交通工具时要注意多利用飞机,尽量减少旅途时间;少用长途火车,以避免游客疲劳;合理使用短途火车,选择设备好、直达目的地、尽量不用餐的车次;用汽车作短途交通工具,机动灵活。总之,要综合利用各种交通方式与工具,扬长避短,合理衔接。

5.安排住宿餐饮

吃、住是旅游活动得以顺利进行的保证,应遵循经济实惠、环境幽雅、卫生健康、交通便利、有特色等原则进行合理安排,并注意安排体现地方或民族特色的风味餐。

6.留出购物时间

购物,通常在游客总花费中占据30%左右。需要遵循时间合理、能满足大部分游客的需求,不重复、不单调、不紧张、不疲惫的原则适当安排。

7.筹划娱乐活动

娱乐活动要丰富多彩、雅俗共赏、健康文明、互动性强,体现民族文化的主旋律和文化交流的目的。

(二)旅游行程制定的流程

旅游行程制定,是一个技术性很强的课题。从技术上讲,旅游行程是旅游吸引物资源、旅游设施和旅游时间的统一。行程制定的成功与否,主要反映在两个方面,一是游程合理;二是价格合理。

(1)从市场调查和预测入手,确定目标市场。它在总体上决定了旅游行程的性质和等级。

(2)根据旅游吸引物确定景点。景点是构成旅游行程的基本空间单位,每一景点就是一个有特色的旅游目的地。

(3)结合前两个阶段的背景材料,对相关的旅游基础设施和专用设施进行选择和配置,并以一定的交通方式把各景点合理串联,组成一条旅游线路。缺少设施保障的旅游点一般不宜编入旅游行程中。

(4)可根据旅游者或旅游中间商的要求对旅游线路作相应调整,把旅行社想卖出的旅游线路变成旅游者想购买的旅游线路(见表3-3)。

表3-3 香港某旅行社推出香港至华东旅游线

天数	行程	交通	住宿
1	香港—上海	MU510(21:05抵沪)	静安希尔顿
2	上海—无锡	下午火车	无锡大饭店
3	无锡—苏州	中午火车	南林饭店
4	苏州—杭州	上午火车	香格里拉
5	杭州—香港	MU511(09:25抵港)	

这条线路的优点,是直航飞机往返香港,方便,但并不周全。其不足之处主要表现在:

一是时间问题。香港—上海的飞机是晚上才抵达,而杭州—香港的飞机则是上午起飞,实际上第一天和第五天不能用于观光,时间浪费在机场候机上;而由上海—无锡—苏州—杭州不仅交通方式单一,增加了在火车上的时间,而且每地游览都很匆忙。

二是价格问题。港沪及杭港直航飞机价格昂贵(属于国际航班),占去了总团费相当大的比重,导致直观价格太贵,平均人/天价格过高。

由于行程安排不合理,行程价格又过高,游客反应平平。后经调整,重新编排的行程如表 3-4 所示。

表 3-4　重新编排的行程表

天数	行程	交通	住宿
1	香港—广州—杭州	早班直通车转飞机,中午抵达	香格里拉
2	杭州—无锡	下午火车	无锡大饭店
3	无锡—苏州	下午汽车	南林饭店
4	苏州—上海	下午火车	希尔顿
5	上海—广州	晚上飞机	中国大酒店
6	广州—香港	下午直通车	

与原先的行程相比,后者有如下优点:

一是第一天 13:00 左右抵达杭州,第六天 18:00 才离开广州,后者总的观光时间加长一天多,旅游者在各地的逗留就较舒展。

二是香港—广州—杭州及上海—广州—香港的交通费,只有香港—上海及杭州—香港交通费的 60% 多。

三是后者增加了广州点,丰富了行程内容。

经过这样改编后,后者在行程与价格上更易被旅游者所接受。

任何一条旅游线路的设计都是以时间为支点的,随着时间的推移,所依托条件必然会发生变化,而且日渐不能适应新的市场需求。因此,旅游线路要不断推陈出新,以延长其生命周期。

(三)旅游行程制定的原则

1.顺序科学

"顺序"包含两方面的含义,即空间顺序和时间顺序。计调部在制定行程计划时,一般以空间顺序为根本指导。在交通安排合理的前提下,同一线路旅游点的游览顺序,应由一般的旅游点逐步过渡到吸引力较大的旅游点,这样可以不断提高旅游者的游兴,同时要把握游程节奏,做到有张有弛。

2.避免重复经过同一旅游点

在条件许可的情况下,一个旅游行程应竭力避免重复经过同一旅游点。按照游客的心理特点,重复会影响一般游客的满意程度。但不是所有的旅游行程都可以按照这一原则,有些旅游点由于受区位交通不利因素的限制,设计旅游行程必须重复经过旅游点,这是无法避免的。如成都九寨沟、黄龙双飞团,必须途经成都两次,必须从成都进、出;像这样的线路还有云南昆大丽、海南双飞团。

3.点间距离适中

同一旅游线路各旅游点之间的距离不宜太远,以免造成大量的时间和金钱耗费在旅途中。

4.服务设施有保障

制定行程时,途经旅游点的各项服务设施,如交通、住宿、餐饮等必须得到保障。这是旅行社向旅游者提供服务的物质保证,制定行程时应尽量减少游客在缺少服务保证的旅游点停留。

5.购物安排合适

制定行程时,应注意将旅游点上最具特色、商品质量最有保证、秩序最理想的购物场所,安排在行程中所串联的景点的最后。这是因为旅游者在对景点的游览告一段落的时候,购物欲望是最强烈的,而在游程之初购物欲望很低。所以针对游客的这一心理特点,制定行程时不宜将购物点安排在行程的初始或中间。

(四)价格对比

价格是影响消费者购买行为的最直接、最敏感的因素,也是旅行社获得收入关系最密切的指标,因此价格的制定,是计调部在新产品设计中最重要的内容。

这里,我们所说的价格对比,主要是针对直接成本中的变动成本。变动成本一般由房费、交通费、餐饮费和门票费组成。价格,主要由于产品档次及所采用交通工具的不同而不同。这里,以距武汉1300公里的旅游目的地广州为例,对团队报价加以说明。

1.交通

(1)飞机:全额机票是1760+机建50;4折优惠价格:700元+机建50(机建没有折扣)。

需要注意的是,飞机的航班有正航(白天的航班)和夜航之分,二者的折扣优惠是不一样的,正航一般要比夜航的折扣低一些。

(2)火车:211.5元(硬座,空调特快);352.5元(硬卧,空调特快);549.5元(软卧,空调特快);465(高铁)。

2.酒店

100元/标间(商务酒店);180元/标间(三星级);300元/标间(四星级)。

这里,也要注意饭店所处地段的影响,在市中心比较繁华地段和景致比较好的地段的价格相对比地段偏僻、景致一般的地段要高一些。另外,饭店内的客房价格也是不尽相同的,例如朝向海的房间(也称"海景房")价格就比较高一点。

3. 餐饮

标准团30元/人(午、晚餐);10元/人(早餐)。

豪华团50元/人(午、晚餐);30元/人(自助早餐)。

(五)旅行社产品生命周期与创新

1.旅行社产品生命周期

同工业产品一样,旅行社产品的市场吸引力及获利能力,会随着时间的推移而变化。这种变化的规律就像人和其他生物的生命一样,从诞生、成长到成熟,最终将走向衰亡。产品在市场上的这一过程,即产品从试制成功,投入市场到被市场淘汰所经历的全过程,称为旅行社产品的生命周期。产品生命周期的研究为旅行社产品经营提供了决策框架。

旅行社产品生命周期,通常是指产品的市场寿命,而不是产品的自然生命或使用寿命。旅行社产品经过研究开发、试销,然后进入市场,其市场生命周期就开始了。产品被消费者拒绝或淘汰,退出市场,则标志着产品生命周期的结束。

典型的产品生命周期,一般可分为四个阶段,即介绍期(导入期)、成长期、成熟期和衰退期。

生命周期,是社会发展的一种客观现象。旅行社产品最终退出市场是不可避免的,但在具体操作上,缩短导入期、延长成长期和成熟期、推迟衰退期的到来,乃至产品再生,并不是没有可能的。按照产品生命循环理论,如果改变产品的正常时间顺序和时间跨度,产品可以从一次市场循环变成二次市场循环,甚至多次市场循环,从而延长了产品的生命周期。

值得一提的是,延长了产品寿命,旅行社销售利润并不一定能在原有基础上得到提高,用以延长产品寿命的费用,甚至可能导致利润的下降。对旅行社来说,适时淘汰滞销产品也是必要的。旅行社的持续发展在于不断地进行产品创新,并且在高于前一时期的水平上进行运作,而不是停留在现有水平。

2.旅行社产品创新

产品生命周期理论,要求旅行社不断开发新产品。一般而言,当一种产品投放市场时,旅行社就应未雨绸缪,着手新产品的设计。

(1)旅行社新产品种类。产品创新是提供与以往不同的消费满足、开创新的目标市场的一种创新性活动。对消费者而言,只要在使用价值上同原有产品有差别,就是新产品。旅游新产品按其对原产品的创新程度可分为以下几种类型:

①改进型新产品。旅行社产品投放市场后,根据市场的销售状况,对原有产品作适当改进,如改进旅游设施、调整旅游景点,给游客一种同以前不一样的旅游体验。

改进型新产品有两层含义,一是扩展产品的深度。例如,韩国游线路,"首尔+济州岛五日游"线路,五天行程有四天在赶飞机,不如纯"首尔四日游"或"济州岛五日游"销售得好,就是很好的例子,人们更加喜欢深度旅游。二是改进产品档次。即在不改变原有游览内容的前提下,提高食、宿、行等设施的等级。如,经济等改为标准等、豪华等;如以前的"北京六日游",改为"飞天津、游北京",市场反应良好,许多游客没有去过天津,想去天津品尝狗不理包子有了一个机会,并且旅行社的包机和住房费用还比飞北京、住北京要低一些。

②升级型新产品。在原有产品的基础上,注入新的资源要素,开发新的旅游功能,实现旅行社产品升级。例如,深圳的世界之窗以原有的世界微缩景观为基础,通过融入绚丽多姿的世界歌舞,推出了以狂欢节为核心的节庆旅游产品,使原有的观光型产品升级为参与型产品。升级型产品新功能的渗透,使原有的产品局部发生质变。新的旅游需求偏好的产生,使旅行社的目标市场得以扩展、创新。

③创新型新产品。创新型新产品,是指能够开创新的旅游模式的产品。例如,宇宙飞船载客升空,这是利用新资源、新技术打造的一项全新旅游产品。它必将在旅游消费市场上带来一场新的革命。旅行社通过理念创新,把神圣的婚礼同蔚蓝的大海组合起来,在婚庆旅游市场上推出了诱人的海洋婚礼旅游,这也不失为一种产品创新。

(2)新产品的开发过程。旅行社开发新产品须经过五个阶段,即创意阶段、创意选择阶段、产品研制阶段、产品试销阶段和产品商业化阶段。只要旅行社在其中任何一个阶段中产生新产品创意,都必须对其进行修改或放弃。图3-1显示新产品开发的整个过程。(◎表示"是",●表示"否")

(3)旅游新产品开发策略。在旅游新产品开发中,有四种主要因素影响到开发策略的选择,它们是:产品与市场、开发目标、开发途径和控制协调。这四种主要因素又包括许多具体内容和类别,如果排列组合起来,将有数百种开发策略,企业在选择策略时应审时度势,根据具体情况,选择切合实际的策略。

①长短结合策略。这种策略也称储备策略,既考虑到企业的短期利益,更考虑到企业的长期利益,着眼于企业的长期、稳定、持续发展。采取这一策略,旅游企业应该有四档产品:一是企业生产和销售的旅游产品;二是正在研制或已研制成功、等待适当时机投放市场的产品;三是正在研究设计的产品;四是处于产品构思、创意阶段,开始市场开发、调研的旅游产品。

②主导产品策略。任何企业都应有自身的主导旅游产品,主导产品是资源条件与客源市场双向驱动的产物,在一定时期内相对稳定。根据我国的旅游资源特征和市场竞争状况,主导产品应选择垄断性、高品位观光产品和确实已经成熟,又有一定特色的少量非观光产品,通过主导产品树立东方旅游大国的独特形象。

③高低结合策略。指高档产品与低档产品相结合,以满足不同消费层次的需求,提高企业经营的覆盖面。

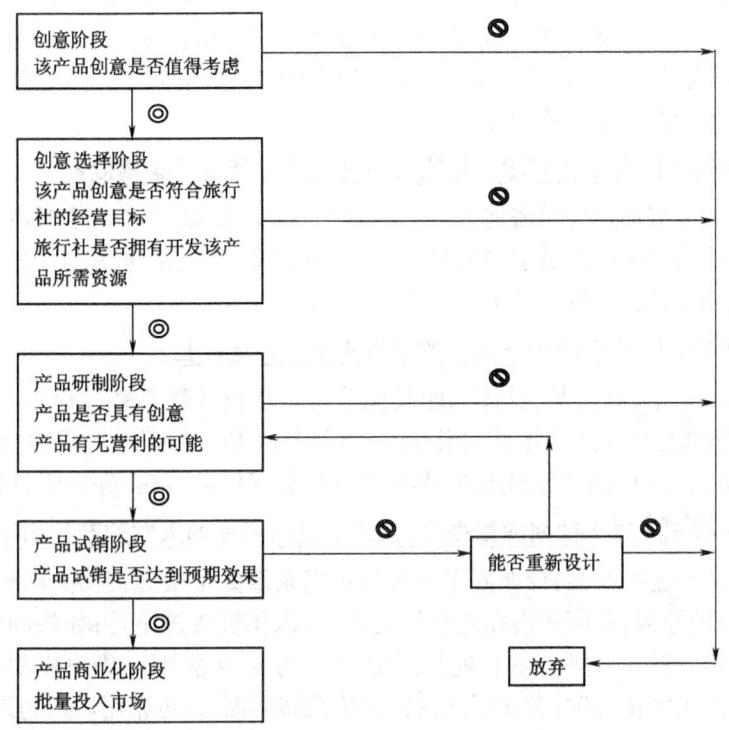

图 3-1 旅行社新产品开发决策过程

④以旅游企业经营目标为导向的策略。这类策略包括:进入市场策略、扩大市场策略和保留市场策略。

⑤不同革新程度的策略。包括:全部创新策略、拿来主义策略、模仿改进策略。

⑥掌握开发时机策略。包括:抢先开发策略、紧跟开发策略、后发制人策略。

[实操问答]

[问答1] 旅行社都需要进行全新产品开发吗?

答:不是每个旅行社都需要进行新产品的开发。作为工作的一部分,计调部工作人员可以结合本旅行社的特点,考虑开发新产品的类型。对于实力雄厚的旅行社可以直接开发全新型产品,以在短期内取得独占地位,创造丰厚的利润。对于一般旅行社可以考虑在已有产品的基础上进行调整和改造,以节约成本开支;而对一些小的旅行社,经常性地开发新产品往往会在财力和人力方面成为一个沉重的负担。基于这种现实,他们可以采取仿制其他旅行社已经投放市场的新产品,来开发自己的新产品。

[问答2] 在进行客源市场定位时考虑广度还是考虑精度?

答:客源市场定位通俗地说,就是为产品找买家,所以在定位时应该优先考虑精度,找出对本产品需求最明显、最忠诚的消费者,其后考虑的才是广度。在市场定位的时候,广度和精度应该达到和谐统一。

[问答3] 能否选择一些小的但折扣率大的地接社?

答:不一定,看情况,具体问题具体分析。在设计新产品过程中,选择地接社应当考虑的是其适合不适合作为一个合作伙伴。利润固然重要,但不能片面地强调折扣率,而应该选择那些各项服务确有保障、信誉好的旅行社。

[问答4] 对于预期前景很好,但试销效果不尽如人意的产品如何取舍?

答:对于这类产品,计调部工作人员可以采取如下措施:首先分析找出试销效果不好的原因,若问题出在旅行社内部,可以积极改进不足;如果问题出在市场方面,诸如顾客群对产品不熟悉、产品不广为人知等因素,则可以积极改进销售策略,加大宣传力度;若在短期内仍无法扭转局面,则可采用以退为进的策略,待市场顾客群形成后再进入。如上海和苏州之间的周庄,在该景区是成长期使用的是赠送,当市场接受该产品时,周庄销售的门票是100元/人,给组团社的协议价是60元/人。作者以为神农架的大九湖也可以采用该策略,在顾客群对其不熟悉、不广为人知的情况下,需要适当地做一些促销,让人们知道,到神农架去不仅仅是避暑、观看"野人";还有一片湿地美景在深山。

[问答5] 在产品设计时如何避免因团款不到位而导致地接社甩团现象的发生?

答:组团社在设计产品、核算价格时,常常向地接社进行询价,地接社为了能够赢得组团社的"芳心",也常常低价销售,可是当组团社组团成功时,地接社做不下来,就推脱说不做这个产品了;因此,在向地接社询价的时候,计调人员应该做好记录,并且多询问几家地接社,确保价格的可靠性,应与地接社签订相关的合作协议,明确结算方式等细节问题,以除后患。

[问答6] 当游客提出更改旅游行程的要求时,计调部人员应该如何处理?

答:一般来说,行程一旦制定,旅行社人员应该严格遵守和执行,如果游客强烈要求更改旅游行程,计调人员应与组团社协商,在情况允许的条件下可作相应调整,如不影响返程时间,返程票也许已经订妥;不增加旅游费用等等因素一定要考虑在内。

[问答7] 计调部委派的导游未征得游客的同意,擅自改变旅游行程,遭到旅游者投诉,计调部是否应该承担违约责任?

答:导游人员是接受旅行社委派而从事导游活动的,旅行社应对导游人员带团过程中的行为负责。因而旅行社应承担一定的违约责任。

[问答8] 接团社计调部未能按接待计划为旅游团买到机票,导致旅游团提前离开旅游地,计调部人员应采取哪些措施?

答:接待社计调人员应通知该团的导游人员,协助其办理退饭店、退餐、退车等相关事宜,具体操作如下:

(1)选择具有代表性的景观游览;
(2)做好游客的工作,分层次做工作;
(3)退车、房、餐,尽量减少旅行社或游客的损失;
(4)给予适当的补偿;
(5)通知下一站,否则会造成漏接事故的发生。

[问答9] 计调部委派的导游人员未征得该旅游团的同意,擅自变更旅游团日程,后因天气原因,导致游客未能前往某景点游览而遭到投诉。对此,旅行社应该采取哪些措施?

答:导游人员擅自改变行程在先,天气变化在后,前者属于人为事故,后者属于人力不可抗拒因素;因此,旅行社应对该导游人员进行严厉批评教育,并且旅行社赔偿该景点门票、导游服务费及同额违约金。

[问答10] 由于航班变化,计调部一时疏忽,只通知了行李员而未通知导游员,且在更改接待计划后,行李员发现导游留言条上的时间与其任务单上的时间不符,经过提醒也未引起导游员的注意。导游员又没有认真检查团队机票上打印的起飞时间,结果造成误机的重大责任事故。计调部需要承担哪些责任?

答:导游员和计调部门应负相应的责任。我国《民法》第一百三十条规定,二人以上共同侵权造成他人损害的,应当承担连带责任。按照我国旅游法律法规,旅行社在支付了因导游的行为造成的游客损失赔偿之后,有权在内部向有过错的导游员进行追偿。

[问答11] 该产品为何受到游客青睐?

日期	行程						
第一天 月日	北京						
	22:40 首都机场集合,办理出境及登机手续,						
	交通	×	餐食	×	酒店	无	
第二天 月日	北京→布拉格 171km 克鲁姆洛夫						
	08:00 抵达后游览西岸的布拉格城堡★:圣维特大教堂、圣乔治大教堂、旧皇宫、黄金小巷、查理大桥、国家博物馆(外观)游览老城广场(约40分钟):						
	古天文钟、胡斯塑像、蒂恩教堂;参观布拉格之星免税店						
	15:30 后乘车前往欧洲最美丽的中古小城之一的克鲁姆洛夫(游览约40分钟)						
	交通	飞机/巴士	餐食	×.中.晚	酒店	四星酒店	
第三天 月日	克罗姆洛夫 180km 梅尔克 90km 维也纳 CeskyKrumlov-Melk-Vienna						
	参观梅尔克修道院★(游览约1小时)搭乘瓦豪河谷多瑙河游船★						
	交通	巴士	餐食	早.中.晚	酒店	四星级酒店	
第四天 月日	维也纳 Vienna						
	国家歌剧院(外观),莫扎特雕像,美泉宫★及后花园(游览约2小时),维也纳步行街						
	交通	巴士	餐食	早.中.晚	酒店	四星级酒店	
第五天 月日	维也纳 243km 布达佩斯 Vienna-Budapest						
	格莱蒂山,参观胜利女神雕像及广场,后参观渔人堡、马迦什教堂						
	交通	巴士	餐食	早.×.晚	酒店	四星级酒店	
第六天 月日	布达佩斯 40km 维谢格莱德(匈牙利)160km 布拉迪斯拉法(斯洛伐克的首都和最大城市) Budapest-Visgrad-Bratislava						
	链桥(游览约5分钟),匈牙利爱国诗人裴多菲塑像,观维谢格莱德城堡						
	交通	巴士	餐食	早.中.晚	酒店	四星级酒店	
第七天 月日	布拉迪斯拉法 292km 布尔诺(捷克第二大城市)Bratislava-Brno						
	游览老城(游览约40分钟):圣马丁教堂,罗兰喷泉,米榭尔门,外观总统府,悬索大桥。						
	交通	巴士	餐食	早.中.晚	酒店	四星级酒店	
第八天 月日	布尔诺 170km 克拉科夫 Brno-Krakov						
	参观克拉克夫老城(游览约1小时):中央市场广场,纺织会馆,圣玛丽教堂,						
	交通	巴士	餐食	早.中.晚	酒店	四星级酒店	

续表

日期	行程					
第九天月日	克拉克夫(波兰)310km 华沙 Krakov-Warsaw					
	前往被联合国列为世界文化遗产的奥斯威辛集中营参观(游览约2个小时)。					
	交通	巴士	餐食	早.中.晚	酒店	四星级酒店
第十天月日	华沙 570km 柏林 Warsaw-Berlin					
	瓦年基公园、齐格蒙特三世国王纪念柱、居里夫人故居★、圣十字教堂、哥白尼雕像。					
	交通	巴士	餐食	早.中.晚	酒店	四星级酒店
第十一天月日	柏林→北京					
	威廉皇帝纪念教堂(外观)、勃兰登堡门、议会大厦、查理检查站——15:40前往机场办理登机、退税等手续,19:40搭乘航班返回北京。					
	交通	巴士/飞机	餐食	早.中.×	酒店	无
第十二天月日	北京 Pek					
	05:30 安抵北京。					
	交通	无	餐食	无	酒店	无

该产品有几大优势:

(1)抵达各国首都及其著名城市,如德国首都柏林、波兰首都华沙、克拉科夫、匈牙利首都布达佩斯、斯洛伐克首都布拉迪斯拉发、奥地利首都维也纳、捷克克鲁姆洛夫及其首都布拉格。不像有些欧洲产品只是在欧洲边缘国家转悠,甚至国界游客都没有弄清楚。

(2)直飞+联运! 支持全国42个城市联运!!

全国可联运城市:上海、广州、深圳、安庆、合肥、长沙、杭州、温州、宁波、南京、重庆、成都、香格里拉、迪庆、南昌、贵阳、福州、厦门、桂林、南宁、昆明、武汉、宜昌、潍坊、长治、郑州、榆林、西安、延安、兰州、敦煌、银川、西宁、齐齐哈尔、牡丹江、哈尔滨、佳木斯、包头、呼和浩特、满洲里、乌海、海拉尔。

吸引了一些除北京外的外地游客。

(3)不走回头路,布拉格进、柏林出! 大大降低游客舟车劳顿之苦,吸引了大量的银发市场的潜在游客。

(4)一价全含、不推自费、不收取小费!!! 太诱人了! 不收取签证、小费的费用,使游客省去了几千元,又不推自费项目,让游客轻松上阵,减少负担,怎么会不受游客青睐呢? 并且报价只要12000元/人。

[经典案例]

[案例1] 旅游线路设计要随时监控

案情： 国庆期间，某旅行社组织一个旅游团游览神农架——三峡，途经江城武汉，顺便游览市内著名景点。下午，旅游团游览武汉归元寺。从寺里出来后，游客被一群算命先生围住。这群人能言善辩，且强拉游客算命。他们事先说算命不要钱，可是算完了却非收钱不可，甚至伸手去游客兜里掏钱，弄得游客纷纷指责导游员，说旅行社不应该安排类似景点，表示要投诉。

点评： (1)现代社会，旅行社经营的旅游线路也要受到社会环境的影响，像本案中的算命先生骚扰游客就属此类。对此，旅行社在安排旅游时，一定要先行调查研究，掌握现状，以便妥善安排。同时，旅行社也应将旅游中实际碰到的问题，及时反映给旅游行政管理部门，以便及时有效地对旅游市场环境进行整顿，让游客玩得高兴。

(2)旅游线路途经旅游点的各种服务设施必须得到保障。这一般是指向旅游者提供服务的物质保证，但游客的身心健康方面更不应忽视，要避免游客接触不健康的活动，加强精神文明建设。在强化物质保证的同时，创造一个能使旅游者身心健康的环境。

(3)旅游产品投放市场并非产品设计过程的终结，旅行社还应对产品进行定期的检查与评价，对产品进行必要的修订和改进，并广泛收集各种反馈信息，为进一步开发产品提供依据。

[案例2] 江南农村游

案情： 江苏某旅行社为游客推出如下乡村生态旅游产品：

土色土香的农舍，虽没有城市宾馆的豪华设施，但中国庭院式的建筑特色，充满了江南水乡特有的诗情画意。农舍面依小河，岸边柳丝依依，饭后茶余漫步河堤，观赏田野风光，秧苗翠绿、菜花金黄、桃花火红，对外国游人来说，富有东方情调。河中鱼虾泛游，随时可以垂钓，其乐无穷。河岸古老的风车在慢悠悠地转动，牛力车在老牛牵引下拉水，脚踏水车任意比试，到处是欢歌笑语。到农家，手工织布和小车纺纱，吸引了不少女宾排队操作，纺纱织布看起来容易，操作起来并不简单，在农妇的尽心指导下，好不容易有点成绩，越试越来劲，久久不愿离去。

晚上，客人们分成若干小组，被农民请到家里做客。主妇端上粽子、汤圆、馄饨、鱼虾和农村时令蔬菜。客人们吃得眉开眼笑，都说比五星级宾馆里的山珍海味好吃多了。饭后,或清茶一杯,或时鲜瓜果,与农村老爷爷、老奶奶聊聊天,与孩子们逗逗趣,生活气息像一杯酽酽的茶。

外国游客特别喜欢宽敞明亮的三间一套的房间。中间是客厅,靠墙摆一张大八仙桌,两边是靠背椅,墙正中挂着寿星图,左右红纸对联,写的都是祝福吉祥一类的内容。卧房摆着三面雕花的大木床,床上有湘绣花枕头,窗帘是蓝底白花的土布,门窗玻璃上贴着红纸剪成的窗花。游客离开时,依然兴致未尽。

点评:(1)"观光农业旅游",又称"乡村旅游"或"绿色旅游",是以欣赏田野风光作为旅游对象的特色旅游产品。在目前国际国内旅游业中,此类产品已成为热销旅游产品之一。

(2)发展农业观光旅游,投资少,见效快,不仅经济效益可观,而且有较好的社会效益。它以别具一格的魅力、清新淡雅的情调,吸引着越来越多的国内外游客。

(3)现代社会人们喜好大自然,"环保"和"绿色"更是人们刻意追求的一种时尚。本例成功之处在于抓住了游客的心理需求,真正按市场需求设计和推出游客喜爱的旅游项目。

(4)我国是农业大国,农业门类繁多,地域特色和民族特色显著,发展农业观光旅游具有得天独厚的条件。发展乡村旅游,不需要投入多大的经济代价,却可以收到相当好的社会效益和经济效益,是一项很有生命力的旅游项目。

[案例3] 海南旅行社在竞争中求发展

案情:海南是一个远离大陆的海岛省份,人口仅800万,旅游客源依赖省外,本身仅是旅游目的地而已。同时,海南旅游业起步较晚,旅行社行业普遍存在规模小、实力弱、数量多的状况,大多无力到省外客源地搞促销,而仅充当地接社的角色。面对省外客源地组团社采取的"价比三家,各个击破"策略,海南旅行社普遍削价竞争抢客源,地接团费每况愈下,经营环境持续恶化。以环岛三日游的地接价为例,从几年前的1000多元,降到目前的两三百元,甚至几十元,大大低于接待成本。为转嫁亏损,旅行社或设立几十个部门对外承包,收取承包金,或降低接待标准,或临时增加消费项目拿回扣,或收取导游人头费,或拖欠房费、车费等。

然而这终归不是长久之计。适者生存,在市场竞争日趋白热化的环境中,已有部分旅行社结合海南这个中国唯一的热带海岛度假旅游目的地的产品优势,借鉴国内外旅行社行业成功的经营理念,探索出自己独到的经营思路,使经营开始好转。其做法主要有:

策划、包装海南特色旅游产品,开拓特殊客源层。比如专做"海南岛自游人"产品。海南拥有世界一流的热带海岛度假旅游资源,近几年,度假旅游设施建设突飞猛进,达到五星级标准的各类度假饭店不下20家,度假项目丰富多彩,深受散客和自游人的青睐。有少数旅行社专门从事"海南岛自游人"产品的包装、推广、招徕、接待。也有的旅行社专做"会议团"。海南岛是个度假休闲的大花园,是开展会议休闲的理想目的地,拥有适合举办各档次、各类型会议的设施。无论是博鳌亚洲论坛,还是各类展销会、研讨会,在海南办会、参会已成时尚。有少数旅行社组织专业人才整合海南的会议资源开发会展市场。"高尔夫团"即是特色之一。海南已建成开业的高尔夫球场有12家,既有浓郁的热带海岛风情,又各具特色。以所处位置分类,有全岛型、滨海型、湖畔型、田园型、山地型和城郊型等。有的旅行社专做高尔夫团,组织高尔夫球手和爱好者打球兼度假,使客人喜悦尽在挥杆中。

锁定客源市场,走出去组团。近两年,有的旅行社走出省外,选定客源市场,在当地创办旅行社或设办事处,并与客源地大社合作、联盟,发挥目的地地接社的优势,把海南旅游产品推广、分销、招徕、地接做成一条龙,业务越做越大。

利用互联网,开拓新客源。互联网被视为能突破时空限制、节省促销成本的营销工具。近年来,部分海南旅行社纷纷建立自己的网络,发布本社旅游产品信息,既开拓了客源渠道,又宣传了自身。

利用客源优势,联合经营景区、酒店和其他旅游项目。近年来,有些接待量大的旅行社或自身或联合兄弟旅行社共同承包经营海南旅游景区、酒店和旅游项目,寻求新的经济效益增长点。

市场是无情的,但办法总比困难多,有"办法"的旅行社在困境中仍然能求得发展。

点评:在此案例中,海南的旅行社面对严峻的形势,积极开发新产品和新的客源市场,这是一种市场营销思想的表现。我国旅游业自20世纪90年代以来,逐渐出现了供大于求的市场局面,坐等顾客上门的市场形势已经改变。旅游企业经营的市场意识,也从觉醒走向成熟,全面的营销观念与方法开始为企业界所认可,传统的销售过渡到了比较成熟的市场营销。旅游企业的市场行为也从简单的销售转向了调查研究市场需求,根据市场需求设计自己的产品,调整自己的产品结构,确定现实目标市场和促销策略等。

[案例4] **自费项目中受伤旅行社也得担责**

案情:游客在旅行社的安排下前往宁夏旅游,在参加自费项目时意外造成腰椎骨折。日前,该游客将旅行社起诉至法院。近日,本市第二中级人民法院经审理认为,虽然游客参加的是自费项目,但亦是发生在旅游互动期间,旅行社有向游客说明和警示的义务,但旅行社未能提供证据证明其尽到了相应义务,因此应承担主要责任。由于旅行社投保了旅行责任险,故法院判保险公司赔偿受伤游客损失11万余元。彭先生所在的单位与本市一家旅行社签订了旅游合同。合同约定,由旅行社组织彭先生等43名工作人员前往银川、西宁和兰州等地旅游。事发当日,彭先生在导游的带领下,到中卫市沙坡头风景区游玩。其间,他自费参加了沙地摩托车项目。但车辆在行进过程中出现剧烈颠簸。颠簸过程中,彭先生的腰部严重受伤。事发后,他被送到医院治疗,被诊断为"腰二椎体爆裂骨折"。3天后,他在医院做了手术。术后,彭先生的亲属与景区和宁夏地陪旅行社达成了赔偿协议。日前,彭先生将本市旅行社和该旅行社投保的保险公司起诉至法院,要求赔偿其损失。

审理:法院经审理认为,原告所在单位与被告旅行社签订的旅游合同,系双方真实意思表示,合法、有效,对双方有法律约束力,双方均应依约履行。原告作为旅行团成员,以个人名义提起旅游合同诉讼,符合法律规定。被告旅行社作为旅游经营者,应当按约向原告提供优质、安全的旅游服务。原告作为旅游者,依约支付了旅游费用,有权要求被告旅行社提供的旅游服务符合保障人身、财产安全的要求。关于赔偿责任问题,法官表示,此次事故发生在旅游活动期间,虽然原告所参加的活动为自费项目,但作为经营者的被告旅行社应尽到相应的义务,但其并没有提供相应的证据证实其在原告参加自费项目活动时尽到了相应的义务,故对原告请求被告旅行社承担相应的责任,予以支持。原告作为具有完全民事行为能力的人,对参加自费项目可能出现的危险应当预见,其本身存在一定的过错,因此也须承担相应的责任。综合本案案情,酌情确定原告承担30%的过错责任。被告旅行社向保险公司投保了旅行社责任保险。在保险期内发生了责任事故,保险公司应当按照保险合同的约定,承担保险理赔的责任。综上,法院判令保险公司赔偿原告各项损失11万余元。判决后,旅行社和保险公司不服,提出上诉。二中院经审理后,驳回了他们的诉讼请求。

[案例5] 深圳国旅成功打造"新景界"

案情:旅行社究竟该怎样走品牌发展道路?深圳国旅同样也面临着品牌泛化的问题。在这种背景下,经过对市场的周密调查和分析,针对行业自身的特点和存在的问题,深圳国旅决定推出"新景界"品牌战略。何为新景界?新景界源于"新境界"。它带给消费者的是和以往"到此一游""走马观花"完全不同的经历和感受,是每一次都有新发现的、一生难忘的旅游体验,是人性化、个性化的旅游,是旅行社业一道全新的风景线。

在品牌理念的指导下,新景界细分市场规划了不同子品牌,推出的一系列产品均获得了成功。如"寻源香格里拉""千名长者温馨结伴游港澳""深圳情侣、阳朔有约"等品牌线路产品。新景界在推广策略上,全方位推出新旅游概念、新形象推广、新产品包装、新服务体系、新促销举措;所有的媒体宣传、公关活动,都围绕"新"字展开,一改旅行社在人们心目中无新意、无特色、无差异、无保障的陈旧印象,塑造国旅新景界的崭新品牌形象。其推广口号是:一样的旅游,不一样的新景界。

深圳国旅实施新品牌战略,并非一蹴而就,而是有策略、有步骤地从"深圳国旅新景界",到"国旅新境界",再过渡到"新景界",并通过整合品牌营销的一系列手段,一步一步走向健康良性发展的道路。

点评:品牌是一个长远的战略,它以产品为基础和支撑,但又跳出了产品竞争的层面。它应该是旅行社在产品创新、推广宣传、专业服务,以及与消费者和各界形成良好关系日积月累的结晶,是一个系统工程。而有很多企业却把品牌由"战略"降级为"战术"来使用,同时把创建品牌这个系统工程缩水成一个"打广告"的宣传工作。这也是众多旅行社的旅游品牌昙花一现的根本原因。

[案例6] 未经游客同意旅行社拼团游责任义务是否转移

案情:2013年3月25日,敖女士与甲旅行社签订《团队出境旅游合同》,敖女士同意采用拼团方式出团赴泰国游。同年4月11日,甲旅行社与乙旅行社签订《出境旅游产品供应商单次合作协议》,约定甲旅行社将本次组织的旅游团队委托乙旅行社接待,甲旅行社与游客签订的《团队出境旅游合同》约定由甲旅行社承担的责任和义务均由乙旅行社承担。同月16日,乙旅行社在泰国组织乘坐快艇,并告知游客55岁以上的老年人以及背部有伤者不能乘坐快艇船头位置,敖女士作为不宜人群仍执意选择乘坐船头。其间因风浪较大,快艇发生剧烈颠簸致其受伤。后经鉴定属八级伤残。2014年2月20日敖女士以合同纠纷将甲、乙两家旅行社诉至法院要求赔偿。

【争议】本案中,对于敖女士的损害后果除自身存在过错,应负一定责任外,应由哪家旅行社承担主要赔偿责任存在争议:

第一种意见认为,应由乙旅行社承担主要责任。甲旅行社与乙旅行社之间签订的合作协议,已经约定将甲旅行社所承担的旅游合同的义务和责任转移给乙旅行社,故该责任主要应由乙旅行社承担。

第二种意见认为,应由甲旅行社承担主要责任。甲旅行社与敖女士之间系旅游合同关系,且甲旅行社与乙旅行社之间约定的义务责任转移未征得游客同意不具有对抗效力,故甲旅行社应承担合同责任。

点评:笔者同意第二种意见,即损失应由甲旅行社承担,敖女士负次要责任。主要理由如下:

1.组团旅行社与游客之间的旅游合同合法有效。本案中存在两个合同关系,一是作为组团社的甲旅行社与敖女士之间的旅游合同关系。该旅游合同是甲旅行社与敖女士间的真实意思表示,合法有效。二是甲旅行社与乙旅行社之间的委托接待合同关系,该协议亦依法有效,其对甲、乙旅行社均具有约束力,且乙旅行社作为旅游活动的实际组织实施者,其实施的行为视为甲旅行社的行为。

根据合同相对性原则,敖女士在旅游过程中发生人身损害,只能依据旅游合同向甲旅行社要求维权。同理,若因乙旅行社的过错导致损害发生,则甲旅行社依旅游合同赔偿后可依合作协议约定,追究乙旅行社的责任。

2. 未经游客同意的义务责任转移不产生对抗效力。根据我国《中华人民共和国合同法》第52条规定:"有下列情形之一的,合同无效:(一)一方以欺诈、胁迫的手段订立合同,损害国家利益;(二)恶意串通,损害国家、集体或者第三人利益;(三)以合法形式掩盖非法目的;(四)损害社会公共利益;(五)违反法律、行政法规的强制性规定。"本案中,《出境旅游产品供应商单次合作协议》中关于"甲旅行社所承担的旅游合同的义务和责任转移给乙旅行社"的约定并没有无效情形,且系双方真实意思表示,故依法有效。

《合同法》第八十八条规定,"当事人一方经对方同意,可以将自己在合同中的权利义务一并转让给第三人。"《中华人民共和国旅游法》第六十三条第二款规定,"因未达到约定人数不能出团的,组团社经征得旅游者书面同意,可以委托其他旅行社履行合同,组团社对旅游者承担责任,受委托的旅行社对组团社承担责任。旅游者不同意的,可以解除合同。"本案中,甲旅行社作为组团社与敖女士签订的旅游合同中约定"旅游者同意采用拼团方式出团",由此可知,甲旅行社只是笼统的征求游客意见是否同意拼团,并未告知游客并征得同意将旅游合同的义务责任进行转移,故不能将敖女士同意拼团出游视为同意甲旅行社转移义务责任。因此,两家旅行社之间关于义务责任的转移不能对抗敖女士。此外,旅游合同中约定"采用拼团方式出团的,出境社仍承担本合同约定的责任和义务",故根据上述旅游法的规定和该款约定,甲旅行社应承担本次损害的赔偿责任。

3. 组团旅行社违反安全保障义务应承担赔偿责任。《最高人民法院关于审理人身损害赔偿案件适用法律若干问题的解释》第六条第一款规定,"从事住宿、餐饮、娱乐等经营活动或者其他社会活动的自然人、法人、其他组织,未经合理限度范围内的安全保障义务致使他人遭受人身损害,赔偿权利人请求其承担相应赔偿责任的,人民法院应予以支持。"本案中,甲旅行社作为旅游服务的组织者负有安全保障义务,且在旅游合同中亦有约定:"对可能危及旅游者人身、财产安全的事项和须注意的问题,向旅游者作出真实的说明和明确的警示,并采取合理必要的措施防止危害发生,旅游者人身、财产权益受到损害时,应采取合理必要的保护和救助措施,避免旅游者人身、财产权益损失扩大。"因本案所涉旅游活动由乙旅行社实际组织实施,甲旅行社认可乙旅行社在旅游过程中告知游客"55岁以上的老年人以及背部有伤者不能乘坐快艇船头位置"的事实,即乙旅行社实施的告知行为应视为甲旅行社的行为,但游客在乘坐快艇时船上无安全保障设施,带队领队以及导游亦未随同。作为从事旅游业的专业性公司,甲旅行社理应对游客的人身安全采取充分的安全保障措施,而不仅限于向游客进行安全告知,但甲旅行社并未举示证据证明其除进行安全告知外采取了其他安全保障措施,故应对损害承担较大责任。

(作者单位:重庆市第五中级人民法院 重庆市渝中区人民法院)

[案例7] 旅行社转包旅游业务

案情:××旅行社是家经营国内旅游业务的旅行社,因业绩不佳,旅行社领导把旅行社转包给了经营东北菜的一个体饭店老板。该饭店老板在接手旅行社后,大做广告宣传,并称其拳头产品长白山狩猎旅游"惊险刺激,别出新意"。广告打出后,吸引了不少游客。参加狩猎旅游的李某等人和饭店老板签订了旅游协议书:李某等人交纳狩猎旅游费用,旅行社保证李某等旅游者猎到东北云豹。因为东北云豹是国家珍贵保护动物,长白山守林员对其有严格的保护措施,故李某等游客到东北长白山后,未能如愿。行程结束后,李某等人向旅游局质检所进行投诉,认为旅行社利用虚假广告欺骗旅游者,要求旅行社予以赔偿。

点评:旅游局质检所接到此投诉,经过调查、取证、核实后,做出了以下处理:首先,××旅行社把经营业务转包给经营东北菜的个体饭店老板经营是错误的。《旅行社经营管理条例》第十九条规定:"旅行社不得采取下列不正当竞争手段从事旅游业务,损害竞争对手:(一)假冒其他旅行社的注册商标;(二)擅自使用其他旅行社的名称;(三)诋毁其他旅行社的名誉;(四)委托非旅行社的单位和个体代理经营旅游业务;(五)扰乱旅游市场秩序的其他行为。"案例中的××旅行社,擅自将自己的经营业务转包给经营东北菜的个体老板,违背了上述第四条规定,必须受到处罚。依据《旅行社管理条例实施细则》规定,由旅游行政管理部门给予××旅行社处以警告、责令限期改正,没收违法所得并做罚款的处罚。

其次,经营东北菜的饭店老板也受到应有的处罚。《中华人民共和国消费者权益保护法》第十九条规定:"经营者应当向消费者提供有关商品或者服务的真实信息,不得做引人误解的虚假宣传。"《旅行社管理条例》第二十一条也规定:"旅行社应当维护旅游者的合法权益。旅行社向旅游者提供的旅游服务信息必须真实可靠,不得作虚假宣传。"本案例中,经营东北菜的老板利用虚假广告,招徕游客,损害游客利益,显然是违背了上述法律、法规的有关规定。对于这种行为,工商行政管理部门会同旅游行政管理部门依照《中华人民共和国商标法》和《中华人民共和国反不正当竞争法》等有关法律、法规对饭店老板进行了处罚。

[案例8] 质量保证金的赔偿范围

案情： 某年秋季的一天,香港歌星在S市举行演唱会。H市的一家国内旅行社在当地报纸上打出广告,组织歌迷到S市观看演出,并许诺当夜返回。歌迷们在每人交纳了160元的交通费及数百元的门票费后,坐上一辆旧的"北方"旅游车踏上了旅途。23:30左右,演唱会结束,歌迷们来到停车场,却发现"北方"旅游车上已坐满了人。经了解,才知道那家旅行社另一辆同去的面包车空调坏了,乘客都挤到了"北方"车上。协调了半小时,到零点左右,原乘"北方"车来的游客才上了"北方"的车,踏上归途。凌晨2:00左右,车刚开到半路上,就不动了。司机、导游先后下车,但没有任何人向游客解释。乘客们莫名其妙地在车上等了两个小时,直到凌晨4:00才被告知车坏了,并被要求下车去公路边等候旅行社另派的车子。众人又冷又饿,在寒风中苦苦等候,直到次日上午8:30,这家旅行社才派来一辆开起来"浑身发抖"的旧公共汽车,将冻了一宿的游客接走。愤怒的游客返回H市后,随即来到该旅行社向总经理反映情况,游客们要求旅行社通过新闻媒介公开道歉,并赔偿他们经济损失。但这家旅行社总经理认为,此事纯属意外事件,旅行社不应该承担赔偿责任。在这种态度下,游客们遂将此事投诉到旅游局质检所。

点评： 旅游局质检所收到投诉后,经过调查核实,认为这是一起严重的侵犯游客消费利益的行为。于是,做出了"责令该旅行社向游客赔礼道歉,并根据实际情况赔偿每位游客一定的经济损失"的处理。

本案例中该旅行社违反了《旅行社管理条例实施细则》第三十九条第一款的规定："旅行社应当为旅游者提供约定的各项服务,所提供的服务不得低于国家标准或行业标准。"本例中的旅行社没有按协议的约定提供服务,一而再、再而三地发生差错：先是两辆车上的游客往一辆车上挤,继而车辆故障中途抛锚,使游客莫名其妙地在车上苦等两个小时,然后又让游客在路边盼月亮盼星星似的盼了四个多小时,由此造成了严重的服务缺陷。该旅行社承担赔偿责任理所当然。

如果旅行社拒不承担赔偿责任,旅游局质检所可从旅行社的质量保证金中划拨以支付游客的损失费用。《旅行社质量保证金暂行规定实施细则》第十八条规定："保证金的赔偿范围是：

（1）旅行社因故意或过失,未达到合同约定的服务质量标准而造成旅游者的经济权益损失。

（2）因旅行社歇业、解散、破产或合并而造成现收旅行费损失。"

结合本案例中的具体情况,H市这家旅行社所犯错误是符合上述规定的质量保证金赔偿范围的。该旅行社不能以意外事故为借口来拒绝负赔偿责任,且本案例中所发生的事故并非意外事故,而是过失行为。所谓"过失"是指:当事人应当预见自己的行为可能引起经济合同不能履行或不能完全履行的结果。本案例中的旅行社,对自己所派车子的质量状况应该是清楚的,亦应该预见到途中可能会出现抛锚的事故,却存侥幸心理,结果导致过失行为的发生,使游客在半夜候车达六个半小时,严重侵犯了游客的正当权益。尤其不能容忍的是旅行社总经理居然还以"纯属意外"为借口,拒绝赔偿。在法律面前,旅行社这种借口是站不住脚的。

[案例9] 南京出现"私营经济考察"游

案情:南京一家旅行社推出了温州"私营经济考察"游,在4至5日的游程中,除安排参观考察温州一些有代表性的、大型的、优秀的民营企业外,还将参加相关的座谈会、报告会,与当地政府官员、专家、企业家交流企业发展、经营的体会、经验。据该旅行社肖总经理介绍,温州的私营经济发展有许多成功经验,南京许多企业有心前去考察、学习。但单一企业具体操作起来麻烦较多,而旅行社正可以利用自身接待方面的优势和中介的作用,为众多南京企业提供一个包括吃、住、行在内的,有个性的考察菜单。这是一个对企业和旅行社都有益的双赢产品。果然,温州"私营经济考察"游刚一推出,就有几十家企业报名参加。

点评:私营经济考察也是一种特殊的旅游活动,并且这种旅游活动在许多方面都表现出了与旅行社的传统观光产品不同的特点;同时,这一市场具有一定的规模,又具有相当的购买力。南京的这一旅行社将其作为自己的细分市场,针对这一市场的需要开发产品,因此取得了良好的效益。

[案例10] 拓宽眼光,抓准焦点

案情:1999年,是具有纪念意义的一年。在中国,"9"字象征着"长久",因此,许多青年人选择该年作为结婚的最佳年份。

由北京国旅、北京招商国旅、北京青旅、北京和平旅行社等11家旅行社和通川江经贸有限公司共同推出了"'99世纪庆典"活动,为在1999年结婚的朋友提供了一次绝佳的婚礼盛典。

这次活动由11家旅行社共同组织999对新婚夫妇,到韩国举行大型婚庆仪式。1999年9月9日9时9分9秒,999对新人在汉城(今首尔)奥林匹克体育中心举行了盛大婚礼。韩国政府要员及各大集团要员亲临主持庆典,并赠送纪念品。

婚礼之后,999对新人游览韩国各地,一边欣赏异域风情,一边享受蜜月的温馨。

点评:(1)旅游项目的设计与推出,要善于抓住市场机遇。市场对每个企业来讲,应该是公平的,但机遇仅仅偏爱那些有准备头脑的人。这个"准备",是旅行社营销人员素质的体现,是企业潜能的体现。千禧年,世纪末情结,对旅行社而言当然是一个难得的商机,怎么把它做大、做好,做得有轰动效应?一要研究市场,要选准目标客源、细分市场;二要研究运作,要追求大众市场的认可与关注;三要出新,要做到令人耳目一新。从这一点讲,本例是成功的。它选择了新婚夫妇的婚典,选择了11家旅行社的联手运作和999对新人,选择了韩国的异域风情,加上1999年9月9日9时9秒这一时间和汉城奥林匹克体育中心这一地点,还有要员的参与及纪念品,当然也会有大众传媒的关注。

(2)重大旅游项目会给企业带来巨大的综合效益。经过精心设计与精雕细琢后推出的重大旅游项目,其效益绝不仅仅是产品推出和运行本身带来的直接收益。其更大的着眼点是塑造和提升企业的形象与知名度,从而扩大企业的市场份额。"世纪婚典"的效益,除其直接收益之外,还在客源市场上提升了主办旅行社的知名度,宣传了出境旅游,并在韩国起到了宣传中国传统、中国文化和中国企业的作用,刺激和促进了国内组团到韩国旅游,以及韩国组团来中国的旅游,甚至会因为"世纪婚典"的广告效应,全面推动旅行社业务的发展,恐怕这才是组织者的初衷。本例告诉我们,局部有利益当然要计较,但全局的利益、长远的利益更值得关注,这才是企业家的眼光。

[案例11] 能这样定义产品命名吗?

案情:日前,北京的一家旅行社在报纸上打出的"十一"出境游广告中,将到印度的旅游线路产品冠名以"佛国风情游",暴露出一个较明显的硬伤。

点评:把印度确认做"佛国",事实上散见于中国人的日常生活。我们的《西游记》或佛教资料都告诉了我们印度是佛教的原产地的事实。但是,就此得出的"佛国印度"印象以及因此开办的印度"佛国风情游",则应了那句"差之毫厘、谬以千里"的话了。

印度虽然是我们的邻国,但我们对于印度的了解却常常会出错。比如语言,一些旅行社的印度宣传资料中说印度的语言为英语,但事实上印度有语言1652种,即使在印度宪法中规定的正式语言也还有15种;虽然在印度绝大多数人都有宗教信仰,凡世界上有名的宗教,在印度都能找到,印度教、伊斯兰教、基督教、锡克教、耆那教、佛教、祆教等不一而足,但印度的宪法却明文规定,印度是一个世俗的民族共和国。我们在把印度称为"佛国"的时候,显然是没有注意到宪法的这种明白无误的意思表示。

佛教源于印度不假,但佛教在印度历史上,既不是历史最悠久的宗教,也不是对印度社会影响最大的宗教。佛教曾有的显赫和辉煌,早在1700年前已经消失。在今天的印度,只有大约2%的人信奉佛教。由此可见,把印度称为"佛国",把印度旅游线路命名为"佛国风情游"是多么的不恰当、不准确。

说"佛国风情游"定名不准的另外一个原因是,这条线路产品所涉及的范围也仅仅围绕着印度旅游"金三角"地区的德里、阿格拉、斋浦尔三座城市。而实际上这几座城市的主要景点都与佛教没有关联。泰姬陵、红堡、风之宫、印度庙等,或是伊斯兰教或是印度教遗产。所设定的"佛国风情游"整个旅程几乎看不到佛教的遗存,岂不是会有产品虚假的嫌疑?

旅行社也许会把做出印度"佛国风情游"这样不准确产品的抱怨放在印度旅游局身上,因为印度旅游局在参加中国内地的各类旅游展会的时候,通常都会把一幅巨大的释迦牟尼的画像挂在背景板上。但是,我们应该知道,这其实是印度旅游局的分类市场的不同推广策略。以佛教圣人统领,希冀调动的是中国游客的内心表象,求得与中国佛教从众的心理契合;而印度旅游局在欧美国家的推销当中,比如说在ITB的展台,主图通常就会换成泰姬陵建筑,不会再请出佛祖担纲。

旅行社在做印度旅游线路产品之前,首先应该认真学习一下印度国家的知识,否则仅凭臆想来进行操作,往往容易闹出笑话。"佛国印度"虽然常见于中国人的口语,但显然并不是一种准确的说法。普通人出现这样的错误尚可原谅,专业经营出境旅游线路产品的旅行社出现这样的错误则极有可能失去游客的信任。

游客对一家旅行社的认识从哪里入手,对一家旅行社的专业化程度评价看什么?许多是看广告。广告是旅行社花大钱用来宣传自己的,理应做得漂亮一些、完善一些。但可惜的是,人们经常在报刊上见到的旅行社广告往往与公众期待存在着较大的差距。对旅行社广告的最低设线是不要出现硬伤。因为凡广告上出现硬伤,都可以被解读为旅行社的自残行为。没有与人交手,就已经先自输掉了一个回合,岂不可惜!

[案例12] "扣除必要费用"如何理解、怎样扣除?

案情:刘先生一家提前1个月在某知名旅游网站上报了春节期间出发的欧洲10日游旅游团,总团费是4万多元。出行前一个星期刘先生因妻子意外摔伤不得不全家申请退团,可旅行社要求扣除近85%的旅游费用以赔偿其损失。对此,刘先生一家并不认可。因协商不成,刘先生一家向当地旅游局质监所进行了投诉,后因协商不成终将旅游网站告上法庭。

分析:按照《合同法》《旅游法》和《最高人民法院关于审理旅游纠纷案件适用法律若干问题的规定》的相关规定,旅游合同解除会引发给付违约金、扣除必要费用退还余款以及赔偿损失的法律后果。给付违约金是违约方按照事先约定的违约情况向守约方支付一定数额的违约金,当然合同双方还可以对损失赔偿额的计算方法进行约定。赔偿损失包括两点：一是约定的违约金低于或高于造成的损失，当事人可以请求法院或者仲裁机构予以增加或减少；二是法定违约条件出现时，旅行社在扣除必要的费用后造成的损失的，旅游者还要承担赔偿责任。

扣除必要费用包括三种情形：旅游者行使任意解除权解约、旅行社行使法定解除权解约和不可抗力等客观原因解除合同。引发的费用扣除和退还问题也有三种：

一是因旅游者行使合同任意解除权的"扣除必要费用，将余款退还旅游者"。这种任意解除权不是请求权，无须旅行社同意；它是形成权，只要旅游者向旅游经营者发出解约的意思表示且到达旅游经营者，即产生合同解除后果。法理基础是任意解除权是对"约定必须遵守"或"约定必须信守"原则的合法破坏，它的生效不是基于当事人约定，而是依据法律的明确规定，无论合同是否载明此事项，一旦成为旅游者即享有该项权利。法律援引是《旅游法》第六十五条："旅游行程结束前，旅游者解除合同的，组团社应当在扣除必要的费用后，将余款退还旅游者。"

二是旅行社法定合同解除权的"扣除必要费用，将余款退还旅游者"。法定解除由法律直接规定解除，解除条件具备时，旅行社可以解除合同。法律援引是《旅游法》第六十六条："旅游者有下列情形之一的，旅行社可以解除合同：（一）患有传染病等疾病，可能危害其他旅游者健康和安全的；（二）携带危害公共安全的物品且不同意交有关部门处理的；（三）从事违法或者违反社会公德的活动的；（四）从事严重影响其他旅游者权益的活动，且不听劝阻、不能制止的；（五）法律规定的其他情形。因前款规定情形解除合同的，组团社应当在扣除必要的费用后，将余款退还旅游者；给旅行社造成损失的，旅游者应当依法承担赔偿责任。"

三是因不可抗力等客观原因解除合同的"扣除已向地接社或者履行辅助人支付且不可退还的费用后，将余款退还旅游者"。订立旅游合同的目的是通过合同这种法律手段实现各自的利益，当出现不可抗力使订立合同的目的无法实现时，旅游者和旅游经营者都有权解除合同，且这种合同解除，是不可归责于旅行社和履行辅助人的客观原因，因此旅行社不承担解除合同的违约责任。法律援引是《民法通则》第一百零七条："因不可抗力不能履行合同的，不承担民事责任。法律另有规定的除外。"以及《旅游法》第六十七条："因不可抗力或者旅行社、履行辅助人已尽合理注意义务仍不能避免的事件，影响旅游行程的，按照下列情形处理：……（二）合同解除的，组团社应当在扣除已向地接社或者履行辅助人支付且不可退还的费用后，将余款退还旅游者。"

需要注意的是,《旅游法》关于"扣除必要的费用"出现了两种表述三种情形,"扣除必要的费用"和"已向地接社或者履行辅助人支付且不可退还的费用"是否内涵一致?任意解除权下的"扣除必要的费用"和法定解除下的"扣除必要的费用"内涵是否同一?对这两者的定性直接关系到具体案件的法律适用和责任后果。

笔者认为,必要费用的内涵是"费用实际发生且支出合理"。目前关于"必要费用"的内涵外延认识不一。2014 年版《团队出境旅游合同(示范文本)》第一章第一条第 15 点规定:"必要的费用,指出境社履行合同已经发生的费用以及向地接社或者履行辅助人支付且不可退还的费用,包括乘坐飞机(车、船)等交通工具的费用(含预订金)、旅游签证/签注费用、饭店住宿费用(含预订金)、旅游观光汽车的人均车租等。"

《旅游法》解读一书认为,任意解除权下的必要费用包括两方面:一是组团社已向地接社、履行辅助人或公共交通经营者支付且不可退还的费用;二是在旅游行程中已实际发生的费用,但书中没有对任意解除权的必要费用和法定解除权的必要费用是否相同进行解释。2010 年 10 月《最高人民法院关于审理旅游纠纷案件适用法律若干问题的规定》第十二条规定:"旅游行程开始前或者进行中,因旅游者单方解除合同,旅游者请求旅游经营者退还尚未实际发生的费用或者旅游经营者请求旅游者支付合理费用的,人民法院应予支持。"可见,司法解释认定的"必要费用"包括退还尚未实际发生的费用和支付合理的费用两部分,可公式化为"退还尚未实际发生的费用=总团费-已支出的合理费用"。依据《解读》来看,任意解除权、法定解除权的必要费用与不可抗力解除合同的费用扣除是包含关系。但笔者认为,两者应该是同一关系。因为组团社已向地接社或者履行辅助人支付且不可退还的费用强调的都是"已实际发生的费用"。可见,费用"是否实际发生"是费用后续清算的关键点。因此,必要费用的内涵可定义为"费用实际发生且支出合理"。

如上所述,不同情形合同解约的法律后果不尽相同。一般来说,合同解除后,尚未履行的,应终止履行;已经履行的,根据履行情况和合同性质,当事人可以要求恢复原状、采取其他补救措施,并要求赔偿损失。法理依据是解除溯及既往的,应当支付受害方因订立合同、准备履行合同和因恢复原状而支出的费用。从《旅游法》法律条文来看,旅游者任意解除权"损害赔偿"的法律后果——旅游者无须承担违约责任,旅行社享有恢复原状请求权,即扣除因准备工作所产生的"直接损失",剩余款项应返还给旅游者;法定解除权的法律后果不仅需要扣除必要费用退还余款,还需赔偿(预期利益)损失,这是两者的显著区别,否则无法解释立法在此两处的差别所在。差别的理由在于,旅游者任意解约权体现了法律对旅游者人身自由的尊重和保障,应当认定为合法的违约行为,是违约责任的例外规定;法定解除权的法律后果是旅游者过错甚至违法情形下严重损害其他旅游者利益的单方解除,造成的损失旅游者理应承担损害赔偿责任。

综上所述,因旅游者行使任意解除权和不可抗力解除合同的法律后果不表现为违约责任,而是返还不当得利、损害赔偿的民事责任,即承担必要费用扣除退还责任,必要费用的扣除退还是一种法定赔偿,该"损害赔偿"应定性为直接的、实际的损失,这与法定解除权的"赔偿损失"不同。

值得注意的是,有司法判决还提出旅行社行使法定解除权,旅游者承担的民事责任的性质、程度和后果不能等同于旅游者故意违约应承担的违约责任。因此,行使任意解除权和不可抗力解除权的"损害赔偿"(必要费用)仅指实际损失(费用实际发生且支出合理),不含合同履约后的可得利益(预期利益),不能适用违约金条款;法定解除权的损害赔偿则包括预期利益的损失。换言之,任意解除权、法定解约和不可抗力解除合同的"扣除必要费用"是区别于违约责任、侵权责任的一种民事责任。

"扣除必要费用"的实践误区

五个误区

一是社会共识和基本理论忽视的问题。旅游者享有任意解除权的基本认识缺乏社会共识,在签订合同或解决纠纷时,往往把旅游者提出解约的要求认为是违约行为,并且还要承担赔偿损失责任,事实上加重了旅游者的责任。这也反映了理论界对旅游者任意解除权、法定解除权和不可抗力解除合同的研究较少,且不深入。

二是立法部门在必要费用的法律条款上使用两种表述,且又没有适当的解释,造成了实践中的困扰。

三是旅游行业自身的问题。旅游者出团前提出退团,一些旅行社要求赔付全款,由此引发的纠纷不断。放眼整个旅游行业,这不是个例。

四是行业管理中的问题。旅游合同示范文本规定:"扣除的必要的费用低于实际发生的费用,旅游者按照实际发生的费用支付,但最高额不应当超过旅游费用总额",司法实践和理论界认为该条款仅对低于实际费用按照实际费用支付进行规定,未对旅游经营者的实际损失未达到设定的比例时,是否应退还旅游者多余的费用进行约定,加重了旅游者的责任,有失公平、公正。

五是司法实践中的问题。从以往司法判决来看,无论是《旅游法》实施前、还是实施后,北京、上海、厦门和广州等地人民法院虽然一定程度上提到了旅游者单方解除合同的问题,但都没有认可旅游者解约是基于任意解除权解约的合法行为,而将旅游者行程前解约认定为是擅自解约的违约行为,直接按照签订的旅游合同格式文本的违约条款和《合同法》第八条、第一百零七条追究旅游者违约责任,系适用法律错误,定性错误。

两个方面

亟待加以改进的两个方面:

一是达成旅游者行程结束前享有任意解除权的社会共识。《旅游法》赋予旅游者任意解除权,无论行程前、行程中,旅游者都有权利解除合同。虽然任意解除合同会对旅游经营者造成损失甚至影响出境旅游管理秩序,但是旅游自由是人身权的重要体现,人身权高于财产权,经营权益不超越人身自由体现了国家对旅游者基本人权的尊重和保障。同样的道理,限制人身权的财产权不是健康的产业发展模式。基于《旅游法》第十六条"随团出境的旅游者不得擅自分团、脱团"的规定,现行操作规范是旅游团队须从国家开放口岸团进团出,持有团队旅游签证的旅游者须随一个团队进行境外旅游活动,不得擅自分团、脱团。业界担忧的任意解除合同与出境旅游中通常要求的"团进团出"在操作上出现的问题,比如借旅游滞留不归,进行非法移民或从事与旅游者身份不相关的工作,问题不在旅游者任意解除权,也不能因此否定旅游者任意解除权的合法性。因为这不是任意解除权的后果,而是违反出入境管理等法律法规的违法行为,否则也无法解释《中国公民出国旅游管理办法》第十一条规定"旅游团队出境后因不可抗力或者其他特殊原因确需分团入境的,领队应当及时通知组团社,组团社应当立即向有关出入境边防检查总站或者省级公安边防部门备案"的立意所在,那就是分团是有条件、有限制的,只要满足条件是可以操作的。

二是确定《旅游法》第六十五条的任意解除权定性和扣除必要费用的内涵。由立法部门明确旅游者行程中解除合同的法律性质是任意解除权,是合法的违约行为,无须承担违约责任,明确必要费用与"已向地接社、履行辅助人或公共交通经营者支付且不可退还的费用"是同一关系,必要费用包含后者,但不限于后者。在赔偿标准上,该条只确定了法定赔偿必要费用的条款,扣除必要费用是否可以约定损害赔偿也是值得立法部门和理论界研究的问题。司法部门应统一《最高人民法院关于审理旅游纠纷案件适用法律若干问题的规定》第十二条有关"旅游行程开始前或者进行中,因旅游者单方解除合同,旅游者请求旅游经营者退还尚未实际发生的费用或者旅游经营者请求旅游者支付合理费用的,人民法院应予支持"的司法认识,即旅游者行程结束前解约、法定解除合同和不可抗力合同解除不应依据违约来追究旅游者的违约责任,避免按照《合同法》第八条"依法成立的合同,对当事人具有法律约束力。当事人应当按照约定履行自己的义务,不得擅自变更或者解除合同"的规定,要求旅游者承担违约责任,而应按照《旅游法》第六十五条"扣除已实际发生且支出合理"的原则解决民事纠纷。

关键点在"费用实际发生且支出合理",换言之,旅行社的支出是否发生以及发生了多少,核心点是赔偿,即费用实际发生且支出合理的认定规则和证据采信。

"扣除必要费用"的证据采信

在前面论证必要费用内涵是"费用实际发生且支出合理"的基础上,旅游者、旅游经营者、法院或者仲裁机构首先遇到的问题是谁来证明、如何确认费用是实际发生且支出合理,从而来计算损害的范围。

在举证责任认定规则上,实际发生的费用的举证责任由旅游经营者承担。一般认为,旅行社掌握扣除必要费用的主动权,应付举证责任。业界提到:"提供与第三方之间的业务往来合同、支付凭证、不退款凭证等,由于与第三方之间存在利害关系,证据效力较低,旅行社经常面临举证困难的局面。"现实的情况不是怎么举证,而往往是一些旅行社疏于举证,旅游者不仅要赔偿旅行社违约金,还要赔偿签证费和保险费用,承担不得签转、不得变更、不得退票的后果,以及住宿和景点门票预订费等业务损失,而这些费用占了旅游费用总额的大部分。按照民事诉讼证据举证规则,对合同是否履行发生争议的,由负有履行义务的当事人承担举证责任。法律援引是《最高人民法院关于民事诉讼证据的若干规定》第二条:"当事人对自己提出的诉讼请求所依据的事实或者反驳对方诉讼请求所依据的事实有责任提供证据加以证明。"《旅游法》规定,已实际发生的费用应由旅游者承担,因此可以认定已实际发生的费用的举证责任由旅游经营者承担。一般来说,基本的规则是签证费、酒店费用损失需旅行社提供使馆、履行辅助人开具的"签证、订房收费证明";涉及"机票特殊取消政策"不予退还费用的,需要航空公司开具已为旅游者预订机票且不可退还费用的证明;其他必要费用,只有提供相关的费用实际发生证明,才是合法有效的处理方法。若旅游经营者没有证据或者证据不足以证明自身的事实主张,无法证明损失确实发生且具有合理性的,由负有举证责任的旅游经营者承担不利后果。这是基于旅行社作为旅游服务业务专业公司,具体的旅游服务由其提供并安排,其应当有能力提供费用实际发生的证明。此外,如果纠纷发生在出境旅游过程中,扣除必要费用的证据采信和认定归还应经公证、认证,如证据是在我国港澳台形成的,也应当履行相关的证明手续。

需要注意的是,司法判决中也出现过这样的案例:因境外履行辅助人拒不配合提供涉外公证,致使旅游经营者客观上不能提供相关证据材料的情况,法院因此判决旅游者和旅游经营者各承担一半责任。

实务中该如何认定合理费用的扣除和返还?笔者认为:

一是按照法定赔偿的认定规则逐一核实"实际发生的费用"。

即根据地接社、履行辅助人以及为旅游者提供交通、住宿、餐饮、购物、娱乐等服务的经营者出具的支出收款凭证,结合旅游者实际使用、入住等相关证据清单确定。旅游者对支出的必要性和合理性有异议的,旅行社应当承担相应的举证责任。

二是肯定在旅游合同中直接约定"必要费用"的损害赔偿做法。

需要注意以下两点:

一是法定损害赔偿与约定损害赔偿一般是不同时适用的。

换言之,如果旅游者和旅游经营者适用约定损害赔偿,就不应再适用法定损害赔偿;如果认为约定损害赔偿低于或高于实际发生的费用,那就按照法定损失赔偿计算必要费用。

二是约定损害赔偿不可能与实际的损害(法定损害赔偿)完全相同。

事实上法定损害赔偿的逐一认定也无法做到完全相同。旅游者或旅游经营者请求变更或撤销约定损害赔偿条款,以及法院或者仲裁机构对约定损害赔偿条款进行干预,需要有相应的证据证明约定损害赔偿条款存在显失公平、加重或者减轻责任分担的问题才能予以变更,当然这有赖于建立相对统一的立法解释和司法判例指引,以及旅游、工商部门制定的旅游合同示范文本更具公信力和执行力。

(来源:邹爱勇:国家旅游局质量监督管理所,中国旅游报 2015-05-05)

[实践练习]

1.结合本地实际,设计一项能突出本地文化底蕴、人文习俗的新产品。

2.为当地旅行社设计一份游客问卷调查表,以了解目前居民对旅游产品的需求趋向。

3.选择当地旅行社的一条旅游线路,运用旅游产品设计的原理予以分析。

4.依据行程制定的内容和方法,请你为当地旅行社设计一条旅游行程,并要求有主题名称。

5.某旅游产品游客人数急剧下降,作为计调部人员,在产品改进或创新方面,应该采取哪些措施予以补救?

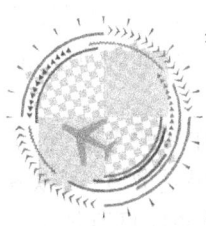

第四章 计调工作的计价和报价

[培训重点]

本章主要讲述计调部门的价格策略,是如何计价、定价和对外报价的,通过本章学习,您将了解到旅行社的产品及其价格,以及制定价格的基本策略,并将举例说明旅行社产品在计调部门是如何计价、对外报价及形成利润的。希望对大家有所帮助。

[案例导入]

价格是否能保持不变?

计调部小王在一天早晨接到游客电话,原本10人的"新疆南北疆的旅游"全包价旅游团队中有1人因生病不能参加这次旅行,也就是团队的总人数变为9人,问原本5万元的旅游团费可否减去1人的费用,变为4.5万元?

[专题论述]

一、旅行社产品的定价目标、策略和程序

(一)旅行社产品价格概述

价格是最直接、最敏感地影响消费者购买行为的因素。但对旅游企业而言,它又是获得收入和赢利的主要手段。因此,价格必然成为营销策略中的重要因素之一。旅行社产品的价格,最主要是由成本、利润和税金三部分组成的。从不同角度,可对其进行不同的划分。

（1）从旅游者对旅行社产品的需求程度上看，可分为基本旅游价格和非基本旅游价格。基本旅游价格，是旅游活动中不可缺少的部分的旅游产品价格。如交通价格、食宿价格等，是为了满足旅游者基本的旅游需求。非基本旅游价格，是指旅游活动中对旅游者来说，可购买也可不购买的旅游产品的价格，包括纪念品价格、娱乐服务价格、参加保险的价格等。

（2）从旅游者的购买方式上看，旅行社产品价格可分为单项服务价、包价和部分包价。旅游者可以根据需要选择不同的购买方式。如果是散客，可以零星的单项价格向旅行社购买。这种单项价格，就是各个具体服务项目所规定的价格。如交通费中的机票、车票及船票价格；食宿费中的房间价格、餐费价格；参观游览中的门票价格等。其中包括了旅行社的成本与利润。

如果旅游者参加的是团队全包价旅游，就会一次性预付旅游活动所需的全部费用。全包价费，是按旅游线路所涉及城市的远近、旅游团的人数、等级和所要求的各项服务的多少来决定的。包价费用，一经双方最后确认，原则上不再重新结算，如遇人力所不可抗拒的原因，必须在改变线路、增减服务天数时才应重新计算包价费用。团队全包价旅游的服务项目通常包括：

- 酒店房费；
- 早餐和正餐；
- 市内游览用车；
- 导游服务；
- 交通集散地接送服务；
- 游览景点门票；
- 文娱活动入场券；
- 城市间交通；
- 保险费用等。

部分包价则介于两者之间。

（3）从游览范围来看，旅行社产品价格由国际旅游价格和国内旅游价格构成。国际旅游价格一般包括从客源国（或地区）到目的地国（或地区）之间的往返交通费、旅游产品价格，与本国及外国旅行社相应费用及利润之和。随着旅游活动的不断发展，在国际旅游价格中，部分包价与单项价格被越来越多的旅游者选择，有的旅游者甚至只订购机票+酒店，从而使旅游价格出现多种形式并存的局面。国内旅游价格也可分为单项价格、包价及部分包价几种。

通常情况下，发展中国家的国际旅游价格比国内旅游价格高得多，但随着经济发展，全球一体化进程的加深，服务贸易将日益国际化，国际与国内旅游价格的差异将逐渐缩小。

(二)旅行社产品的定价目标

旅行社产品的定价目标,是指旅行社为产品定价时,预先设定的通过价格手段所要达到的预期目的和标准。旅行社在确定了明确具体、现实可行的定价目标之后,才能进一步按照恰当的定价方法和策略去进行价格管理。

1.维持生存目标

维持生存目标,也叫生存导向目标。当旅行社面临竞争态势异常恶劣、客源大减、资金周转不灵、产品卖不出去等困难时,为避免破产倒闭,渡过经营危机,以保本价格甚至亏本价格出售产品,以争取客源维持营业,并努力争取研制新产品的时机,重新占领市场。这种定价目标往往只作为特定时期的过渡性目标,一旦旅行社出现转机,它将很快被其他定价目标所取代。

2.当期利润最大化目标

当期利润目标,也叫利润导向目标。这种目标通常是侧重于短期内得到最大利润。以此为目标的前提条件是:旅行社及其产品在市场上居领先地位,而其他竞争对手力量不强;旅行社产品在市场上供不应求。旅行社可采取扩大销售量和提高价格的策略来实现这一目标。但利润最大化并不意味着价格最高。这一目标可能会影响到市场占有率,为竞争者提供机会。所以旅行社采用这一目标应慎重,必须有长远的经营战略。

3.预期收益目标

预期收益目标,也叫收益导向目标。旅行社对投入的资金,一般都希望在一定时期内收回,并获得一定的利益。因此,往往以获得一定的销售利润为目标来进行产品定价,采取成本加成定价法。因此,难免会忽略市场需求、竞争状况等其他因素。所以,这一定价目标更适用于一些资产庞大、竞争力强大的大型旅行社。这些旅行社价格决策受弱小竞争者的影响较小。

4.扩大市场占有率目标

扩大市场占有率目标,也叫销售导向目标。这是一种注重长期利益的定价目标。市场占有率也称市场份额,是指企业产品的销售量在同类产品销售量中所占的百分比。市场占有率高,可以通过规格的高低和市场占有率降低成本,并可以取得一定控制市场和价格的能力,从而提高产品竞争力。一般产品价格的高低与市场占有率成反比关系。所以,对于新创立或不满足自己所占市场份额的旅行社,一般可采取将自己产品定价低于主要竞争对手同类产品价格的方法,实行市场渗透,以取得更大的市场占有率。这是放弃眼前利益获得长远利益的一种战略。

5.应付或防止竞争目标

应付或防止竞争目标,也叫竞争导向目标。在旅游市场竞争中,价格是最有效而又最敏感的竞争手段。旅行社可以以有影响力的竞争对手的价格为基础,再根据自身的条件对自己的产品进行定价。在一个竞争激烈的旅游产品市场中,若本旅行社实力较弱,一般价格应定低些。只有具备特别优越的条件,如资产雄厚、产品质量优异、服务水平很高等条件下,才可能把价格定得高一些。

6.树立或维持良好形象目标

树立或维持良好形象目标,也叫形象导向目标。旅行社形象,是旅行社通过长期市场营销等活动,而给予消费者的一种精神感知。旅行社良好的企业形象会存在于旅游者的心目中,给旅行社带来可观的利润。良好的形象与产品销售、市场占有率、竞争能力等密切相关,这些又会通过价格表现出来。所以旅行社为建立或保持良好的企业形象,产品价格的制定就要符合企业形象的要求。这种定价目标有利于改变目前我国旅游市场上存在的恶性削价竞争局面,提高旅行社的产品销售和利润率,也会得到旅游者的欢迎。旅行社要提高产品的质量,实行优质、优价服务,树立良好的企业形象。

另外,还有稳定定价,也叫分销导向等定价目标。

(三)旅行社产品的定价策略

旅行社除要根据不同的定价目标,选取不同的定价方法,确定产品的基本价格外,还应注意在不同的情况下,运用各种价格策略对基本价格进行调整,以使其更加适应外部环境。常用的定价策略主要有如下几种。

1. 新产品定价策略

新产品的定价问题十分重要,它关系到新产品是否能及时打开市场、占领市场,并获得满意的利润。常用的新产品定价策略如下:

(1)撇油定价。撇油,原意是指将牛奶上的那层奶油撇出,市场撇油定价,是指新产品投放市场时,在短时期内采用高价,获得高额利润的定价策略。新产品刚上市时,需求弹性较小,旅游者对产品价格的反应不敏感,竞争对手也较少,因而可能在短时期内获得最大的利润。

撇油定价策略的优点,是利润大,可及时回收成本投资。高价位也有利于树立高质量的产品形象,并给旅行社留有一定的降价空间,以吸引对价格敏感的旅游者。但是,如果最初定价太高,则不利于开拓市场,也会引来大批竞争者的加入,因竞争激烈而造成利润下降。所以,撇油定价是一种短期的价格策略,旅行社若想长期使用这种策略,就必须不断地进行产品创新。

(2)渗透定价。这种策略与撇油定价相反,将新产品以低价投放市场,以便尽快扩大产品的销售量,获得较大的市场份额。

市场渗透定价策略的优点,是有利于迅速渗透市场,打开销路,提高占有率,薄利多销,销售量增加,成本下降,从而获得长期收益;也利于排斥竞争对手的介入。缺点,是旅行社的利润偏低,资金回收期长,价格变动余地小,不太可能再降低价格吸引更多的游客。

(3)适宜定价。撇油定价与渗透定价策略,是对新产品进行定价的两种极端情况。适宜定价,是指在上述两种极端定价之间,采取适宜的价格。这种策略确定的价格对旅行社和游客都比较公平合理。旅行社根据不同标准(图 4-1)进行选择,可以在一定时期内收回成本,多数游客也可以接受新产品的价格。

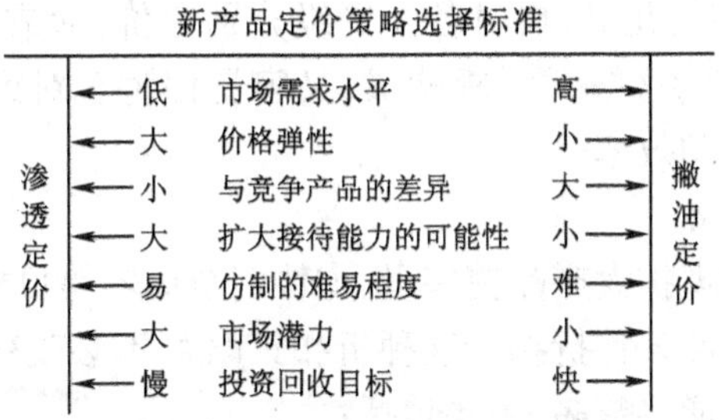

新产品定价策略选择标准
渗透定价
撇油定价
低 市场需求水平 高
大 价格弹性 小
小 与竞争产品的差异 大
大 扩大接待能力的可能性 小
易 仿制的难易程度 难
大 市场潜力 小
慢 投资回收目标 快

图 4-1　旅行社新产品策略选择

旅行社在确定新产品定价时,可根据不同情况对以上三种策略加以选择,图 4-2 表示这三种定价策略之间的关系。

价格
P1
P2
P3
撇油策略
适宜策略
渗透策略
Q1
Q2
Q3
需求量

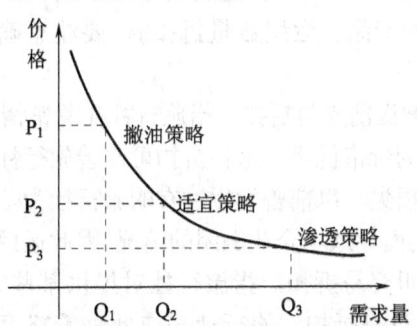

图 4-2　旅行社新产品定价策略示意图

2.心理定价策略

心理定价策略,是为了刺激和迎合游客购买的心理特点,对产品价格进行一定的调整。常用的心理定价策略有:

(1)尾数定价,又叫零头定价,是指旅行社确定的产品价格以零头为尾数,而不是采用整数价格。例如,本可采用 1000 元定价,而采用 998 元,虽价格只差 2 元,却给游客一种“货真价实”和价格低廉的感觉。

(2)声望定价,也称整数定价,是指旅行社用高价位或整数价来显示产品的高品质形象。在游客心中信誉较高的旅行社或知名的产品才可以用这种定价策略。购买这种产品的游客常将此作为一种身份或社会地位的象征。

（3）招徕定价，即特价定价，是指旅行社用低价、减价等方法来吸引游客购买。这种策略主要是为迎合多数游客求廉价的心理，提供"特价旅游线路"，以吸引游客。游客购买时可以推荐其他的产品，扩大连带销售。

（4）系列定价，又叫分级定价，即指旅行社将所有的产品分为"豪华"、"标准"、"经济"或更细的几等，再对各个等级分别定价，形成一系列价格档次。系列（分级）定价可使游客按照需求购买，又容易使游客对产品质量产生信任，同时提高旅行社的管理效率。

3.折扣定价策略

旅行社为了实现扩大产品销售量、加快资金周转等目标，在产品的基础价格上给予游客或中间商某种折扣。这种折扣策略可不必改变产品的价格，有较强的灵活性。折扣的形式繁多，主要包括：

（1）数量折扣，是指旅行社为鼓励中间商大量购买，根据购买的数量或金额而给予一定的折扣。数量折扣又可分为累计数量折扣和非累计数量折扣。累计数量折扣，是指在一定的时期内，按照购买的总数量或总金额给予折扣；非累计数量折扣，是指根据一次性购买的数量或金额给予折扣。这种策略可以鼓励客户多次购买本旅行社的产品。运用数量折扣时，要注意确定好基点量和各数量档次的折扣率。

（2）现金折扣，也称提前支付折扣。指旅行社在赊销情况下，对那些提前付款的客户，给予一定比例的价格优惠。这种折扣可改善旅行社的现金流通，降低收回欠款的费用，减少坏账损失。以前曾发生过有的旅行社为争取客户而赊销产品，后因海外旅行社欠款不还而导致本企业倒闭的情况，因此运用这种策略应格外慎重。

（3）功能折扣，也叫交易折扣。指旅行社对提供某些宣传、推销等营销功能的中间商，给予一定的价格折扣。旅行社采取此种策略，可减少营销费用，从而省下成本费用，以折扣的形式转让给客户。

（4）季节折扣，又叫季节差价。是旅行社为吸引、鼓励游客或客户在淡季购买本社产品而给予的价格优惠。此策略可使旅行社产品生产与销售保持相对稳定，减少淡季时设施与人员的闲置。

定价，作为旅行社营销组合的要素之一，不可能孤立地作出决策，还必须同营销组合的其他因素相配合。如价格与产品质量两个因素互相配合，二者都设高、中、低三档，便有高质低价、高质中价、高质高价等九种可能的组合定价策略（表4-1），如果价格和促销两个因素相组合，就可以形成四种不同的组合定价策略（表4-2）。

表 4-1 价格和质量组合的渗透策略

质量	价格		
	低	中	高
低	1.低质低价	2.低质中价	3.低质高价
中	4.中质低价	5.中质中价	6.中质高价
高	7.高质低价	8.高质中价	9.高质高价

表 4-2 价格和促销组合的渗透策略

促销	价格	
	低	高
慢	1.慢速渗透	2.慢速撇油
快	3.快速渗透	4.快速撇油

(四)旅行社产品的定价程序

价格是调节经济利益、传递经济信息、影响经济形象的重要因素。旅行社产品定价的程序主要包括如下几个步骤：

1.收集有关信息

旅行社应充分收集有关产品供求、竞争状况、经济变化等方面的资料和信息,并对此加以分析、判断、处理,进而为制定合理的价格提供依据。

2.选择定价目标

选择定价目标,是旅行社定价中首先要解决的问题,它是定价的指导思想。旅行社应根据自己企业的规模、经营状况等内部条件及收集的外部环境、市场状况等信息,来确定适合的定价目标。同时,选择各种定价目标时,要从全局考虑,有所侧重,综合决策。

3.估算产品成本

成本,是定价的最低限度,产品价格高于成本才会有赢利。旅行社应对产品进行估算,进行保本分析,注意成本变化,确定市场营销的最低价——保本价格。

4.分析竞争状况

旅行社在确定价格的同时,要充分了解竞争对手的产品价格、质量、竞争能力等情况,作为定价参考。

5.测定市场需求

市场需求的测定,通常是对需求的价格弹性进行分析,测定目标市场的需求数量及需求强度,分析旅游者对价格的接受度,以作为制定合适价格的参考。

6.选定定价法

旅行社通过以上几个步骤的准备工作后,可根据自己的产品情况,选定最有利于实现定价目标的定价方法,最终确定产品的售价。

7.确定最后价格

价格制定后,还要考虑它是否符合国家相关的政策法令,是否符合消费者心理,根据环境的不同,运用合适的定价,让价格更具吸引力。随着时间的推移和市场竞争环境的变化,还要对定价进行不断的修整,以实现定价目标,提高产品竞争力。

二、计调部的内部计价和对外报价

内部计价和对外报价,是旅行社计调部门的一项非常重要的工作,要根据市场需求制定合理的价格,及时对外报价,才能最大限度地占领市场份额。

(一)内部计价

计调部的内部计价,主要是针对地接社和组团社来进行作价、计价的。

1.地接社的计价方式

地接社的计价,是指本旅行社作为地接社,为向交团社报价所采取的计价方式。例如:某交团社询问武汉一地的报价,要求是游览东湖、黄鹤楼、归元寺三个景点,人数为30人的内宾团,住宿三星级饭店,市内交通空调旅游车,派优秀地陪导游。除此之外,计调人员还要询问旅游团抵达的时间和离站的时间。比如,是乘机下午抵达,第二天乘动车去宜昌。其计价方式如下:

- 门票:东湖(免票)+黄鹤楼(80元)+归元寺(20元)=100元/人。
- 住宿:80元/人天。
- 用餐:50元/人天=25元×2正(1早2正,房费含早)。
- 交通:市内 30元/人;
- 动车票:96.5+5元手续费
  接飞机 30元/人;
  小计:161.5元/人。
- 导游服务:10元/人。

合计:401.5元/人。

2.组团社的计价方式

组团社的计价,是旅行社计调部根据市场需求或者外联人员的需要而制定的计价方式。这种计价方式必须是及时的,并具有竞争力,才能使外联人员在与其他旅行社竞争时赢得更多的市场份额。

组团社的计价方式,可以根据地接社的地接价加上组团社的往返交通费用、接送费用、全陪费用来进行计价;也可以根据目的地的食、住、行、游分项进行计价。

例一

某一10人旅游团准备于某年6月去云南昆明、丽江、香格里拉一线(此处需要注意没有大理,是一非常规行程),需要一份报价。计调人员根据该旅游团的需要,做了一份行程及价格。

云南昆明、丽江虎跳峡、香格里拉三飞五日游

日期	行程安排	用餐	住宿
D1	武汉飞丽江 8L9824 航班;21:35	无	住丽江
D2	丽江乘 BUS 赴香格里拉:早餐后,前往香格里拉,沿途观看雪山对峙、河谷深切的茶马古道"迷恋风光",游览气势磅礴的世界峡谷之最——虎跳峡(游览时间约2小时)。抵达香格里拉后游览独克宗古城(约30分钟),晚上可自费参加藏民家访(含藏族风味小吃、青稞酒、酥油茶、歌舞演)	早中晚	住香格里拉
D3	香格里拉:早餐后,游览普达措国家森林公园,"普达措"为梵文音译,意为"舟湖",是"碧塔海"的藏语原名。普达措国家森林公园是一个无任何污染的童话世界,湖清清,天湛蓝,林海载水声,鸟语伴花香,一年四季景色各不相同。游览碧塔海,漫游花海草甸,走进森林成毡的净土,赏雪域高原上的美丽湖泊、观赏茂密原始森林、高原湖泊属都湖	早中晚	住香格里拉
D4	昆明:早餐后,乘坐 8L9917(10:35-11:35)香格里拉飞昆明 下午游览世博园	早中晚	住昆明
D5	早餐后,乘坐旅游车前往石林,游览喀斯特地貌"天下第一奇观"——石林(游览时间约3小时)阿诗玛化身石,优美的"凤凰梳翅"、险峻的"千钧一发"等奇石美景,让您感叹大自然的鬼斧神工和神奇造化!下午16:20昆明飞桂林,结束愉快旅程!	早中	
服务标准	1.门票:景点第一大门票 2.车费:空调旅游车 3.住宿:星级酒店(四星标准) 4.餐费:4早7正 5.导服:中文导游服务 6.往返飞机票 7.保险:旅行社责任险、意外险 20 元/人 8.接送:100 元/人 9.成本		

根据该行程,客户因为人少不需要派遣全陪导游服务,该团是一非常规行程,不允许安排购物和加点。计价如下:

1.门票:景点第一大门票:850元/人×10人=8500

2.车费:空调旅游车(33+2座):1120+50元/人×10人=11 700

3.住宿:星级酒店(四星标准)(丽江观光 380/间晚×1 晚+中甸扎西德勒 390/间晚×2 晚+昆明锦江 A460×1 晚)=1620×6 间=9720

4.餐费:4早7正(房费含早,40元×7正=280元*10人=2800)

5.导服:中文导游服务:300元/人×5天=1500+小费(是一外团,地陪200+司机100)×5天=3000

6.三段飞机票:武汉飞丽江,8L9824:21:35起飞—00:05到达,8折,1510+50×10人=15 600

香格里拉飞昆明,8L9917(10:35-11:35),8折,1050+50=11 000

昆明飞桂林,CZ3248(16:20-17:45),8折机票:670+50=7200

7.保险:旅行社责任险、意外险20元/人

8.接送:100元/人

9.成本:850门票+1170车费+972房费+280餐费+3000/10人导服+3380机票+20保险=6672元/人

例二

某旅游团约60位学生+10位老师于2015年8月初前去西安旅游;客户要求游览西安的半坡博物馆、碑林博物馆、华清池、兵马俑,外观大雁塔,品尝回民一条街美食;学生团,因此要求便宜,需要一份报价。旅行社计调人员根据要求,做了如下一份行程及价格:

西安、兵马俑双卧四日游

日期	行程安排	用餐	住宿
D1	武汉乘火车赴西安。K864汉口站15:45或K624武昌站16:13火车赴西安。具体时间以车票为准	无	火车
D2	早餐后,后乘车前往临潼途中参观半坡遗址博物馆(门市65元,学生33元,游览50分钟左右),参观西安半坡博物馆是新中国第一座史前聚落遗址博物馆,生产生活、经济形态、婚姻状况、风俗习惯、文化艺术等丰富的文化内涵。游览完后乘车赴临潼(车程约1小时左右),游因唐玄宗和杨贵妃传说而名声远扬的皇家御花园——华清池(门市110元,学生60元,游览90分钟左右);东区荷花阁、飞霞阁、五间亭(西安事变时蒋介石曾在此居住),中区有华清宫御汤遗址博物馆,西区有九龙湖、杨玉环奉诏温泉宫大型壁画,该画由99块汉白玉组成后;观占地20多公顷的我国目前最大的历史遗址博物馆——兵马俑(门市150元,学生75元,游览150分钟左右),是秦始皇陵陪葬坑,共发掘出7000余件陶俑,100多辆战车,400多匹陶马,10万多件兵器,秦始皇兵马俑规模宏大,场面威武,具有很高的艺术价值,被称为世界第八大奇迹。	早中晚	西安

续表

日期	行程安排	用餐	住宿
D3	早餐后,远观中国保存最完整的古代城垣遗址、是世界上现存规模最大最完整的古代军事城堡设施明城墙,之后游览碑林博物馆(门市75元,学生38元,游览1.5小时)西安碑林是收藏我国古代碑石时间最早、数目最大的一座艺术宝库,陈列有从汉到清的各代碑石、默志共1000多块。它既是我国古代书法艺术的宝库,又汇集了古代的文献典籍和石刻图案;记述了中国文化发展的部分成就,反映了中外文化交流的史实。后乘车至亚洲最大的音乐喷泉广场——大雁塔北广场(游览约30~40分钟)游览,后到达钟鼓楼广场参观(游览约40分钟),在这里可以看到西安的标志建筑物钟楼、鼓楼,前往回民街体验民族风情,附近有许多当地特色餐厅和小吃,送火车。乘K242 西安站19:28分或K792 西安站16:45分具体时间以车票为准	早中	火车
D4	抵,武汉结束愉快之旅!!!	无	
服务标准	1.门票:景点第一大门票:门市挂牌400元,学生206元/人(必须持有效学生证才可享受学生半价优惠) 2.车费:空调旅游车 3、住宿:非星级酒店(三星标准)140元/间/含早 4.餐费:2早3正 5.导服:当地全程优秀导游服务: 6.往返火车卧铺:494元/人 7.旺季订票费:50元/人; 8.保险:旅行社责任险、意外险20元/人 9.火车站接送:20元/人 10.成本:1207+20全陪=1227		

根据以上行程;旅行社计调人员为了满足客户要求学生团便宜的特点,没有选择高铁票往返而是选择火车卧铺往返,这样还可以节省2晚的住宿费用,计价如下:

1.门票:半坡遗址博物馆65元+华清池110+兵马俑150+碑林博物馆75元=400元/人。

2.车费:空调旅游车37座车分两台2100元/台×2台/70人=60

3.住宿:非星级酒店(三星标准)140元/间/含早

4.餐费:2早3正75元/人(下火车早餐15 正餐20,10人一桌8菜一汤)

5.导服:地陪导服:300元天×2天×2位地陪导游=1200元/团/导/70人=18
全陪导服:(494+50+800带团津贴)/70人=20元/人

6. 往返火车卧铺:494元/人
7. 旺季订票费:50元/人;
8. 保险:旅行社责任险、意外险20元/人
9. 火车站接送:20元/人
10. 成本:1227元/人

(二)对外报价

对外报价,就是把上述计价加上旅行社的税金(即根据1+1×10%的计算方法),发邮件给交团社和外联人员,交团社接到邮件后,将对几家地接社的报价进行比较,最后定下某一旅行社进行接待。

1. 地接社的报价

按照上述地接社的计价结果进行报价,作如下演示:

401.5/人+401.5元/人×10%(利税)=401.5+40=441.5元/人。

其中,40元是旅行社的利税。一般情况下,价格低的团队可以达到10%的利税,如双休游;而价格高的团队则很难达到10%的利税。

2. 组团社的报价

例一

云南昆明、丽江虎跳峡、香格里拉三飞五日游的报价

报价:850门票+1170车费+972房费+280餐费+3000/10人导服+3380机票+20保险=6672元/人+6672×10%利税=7339元/人。

例二

西安、兵马俑双卧四日游报价如下:

报价:1227=1227+1227×10%利税=1349元/人。

这个团队的报价,可在1350元/人左右对外报价。

(三)利润核算

1. 地接社的利润核算

- 门票:10元(黄鹤楼的团队协议价)。
- 住宿:5元/人天。
- 用餐:无。
- 交通:市内　10元/人;
  　　　　长途　无;
  　　　　接飞机:无。

导游服务:无(地陪导游员一天的带团津贴现在提高为300元/天)。

该团的利润应该是:(10元/人+5元/人+5元/人)×30人=600元/团。

2.组团社的利润核算

例一

云南昆明、丽江虎跳峡、香格里拉三飞五日游的税前利润

7339元/人(计价)-6672元/人(人均成本)=667元/人×10人=6670元/团(毛利)。

可是,团队在进行竞争时,往往达不到这样高的利润,常常只有5%的利润空间。即:6672元/人×5%=333元/人×10人=3330元/团。

例二

西安、兵马俑双卧四日游报价如下:

报价:1227=1227+1227×10%利税=1349元/人。

1349元/人(原计价)-1227元/人(人均成本)=122元/人×70人=8540元/团(毛利)。

实际上,组团社会有这么高的利润空间,一般是比较少的,因为这只是报价,在与客户进行谈判或者是与其他旅行社进行竞争的时候,旅行社多半是要让价的。

[实操问答]

[问答1] 办事处与旅行社之间的竞争,谁更有优势?

随着旅行社的发展,不仅旅行社数量如雨后春笋般增加,旅行社驻某地办事处也开始出现,与当地旅行社抢滩。他们直接到机关团体单位抢客源,给当地旅行社带来隐患,特别是散客旅游。笔者最近经历了一次与驻汉办事处的竞争。某学校有10名散客,于6月30日去黄山,7月1日进山,恰好赶上黄山暑期门票对教师的优惠,高达50%,本来700元/人的报价,旅行社让利给游客100元/人,即实际报价为600元/人。正当谈得差不多时,黄山驻汉办事处在同等价格情况下,以送翡翠谷为优惠,拿下了这一10人散客拼团的订单,并且该办事处是包车到黄山,旅行社走的是班车到黄山,没有优势。在这一市场竞争中旅行社处于弱势。

[问答2] 如何看待"削价竞争"策略?

由于中国旅游市场长期存在恶性价格竞争的局面,"价格策略"几乎成了"恶性竞争"的同义词。它的本来意义似乎已经被忽略了。其实,价格策略并不只是一味地盲目杀价,灵活地运用价格杠杆之所以能够成为一种"策略",就是因为它应该是科学和理性的,有着明确目的、准确的计算和一定的自主能力。价格策略有着丰富的

内涵,它给企业带来的利益,应该远远高出盲目削价所得到的蝇头小利。

[问答3] **旅游产品的价格是什么,它有哪些构成要素?**

旅游产品的价格,是旅游活动中按照实际情况收取的各种费用的总和,包括行、游、住、食、娱各个环节中的各项费用。其构成要素主要有:大交通费、车费、房费、餐费、景点门票费、导服费、附加费、不可预见费、保险费等。

表 4-3 旅游产品费用计价表

人数　　　　　　　　　　　　　　　　　　　　　旅行社团号

景点	房价	其他各项附加费明细							
		城市	门票	超公里	江湖	文艺	风味	其他	小计
		各地附加费合计:							
		房费合计:							
		交通合计:							
		保险费:							
		签证费:							
		不可预见费:					综合费		
		成本价:					总报价		
		减免人数及费用:					全团总费		

表 4-4 团队费用结算通知单

您好！感谢支持。现将贵社支持,现将贵社旅游费用结算单发给您,请核对。无误后请将团款汇于我社,谢谢！

团队计划号		人数		出团时间			
项目			天数	单价	人数	金额
计划内费用							
计划外费用							
交通费用							
陪同费用							
成本费用总计							
应收团款:							
备注:							

电话：　　　　　　　　　　　　　　　制 表 人：
传真：　　　　　　　　　　　　　　　制表时间：

[问答4] 在计价操作中,组团社要求报价的预报计划只说明了人数,而没有具体的用房间数,在此情况下,地接社是否可以报出准确的价格?

答:不能报出准确的价格。计价操作中的第一个任务就是"细读计划",看看计划中是否已经提供了所有计价信息,如果没有,就要及时与对方沟通,收齐信息,准确报价。这样做,看上去似乎是在"浪费时间",但实际上却是"事半功倍"的。这就如同学生们在做题之前,应该仔细审题再开始做题一样。

在计价操作中,为了避免出错和漏项,可以设计"计价表格"(见102页表4-3),脉络清晰,一目了然。

[问答5] 原本10个人的全包价团队,临时取消1人,价格是否还能保持不变?

答:原则上是不能用原价格的,因为全包价旅游团队的等级划分,有明确要求,1人等,2~5人等,6~9人等,10人以上等。在这4个等级中,人数越多价格越低,人数越少价格越高,人数与价格成反比。这个团队需要重新核算价格。如果利润空间大,经过核算,减少1人后还能有利润,则可根据客户的重要性,保持原价格,支持客户。

[问答6] 行程、景点、人数及用房数完全一样的全包价旅游团,是否会有不同的价格,为什么?

答:会有不同的价格,虽然行程、景点、人数及用房数完全一样,但是,如果团队等级不同,住房星级标准就不同,用餐、用车的标准也有差别。这样,团队的价格就自然而然地千差万别了。一般来讲,全包价的旅游团根据其服务标准的不同,可划分为豪华等、标准等、经济等3个等级。各等级的主要区别在于用房、用车、用餐的标准不同。以国内团为例,豪华等的用房标准是四星级至五星级,用餐标准是标准等的1~2倍,用车标准为新款进口豪华车;标准等用房,二星级至三星级,用餐标准是20~25元/人,车是空调车;经济等用房是一星级至二星级,用餐标准是15~20元/人,车是国产无空调大客车。值得注意的是,现如今,随着人们生活水平的提高,经济等的旅游团队几乎销声匿迹,基本上只有豪华等和标准等级。

[问答7] 在做入境团的计价时,明明是赢利的团队,往往会出现最后结算时却亏损的"怪事",这是为什么?

答:在我们做报价时,从吃、住、行等各个环节得到的价格,大部分都是以人民币报价的,而报给境外客户的价格一般都是以美元为单位的。因此,一定要密切关注人民币与美元的汇率变化,事先约定,避免损失。如2014年暑期有一美国团团费共计61 512元人民币,领队按照暑期前的汇率计算缴纳了1万元美金,因为是学校的交流团,等到开学后由校方交给旅行社时,汇率变成 1∶6.08,1 万美金相当于 60 800 人民币,致使还有 61 512−60 800 = 712 元人民币的差额。因此,在对外计价中,务必要倍加小心,防止失误造成的经济损失。

[问答 8] 为了高效、准确地计算出团队价格,应该做哪些基础性准备工作?

答:基础工作应该分软件和硬件两大方面。软件方面,是指计调人员对计价业务的学习和掌握程度,如计价流程、计价方法、计价等级等;硬件方面,是指计调人员对相关信息资料的收集和整理情况,如各种星级、各种位置、各种风格的饭店资料,以及各种风味、各种类型的餐厅资料等。俗话说:养兵千日,用兵一时。这些相关资料收集整理得越齐全,报价的速度和准确率就越高。同样,计价业务越过硬,工作效率和业务产出也就越高。

[问答 9]《旅游法》实施后"零负团费"现象或超低价团会立刻销声匿迹吗?

答:这恐怕只是一种良好的愿望。若要指望一部《旅游法》的颁布和实施,就能使我国旅游市场上长期存在的零负团费顽症或"癌症"立刻消失得无影无踪,这是不可能的。但可以预期,在《旅游法》实施后,零负团费现象会大量减少,超低价团会成为过街老鼠。理性的旅游消费者一旦遇到这种零负团费或超低价团,一定会在心中打个疑问,想到其中定有什么猫腻。甚至可能在短期内,零负团费现象会暂时消失。这主要有三个原因:一是《旅游法》的颁布和广泛宣传,全国上下形成一种法律高压,旅游监管部门和政府相关部门严阵以待,暂时不会有人敢于触碰这条红线,不愿做第一个吃螃蟹的人。大量旅行社则可能会观望一阵子,相机行事。二是广大正规旅行社终于迎来旅游法制的春天,期望通过合法经营,赢得市场和信誉,并会自觉抵制各种不法经营行为。三是广大旅游者通过学习旅游法,也会提高认识,识破不法经营者的经营伎俩,不会轻易上当。

但是,一定会有某些不法经营者仍会铤而走险,抱有侥幸心理,沿用零负团费经营模式,企图获得不正当利益。这就要求国家旅游监管部门和其他政府相关部门,对于不法经营者要严厉打击,严加惩处,真正净化旅游市场的不法经营行为,消除旅游市场上的害群之马,给广大合法经营的旅游经营者营造良好的市场氛围,以彻底避免旅游市场上的"劣币驱逐良币"现象。我们相信,只有旅游经营者、旅游监管者和旅游者协调一致,互相配合,互相监督,对不法经营者严格执法,才能使我国旅游市场逐步走上健康持续发展之路。

[问答10] 计调经理在调度旅游车时对旅游团成本的影响。

计调经理在调度旅游团用车时,一般都会全方位考虑,主要是考虑旅游车的车位、车费以及旅游车是几成新,如果在这几方面考虑好后会下订单。可是在旺季,也许会遇到旅游车供不应求,有车用就不错了,稍不注意,就会导致旅行社的亏本。

有一学校旅游团计划于某年的9月30日出发前往黄山四日游,行程如下:

第一天:乘车从武汉到黄山,住黄山脚下

第二天:游览玉屏峰、迎客松(远眺天都、莲花峰)、经百步云梯游览一线天、鳌鱼峰、天海、光明顶(远观飞来石),住山上

第三天:山上半日游:游览北海、狮子峰、猴子观海、始信峰等,住山下

第四条:山下半日游:翡翠谷,中餐返回武汉。

可是到导游上车后就发现,该车司机开车不对头,用两个手扳挡;于是导游问他,他说没有吃中饭,导游给他买了盒饭,让他在等客人时吃。当旅游车行驶到九江市时,车越来越慢,导游又问他怎么回事,他说堵车,也正是十一黄金周前夕的最后一天上班,具有丰富经验的导游只得观望。慢悠悠的车终于在半夜三更停下来了,完全开不动,停车修车,导游到农家借工具。然后老爷车开始上路,一直开到早上7点才到黄山脚下,30日晚上的房虽然没有住,可是却发生了。该导游也是该团的外联人员,希望客人入住休息半天再上山,一方面是替客人考虑,坐一晚车实在是太累;另一方面是为旅行社的成本担忧。可是客人通过商量讨论,不同意导游的提议,坚决要求上山,目的是耽误行程;导游只有同意,并且提醒司机好好修车,回去不要发生车辆问题。

第四天,中餐后早早返回,结果刚下山来车就坏了,修车费用1300元,导游支付,司机说他没有钱,同时导游组织客人打牌娱乐。旅游车缓缓地行驶在高速公路上,又坏掉,让客人推一下,也难于发动,最终导游不得不放弃,那个地方连手机都没有信号。在高速公路上拦到一辆110车,请求警察帮忙协调一辆车,警察委托人从景德镇调了一辆车来到坏车的地方"闪里"接走全部客人,车费1400元,司机也跟着走,他竟然不顾那辆坏车。在景德镇安排一晚住宿,每人80元的三星级酒店。第五天,又从武汉调了一辆旅游大巴接回武汉。终于结束旅游行程,客人其实很配合导游,也没有刁难导游与司机。

可是,外联人员在与客户结账时,客人依据合同,又扣款180元/人,旅行社亏得一塌糊涂。可见计调人员在调度旅游车时,一定要多多费心考虑,那可直接影响到旅行社的成本。

[经典案例]

[案例1] 一言难尽的"明码标价"

案情：打开武汉春秋国际旅行社的网站，可以看到78条线路的报价和行程安排。与其他旅行社不同的是，该社采取的是所谓"透明价"，从交通、餐饮、住宿、门票到导游，每项服务都单独标出了实价，然后加上一个毛利率，最终成为这条线路的报价。毛利率一般在2%~10%之间，价格高的长线产品毛利率低，价格低的短线产品毛利率高。这种做法很受客人欢迎，旅行社的效益也有增加。客人称该社的"旅游行程及价格表"为"明明白白卡"。2002年8月初推行"透明价"，9月初系统建立起来，"十一"期间，武汉春秋国旅的效益就比2001年同期增加了50%。

这是武汉春秋国旅2002年8月初推出的一种新报价方法，现在还一直坚持这样做。该社总经理齐心介绍说，武汉乃至全国旅游市场上，恶性竞争导致整个行业处于微利状态。既然已经是微利，那么企业的成本、利润等，有什么不可以告诉客人的呢？把成本告诉客人，再在这个基础上加上一个客人能认可的毛利率，增加直观感受，客人就可以消除因报价有高有低而产生的不信任感。明码标价还有一个好处，客人讨价还价只能在毛利率的范围内，其他项目上的价格都是固定的，再讲价就只能降低接待标准了。如果客人对旅行中的某一项不满，提出索赔，旅行社也只赔付价格表上列出的金额，比如三星级饭店一晚的住宿费80元/人，而不能以饭店的门市价为标准。

引起人们关注的是，"明码标价"这个词，不仅出现在武汉的旅游行业，南京、广东等地的物价部门，也先后依照国家计委（现国家发展和改革委员会）1994年制定的《关于商品和服务实行明码标价的规定》，对其所属旅游行业提出了明码标价的要求。

南京"一日游"采取明码标价的办法已有四五年。物价部门提出要打造"诚信"南京，旅游部门也认为产品确实应该明码标价，所以先在"一日游"中实行。具体做法是，旅游局核定景点，旅行社做出一个报价，经物价部门核定后备案。旅行社以后每做一次价格变动，都要报告物价部门。推行中的主要困难，是旅行社感觉很烦琐，因为旅游线路构成的因素很多，一个价格往往不能涵盖全部。客人经常会提出个性化的需求。如，标房换成海景房、随行中有小孩等，因此价格就会变化。不过，通过几年的操作，旅游部门与物价部门相协调，其可操作性已有很大增强。

目前，搞得轰轰烈烈的是广州。广州市物价局于2002年11月，颁布了餐饮、旅游、房地产及医疗行业的明码标价实施细则,并于12月1日开始实施。对旅游行业的要求是:经营者要在价目表上标明旅行社名称、资质等级、收费项目和标准、游览线路、时间、游览参观点及门票价格、住宿标准、餐饮标准、交通方式等;实行"自助游"的,要注明自理项目和收费标准。

此规定一出台,立即引起争论,旅行社纷纷表示执行起来有困难。意见主要集中于:旅游是行、游、住、食、购、娱的结合体,旅行社只是组合者,同一线路的价格,由于出发日期不同,地接、住宿、机票等供应商提供的价格均会有所变化。特别是在旅游旺季,一天之内机票、饭店价格变化3次的情况都会出现,要向游客报出一个统一的团费,还要将每一项服务标价,实在困难。

还有人发表了更为激烈的见解,全世界的旅游行业从来没有把每一条旅游线路中的每项服务价格都标示出来的做法,国际上通行的办法,是"地接价+机票",所以不太可能按物价部门的要求把价格细分。

点评:同样是"明码标价",为什么在武汉、南京、广州的旅游企业中产生了如此不同的反应呢?

1. 市场经济价格的灵活性

与一般实物商品不同,服务产品的不可感知性、不可分离性、差异性及不可储存性等特点,决定了在制定价格时的不同方法。尤其是差异性,决定了服务很难标准化。物价部门要求旅游行业实行明码标价,是希望消费者的权益得到保护,但要考虑到企业的可操作性,在保护消费者权益的同时,兼顾经营者的利益,企业才会遵行;否则会成为一纸空文,无法实现有效规范市场行为的初衷。

2. 三地的"明码标价"内涵不尽相同

仔细分析不同地区的做法可以发现:虽然都冠以"明码标价",但此"明码标价"已不是彼"明码标价",内容和具体操作办法均有很大不同。武汉春秋国旅对削价竞争有着切肤之痛,企业自发突破传统的报价方式,采取"透明价",希望得到客人的理解和认同,是一种竞争手段。广州则是物价部门提出的行政要求,不是企业的自觉行为。南京的做法,是旅游企业核定出价格后报物价部门认可,然后明确标写在每一条线路上,不允许出现一条线路只有行程表而没有统一报价的情况,但并不要求将每一要素拆分报价。

3. 三地旅游者的整体消费习惯和消费水平有差异

从客源市场来看,武汉整体上没有广州消费能力高,市场的成熟度也有很大不同。一般来讲,低消费的人群对价格敏感,高消费的人群对服务敏感。就在广州实行旅游行业明码标价后不久,精明的广州人说:"报名之前,我会多问几家旅行社,不怕哪家抬高团费,我担心的是质量,不能花钱买罪受。"这句话是否可以理解为:消费者完全可以"花钱买享受"。总之,由于不同地区旅游产品的价格需求弹性不同,同样以"微利"为招牌的"明码标价"在不同地区会产生不同的反应。

4.实行"明码标价"的业务范围有所不同

武汉春秋国旅只在国内旅游组团中采取"透明价",广州旅行社则有大量的出境旅游组团业务,业务量和涉及的范围大为不同。

5.实行"明码标价"还要求旅行社信息管理达到一定的水平

因为市场上价格变化很快,明码标价操作起来很麻烦,所以需要有很强的网络系统的支持。如,实行"透明价"的武汉春秋国旅,之所以能够取得成功,主要原因,就在于其有比较完善的网络系统,可以利用公司内部电脑联网加强管理,报价的变更可以随时在网上完成。

因为在地域、市场条件,以及消费习惯等方面存在诸多不同,"明码标价"在具体操作上也应该有所区别。不能因为在一地实行了,其他地区也随之跟进。几家企业的成功与否,也不能作为是否推广的依据,要看软硬件条件是否具备。更为重要的是,市场经济强调企业自主经营的权利,所以应该把决定权留给企业。

[案例2] 3·15中青旅让利魅力邮轮

案情:中青旅隆重推出度假休闲的精品旅游线路——"魅力邮轮"系列之后,该产品一直受到广大消费者的青睐(推崇),长期坚持不懈的推广也使得中青旅在邮轮公司的销售排行榜上,一直名列中国北方区榜首。在"3·15消费者权益保护日"到来之际,中青旅又推出"魅力邮轮"酬宾大行动,以答谢广大消费者对中青旅的长期支持与厚爱。

此次推出的"魅力邮轮"航线,是"处女星"号新马泰六日游,出发时间特意选在东南亚最凉爽的季节——3月底和4月初,让游客缓解紧张工作带来的压力,进行彻底的放松。船上丰富完善的各项休闲娱乐设施、泰国普吉和马来西亚卡威等宜人的海岛风情,一定能令游客们度过一段永难忘怀的欢乐时光。在这里,没有以往"白天赶路、晚上睡觉"式的单调行程,也没有"急行军"式的走马观花,无论是欢乐家庭组还是浪漫二人组,或者节奏舒缓的老年游客,都能感受到属于自己的轻松惬意与浪漫自由。

谈到为何选择在此时推出"魅力邮轮"酬宾大行动,中青旅有关负责人表示:根据北京市旅行社服务质量监督管理所发出的通报显示,2002年下半年以来,中青旅之所以能一直独善其身,靠的就是优质、过硬的服务。"3·15"即将到来,为答谢广大消费者,让更多的人感受乘坐邮轮旅行的快乐,中青旅特意拿出自己的精品线路——"中青旅魅力邮轮"展开酬宾大行动,价格从原先的6380元/人一举降至5580元/人;若多人一起报名参团,在同舱位的情况下,第三、第四位游客还能享受到更具震撼力的优惠价格。其间,"处女星"号邮轮上还会安排大量丰富多彩、别具一格的娱乐活动。该负责人还表示：由于此次的邮轮大规模让利，是为了在"3·15"期间答谢消费者，中青旅大幅度的降价属独家行为，提醒广大消费者，此价格仅适用于3月22日、3月29日两期，此后价格将恢复正常，并且由于旅游旺季的到来，还将有显著提升。

点评：中青旅之所以在"3·15消费者权益保护日"到来之际，适时推出"魅力邮轮"大酬宾行动，其主要目的在于：

(1) 利用需求价格弹性，以降价来提高销售量和市场占有率。

(2) 在提高销售量的基础上获取更多利润。

(3) 作为名牌旅游产品，适时、适当地降价，可以更加深入人心，扩大影响，提高知名度。

值得一提的是，中青旅在降价的同时，不忘提醒广大消费者降价属独家行为，此价格有一定的期限，此后将恢复正常，并且由于旅游旺季的到来，还将有显著提升。这样做一是可以防止消费者误以为中青旅的降价，是市场大规模价格战的开始，而持币观望；二是保持该产品的品牌形象，维护已经在消费者心目中形成的高品质定位。

[**案例3**] 天津"方舟"买断黄山景区30年经营权

案情：天津市方舟旅行社斥资1亿元人民币，买断著名的黄山城区内屯溪老街及新安江屯溪城区中心段30年的经营权，如此大手笔"买景区"的行为在全国尚属首例。据方舟旅行社敢"吃螃蟹"的徐总经理介绍，这次是由旅行社与当地政府合作，组成开发公司，按照市场规律联合开发这两个资源。旅行社前三期投入1亿元，占公司80%的股份，以获得30年的经营权限。

黄山旅游景点是世界级旅游胜地，每年吸引大量客流。据统计，五年来(2013年至2017年)，黄山市累计接待游客1.9亿人次，其中入境游客985万人次，实现旅游总收入2024亿元，创汇30.5亿美元，年均分别增长9.7%、8.3%、10.9%和9.3%，其中大多在屯溪停留。屯溪老街是国家级重点文物保护单位，始建于宋代，前店后坊被誉为"活的《清明上河图》"，至今店铺林立，保持原有风貌，是旅游者观赏徽派建筑，领略徽州文化，购买当地土特产品及精湛徽式工艺品的商业旅游中心。当地政府受人力、财力所限，没有将其作为一种旅游资源加以开发，每年投入大量的维护费用，却没有产出。

旅行社在买断新安江屯溪城区中心段景区30年的经营权后，将在江上进行独家经营，再现当年的"秦淮风光"。据方舟旅行社保守估计，仅屯溪老街，今后每年的纯收入不会少于1000万元，其中包括门票收入、开发景区的收入等。

点评：旅行社企业经营景区的动机分析：

(1) 从经济效益方面看，具有较高的文化价值、历史价值和审美价值的旅游景区，是相对来说比较稳定和长久的利润增长点。入世后，客源大量增加，景区经营者是主要受益者。

(2) 从当前旅行社竞争激烈的市场环境来看，某些有实力、有远见的旅行社垄断旅游业的核心资源，可以形成价格优势；同时，可以凭借旅行社长期以来对旅游需求的了解，更好地利用景区，创新旅游产品，这是其他旅行社做不到的。

(3) 从旅行社长远发展的角度看，景区经营可以作为旅行社多元化经营的一个部分，有效推动产业化和集团化进程。

[案例4] "千人之游"频频出现，温州旅游实现规模经营

案情： 据《温州日报》报道，2003年3月15日，温州在同一天同时出发了前往台州仙居和杭州建德的两个"千人旅游团"。此举使温州旅游界探索了一年多的规模经营方式达到了高潮。在旅游企业中，过去组团出游时大都是旅行社"孤军奋战"，三五个人就组成一个团，最多拉上几十人。这种零散的经营方式不仅使旅游成本居高不下，利润单薄，而且企业发展空间也较狭小。为此，温州旅游界借鉴温州小商品生产中的"规模就是效益"的经营策略，于2002年初联合了28家旅行社，策划、组织了"千名温州市民游横店"的活动。"千人团"使旅行社分散的力量得以聚集。因为1000多人的规模和社会影响，景区特地免除了所有游客的门票，旅行社也从宾馆饭店和交通工具上获得大折扣的优惠。

据悉，在一年多的时间里，温州旅游界已组织了东阳横店、奉化溪口、杭州、新昌、临海及福建武夷山7个"千人团"，共组织了10 000多市民外出旅游。一些旅行社还将于近期组织"千名台州市民游温州"活动，在把温州游客送出去的同时，将外地游客迎进来。

点评： 在竞争激烈的旅行社行业，与其苦苦厮杀，不如化敌为友，联手将"蛋糕"做大，从而获得更大的市场份额。从本案例中可以看出，在一定的市场环境中，"联合"不失为一种明智之举。

旅行社实行联合促销以后，接待人数大增，与饭店、景点等相关企业讨价还价的能力大大提高。本案例中因为"千人旅游团"的规模和社会影响，景区特地免除了所有游客的门票，旅行社也从宾馆饭店交通工具上获得大折扣的优惠。这种联合促销带来的规模经营，不仅降低了旅游成本，使游客获得真正的实惠，旅行社本身的利润空间也得以拓展，增强了实力。同时，各社将以前分散在单个产品和品牌上的推广费用集中起来，共同打造同一品牌，既能集中火力，迅速提升品牌的知名度，又能节约广告费用。

[案例5] 一言既出，始料不及

案情：某旅行社入境部欧洲业务处的小张，做计价业务已经快1年了。聪明伶俐、一学就会的他，进步飞快。师傅老王对他很满意。小张自己也觉得可以出徒了。小型团队和零散客户的计价工作，师傅已经让他独立操作了。在此之前，每次算完价后，师傅都要仔细审核，确认无误后才能发给客户。适逢年末，一年一度的计价高峰又如期而至，此间，所有的业务人员都在埋头苦干，忙得不亦乐乎。刚刚开始独立操作的小张也不例外。

为了能多出活儿，小张也顾不得师傅教过的流程了，怎么快就怎么来，效率倒是蛮高的，一大摞的报价都如期完成，大家总算能缓口气了。

小张的报价中，有一家很快就回复确认了，而且还有了好几个团队预订。小张很高兴，赶紧把这个好消息告诉了师傅。可是当师傅看过小张的报价后，原本满是喜悦的脸上突然阴云密布。师傅指出小张的报价有漏项，所以直观价格才显得那么诱人。他在附加费用中少算了风味餐、索道费和机场建设费（现如今，机场建设费已含在机票里代收了，故幸免了这方面的差错）。因为忙，小张没有严格按师傅所教的流程，一步步地计价、审核，也没有用"计价表"，仅根据客户的行程进行核算。行程中的需求很分散，有很多还隐藏在字里行间，很容易被忽略。如果能按照"计价表"中的内容逐一核对，就不容易漏项。小张觉得自己对计价的内容和项目已经很熟悉，甚至可以"倒背如流"，用不用"计价表"都无关紧要了。其实不然，人们往往对越是熟悉的东西，越容易忘记和忽略。就像孩子们考试一样，越简单的题目反而越容易出错。

少算的这几项金额加起来也不少，核算后，该团亏损。这是小张始料不及的，高兴的心情也因此烟消云散。经与客户联系，该报价已打在客户的广告上，无法追加报价。一言既出，驷马难追呀！该团的价格只好如此了，只能赔本赚教训了。根据公司规定，小张承担了部分经济损失。

点评：计价中不可漏项，一定要反复审阅行程，逐项进行核对，最好能由具体报价人员和业务主管双向审核，确保万无一失后，再报出，以防止差错，避免损失。错误的价格一经报出就是泼出去的水，报价不讲信用，出尔反尔，会影响公司声誉和业务合作。另外，不要拒绝像"计价表"这类的工具，它是人们的经验和智慧的结晶，学会利用它，可使自己的工作事半功倍。

[案例6] 服务不标准，游客不顺心

案情：桂林游客一行6人由厦门某旅游公司接待，于2005年7月21至27日作厦门—武夷山—福州六日游，每人交旅游费3650元，包括食、住、行、游，其中桂林至厦门、厦门至武夷山、福州至桂林是乘飞机，武夷山至福州是乘旅游列车。按理游客出费不低,理应享受相应的待遇,令人遗憾的是,这一路的旅游很不顺心。

从桂林飞到厦门是下午,晚餐非常差,淡而无味,大家本来肚子饿,但没吃几口就放下了碗。晚上不得不自己上街到大排档吃夜宵了。第二天到鼓浪屿,因为晚7:00的飞机飞武夷山,所以5:30就被带到餐厅用晚餐。也许是事先没有通知餐厅,大热的天,空调也没开,游客坐在里面大汗淋漓,等了好久才上菜,而且是青菜先上,荤菜在后,待到荤菜上桌,陪同就催游客上车了,这顿饭又是匆匆忙忙地没吃踏实。

到了武夷山,情况就更糟了。陪同是一位刚开始做导游的姑娘,业务不熟,带队出游几乎不讲解,因而漏掉很多景点。比如,一天下午,游客冒着酷暑爬上一个叫水帘洞的山,到了山上,一滴水也没看见。听说是多日不下雨,没有水帘洞一景了,白爬了一座山,真让人扫兴。更可气的是,在去水帘洞途中的半山腰,有一个武夷山非常著名的景点鹰嘴峰,因为导游没有介绍而漏掉了。游客6人中有1人走在后面同别的团队在一起,有幸欣赏了鹰嘴峰的雄姿。武夷山的景点都很高,酷暑季节爬上去非常费力,由于导游员的不熟悉而遗漏了很多景点,让人气愤。

武夷山的景区离游客住处约20分钟的路程,可从游客到的第一天算起,总共三天时间,每天每次来的车都是不同的,且不准时。常常是早上要等上1个小时,为赶时间,司机将车开得飞快,吓得车上的人惊慌失措。待到游完了景区出来,又要等上好一阵,有几次游客真是忍无可忍,天热人又多,站都没地方,只得自己打车回住处。从武夷山到福州,按约定游客是乘坐旅游列车,可是地接社给安排到一节普通车厢,这里拥挤不堪,又脏又臭,游客又被坑了一回。

在福州住的饭店房间陈旧,毛毯盖到身上奇痒难忍,于是只得盖被子。房间空调噪声非常大,加上气味难闻,令人无法安心休息。

点评:(1)本例属旅游合同中的组团旅游合同,游客以参团的方式进行旅游,并和旅行社通过组团旅游合同形成权利义务关系,合同订立以后主要是合同的履行问题。

(2)本例中,旅行社作为旅游经营者应严格按照合同规定的项目和标准提供服务。在旅游合同中涉及的主要条款有食、住、行、游。第一,食,不是匆匆忙忙就是淡而无味,距离合同事先约定的质量要求相差甚远;第二,住,房间陈旧,毛毯盖到身上奇痒,让游客难以入眠;第三,行,交通设施和服务都很差,车辆未按标准又不准时,这是景区内的短途交通情况,而长途交通由旅游车厢改为普通车厢,服务的档次明显下落了一档;第四,游,游客参团就是为了游得尽兴,因为导游业务不熟练,造成该游的景点没游,有导游不导,与无导游又有何区别?

（3）所有这些很明显，旅行社未按约定的标准提供服务，未尽到自己的义务，致使游客应该享有的权利不能充分享有。这是一种侵权行为，如果游客提出索赔，旅行社应该给予一定的赔偿。

（4）标准化对旅游业发展有着不可取代的作用，已成为越来越多的业内人士的共识。标准化是实施全面质量管理的依据和基础，国际上普遍通过标准化工作的管理，促进各行业的规范化发展。旅游业是外向型服务产业，服务产品的质量控制比有形产品更加困难，因此更需要标准化工作的支持。目前，旅游业标准化进程也面临着一些阻滞，主要表现在标准化工作开发的深度和广度都与我国旅游发展速度和规模不相适应。由于旅游业生产要素涉及许多行业，因此，在标准化工作开发中协调工作的难度比较大。此外，由于旅游业销售的主要是服务产品，多数标准属于推荐性标准，在宣传、贯彻和实施中，与强制性标准相比存在一定难度。从总体上看，目前，旅行社业的国家标准的数量较少，尚未形成体系。

[案例7] 为何要换导游？

案情：比利时游客布兰特因工作要去西安，想利用去西安的机会参观一下秦俑博物馆。在出发前，他通过北京的A旅行社委托西安B旅行社提供接机和第二天秦俑博物馆的导游讲解服务。小孟受西安B旅行社委派于6月13日14时前往咸阳机场接待。由于途中交通堵塞，耽误了半个小时，他到机场后布兰特所乘航班的旅客已陆续出来了，他赶紧将写有布兰特中文名字的接站牌在出口处高高举起，耐心地等待。可是，等该航班的旅客全部出来后，他还是未接到客人。于是他又举着接站牌在机场到达厅内转了两圈，仍未找到客人。无奈之下，他只好打电话给该社计调人员，请其协助。经计调人员与布兰特下榻的酒店联系，得知客人自己坐出租车到了酒店。第二天小孟到酒店接客人去秦俑博物馆时，布兰特却向旅行社提出换导游。

点评：小孟没有在机场接到客人的原因主要有：①他迟到了，未能提前20分钟抵达机场；②他过于疏忽，接站牌上写的是中文姓名；③他没有接到客人时，应到机场问讯处询问是否有外国人来询问有关问题（事后得知，布兰特曾在问讯处等了20多分钟才乘出租车去酒店），并确认此次航班的客人已全部抵达。此外，当得知客人自己乘出租车到了酒店后，小孟应到酒店向客人赔礼道歉，并退还接站的服务费用。

（资料来源：全国导游人员资格考试教材编写组.导游业务.北京：旅游教育出版社，2018）

[实践练习]

1. 旅行社如何制定产品的定价目标?

2. 根据 Excel 表格,练习某个已经有报价的旅游产品的计价,看你的报价和已有的报价有哪些差别? 差别在哪儿? 为什么?

3. 根据你对计价业务的学习,设计总结出一个"计价流程图"。

4. 假设你是计价师傅,会怎样带徒弟,使其能尽快"进入角色"?

第五章 计调部的发团管理

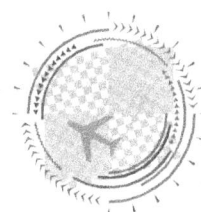

[培训重点]

本章主要讲述计调部的发团管理。通过本章学习,您将了解到旅行社发团管理是旅游产品销售过程中的一个重要环节和组成部分。它是旅行社销售产品、实现利润的有效途径。传统的旅行社发团管理仅限于做狭义的团队销售,即与旅游目的地的接团社签订合同,从中赚取销售差价,并不负责该团队的全程活动。现代旅行社的经营方式已经发生了很大的变化,发团管理贯穿旅游团活动的始终,涉及旅游团活动的方方面面,旅游团结束之后,还要做好售后服务。这既是旅行社人性化服务的体现,也是现代旅游市场激烈竞争的必然产物。它反映了旅行社行业的进步和成熟。

[案例导入]

找到了"好下家"

某一旅游团在昆明世博园期间前往云南旅游,客户在没有武汉到昆明的火车票和飞机票情况下,坚持要去云南游览。计调经理想到可否"曲线救国",先去贵州游览黄果树瀑布,然后转道从安顺坐火车抵达昆明,在征求客人意见时,客人同意旅行社的变通,并且从武汉到贵州贵阳的飞机票不仅有折扣也好。可是云南世博园期间"人比石头多",武汉组团社在发团时,寻找到一家小旅行社愿意接待,当该团的外联人员兼全陪导游抵达云南后,见到云南地接社经理夫妇,并且得到他们的鼎力相助,该团圆满地完成了云贵之行,认为找到了"好下家"。

为什么全陪认为找到了"好下家"?

[专题论述]

一、计调部发团管理概述

(一) 发团管理的概念

发团,是指组团社将通过各种招徕手段形成的旅游团,委托给指定的旅游目的地接待社,并由其负责完成合同中所规定的旅行游览活动过程。旅行社发团管理,是指组团旅行社对这一过程的管理,包括旅游计划的制订、与接待社的洽谈、对旅游团旅行游览全程的质量监督和旅游结束后的总结控制等。

这里所讲的组团社,一般是指客源地的组团社(包括批发商和零售商)。它们通过各种招徕方式组团,向游客提供符合其需求的旅游产品,并就旅行中的有关事项与游客协商后,签订旅游合同。发团的过程,就是组团社将旅游团委托给旅游目的地接待社的过程,并由接待社代为安排该旅游团的一切旅游活动,而发团社对旅游团队的管理和责任,将贯穿于旅游活动的始终。

(二) 发团管理在旅行社整体业务中的地位

1. 发团管理是将旅游产品推向市场、实现销售的重要环节

旅游团队销售,是旅行社业务的主要组成部分。旅行社通过各种广告招徕旅游产品的购买者即游客,然后根据游客的需求提供相应的旅游线路,与游客签订旅游合同,确定出发时间、接待标准,以及旅游目的地接待社等。这些是发团管理的前期工作,也是发团管理的重要组成部分。旅行社的发团工作,既是旅游活动从计划到实现的桥梁和纽带,也是旅行社整体业务的基石和重要环节。

2. 发团管理是旅游活动顺利进行的重要保障

组团旅行社通过发团管理,来监督和约束旅游目的地接待社的接待活动,从而使旅游目的地的接待社能够保证按照约定的标准向游客提供服务,从而保障游客利益。旅行社通过发团管理来衔接旅游行程,及时获得游客的相关信息,有利于帮助旅行社处理突发事件,从而保证旅游活动的顺利进行。

3. 发团管理是旅行社日常工作的重要组成部分

发团管理与旅游者的各项活动密不可分,发团管理的成功与否,直接影响到旅游者旅游活动的满意度,影响客人的回头率。因此,也影响到旅行社的信誉和日后的产品销售。

可以说,发团管理是旅行社进行的一种"售后服务",是必不可少的,也是至关重要的,在旅行社整体业务中占有重要地位。

二、接团旅行社的选择

(一)接团社的定义

接团社,是直接为旅游者提供有关旅游目的地的线路、交通工具、餐饮、观光,以及其他旅游事项等信息和相关服务的旅行社。接团社只是旅行社在接团时的一种临时角色,是相对于组团或者发团旅行社而言的。它不是固定的名称。接团社受发团社的委托,向到达本地的旅游者提供合同约定的各种旅游服务。

(二)发团社与接团社的关系

1.相互协作、互惠互利

发团旅行社一般情况下只有通过旅游目的地接团旅行社的协助,才能圆满地完成旅游产品的销售。一般说来,接团社对当地旅游景区(点)、交通、食宿等要素更加熟悉,也能很方便地购买这些旅游服务。所以,组团社通过接团社来组织和安排旅游者在旅游目的地的旅游活动,能减少发团社的负担,便于发团社的操作。而接团活动,也是旅行社经营业务的重要组成部分,接团社通过这种接待活动获取利润。发团社和接团社之间的精诚合作,能使旅游团的计划旅游活动顺利、有序完成;反之,则有可能引起争议和矛盾,影响旅游活动和游客的利益。因此,发团社和接团社之间是一种协作和互惠的关系。

2.监督和被监督的关系

发团社通过出团计划书与接团社之间约定有关接待事项。如,交通工具的选择、食宿标准、线路中所包含的游览景点,以及付费方式等。因此,接团社在团队接待过程中要受到发团社的监督和约束,不能随意更改事先约定的有关接待事项。否则,发团社可根据有关约定扣减团费或通过法律手段解决问题。

3.可以相互转化

在前面已经讨论过,发团社和接团社是相对而言的,同一家旅行社,既可做发团业务成为发团社,也可做接团业务成为接团社。一般来说,旅游客源地旅行社的主要角色是发团社,而旅游资源条件比较好的旅游目的地的旅行社很幸运,可以兼做发团和接团两种业务。因此,发团社和接团社不是截然分开的,而是可以相互转化的。

(三)接团社选择的标准

旅游团能否按计划顺利完成旅游活动,在很大程度上取决于旅游目的地接待社的接待情况。因此,对接待旅行社的选择十分重要。发团社应根据旅游市场的需求及其变化趋势,有针对性地在旅游目的地旅行社中进行比较和挑选,选择合适的、符合条件的旅行社作为自己的合作伙伴。

那么，在旅游目的地众多的旅行社中，发团社应该怎样选择接团社，才能既圆满地完成旅游计划，又能取得良好的经济效益呢？发团社在选择接团社时，应注意以下几点：

1.考察旅行社的合法性

发团社在选择接团社时，要考察该旅行社是否按照合法程序设立，有无旅游行政主管部门颁发的旅行社业务经营许可证，旅行社的注册资金多少，证件是否齐全，质量保证金是否缴纳等，还要明确该旅行社的性质、业务范围和许可证期限，导游人员是否为持证导游员，是否遵守旅游行业相关政策法规和惯例等情况，以免错将旅游团队交给非法经营的旅行社，从而导致游客利益得不到保障，或者使发团社经济利益受损。

2.考察旅行社的经营管理模式

发团社应注意考察接团社采用何种经营管理模式。管理模式先进的旅行社，经营管理目标明确，在管理上实行负责制，有良好的激励机制、人性化的经营理念、良好的公众形象、蓬勃发展的朝气和潜力。而有些传统的旅行社，基本上是吃大锅饭，做多做少都一样，优秀的没有奖金，没完成任务也不用受罚，员工的积极性不高，领导也是频繁更换，整个旅行社处于半死不活的状态。另外，有一些私人承包的"野马"式旅行社，他们只是出钱租用某旅行社的名号，在经营管理上没有科学性，目光短浅，为了短期利益互相压价，随意增加旅游项目，乱收游客费用。对这类旅行社，发团社更应避而远之。

3.考察旅行社规模大小

一般说来，规模较大的旅行社在资金、人才、管理等方面，比规模小的旅行社更有优势，在旅游供给方面有更大、更成熟的网络，在业务操作方面更先进、熟练，效率更高。因此，选择规模较大的旅行社可以更好地保障游客利益，更让人放心。但是，规模小的旅行社也有自身的优势。如，经营方式比较灵活，在价格、线路、服务等方面可回旋的余地更大；而且，接团旅行社的选择也是一个双向选择的过程，有时，你看上了某家旅行社，但这家旅行社可能因为种种原因而不愿意与你合作。因此，选择接团社时，不能只盯着规模大、实力强的旅行社，而应根据发团社自身的实际情况来选择合适的旅行社。

4.考察接团记录

发团社可查看接团社的接团记录，从这些记录中可了解接团社的接团经验、对各线路的熟悉程度、服务质量、游客评价、奖惩情况，以及是否严格按照发团社拟定的接待标准和计划向旅游者提供服务、是否有良好的信誉等。通过对这些情况的了解、把握，发团社可以从中挑选出接团经验丰富、熟悉接待线路、服务质量优、游客评价高、重合同、讲信用的旅行社作为接团社。如武汉 Y 旅行社在发往湖南长沙、韶山的"长韶"产品时，湖南 X 旅行社从未让 Y 旅行社失望过。2018 年 7 月的一个长韶团，作为地接社的 X 旅行社刚开始报的导服费为 400 元/团，后来在团队确认时，导服费因为第三天还有行程，因此，加到 600 元/团，可是组团社是按照 400 元/团核算的价格，经过计调人员与地接社的计调进行沟通协商，地接社欣然答应还是 400 元/团进行确认，团队抵达长韶后，并没有降低团队的服务质量。像这样的地接社就是值得长期合作的对象。

5.其他因素

发团社在选择接团社时，还要考虑接团社的报价、接团社对本旅行社及某项业务的依赖性、接团社的发展潜力等因素。接团社的报价直接关系到发团社的成本和经济效益。有些旅行社专门从事某项业务，一般来说，这种旅行社很认真负责，也能够以很专业的操作为发团社完成接待任务。而有的旅行社则经营很多项目，对某一发团社的依赖性非常有限，故服务的积极性也很一般。在选择接团社时，还应注重合作的长期性，以追求长期的最大经济效益为目标。有的接团社一开始并不能很好地完成接待任务，但有合作诚意，有发展潜力，就应考虑将其发展为合作伙伴。

总之，发团社对接团社的选择应该慎之又慎，一个好的接团社不仅能为游客提供良好的服务，还能为发团社赢得良好的声誉和回头客源。接团社选择失误，会导致游客和发团社的利益受到损害。

（四）接团社的选择与调整

1.接团社的选择

接团社的选择，是发团管理中的一个重要环节，对整个旅游活动的成功与否，起着关键性的作用。发团社对旅游目的地接团社要多方选择、重点培养，建立长期、稳定的合作关系。发团社在掌握了众多接团社的情况后，要根据本次旅游团队的特点和要求，综合考虑各种因素，选择最合适的旅行社作为接团社。有时一个团队的旅游目的地不止一个，那么，就会涉及两家以上的接团社，所以，还要考虑各接团社之间的衔接和协作等因素。发团社选择接团社的主要方法如下：

（1）发团考察。发团考察是一种很实际的考察方式。通过与接团社的实际合作，可以获得切身感受和可靠的第一手资料。发团社通过业务联系可得知对方的人员素质、办事效率，通过本社的全陪导游，可以了解接团社的导游素质、服务水平、接待用车、用餐情况、业务网络的广泛程度等。发团社还可以组织专门的考察团，对接团社各方面的情况进行详细的考察。

（2）实地考察。发团社可以委派本社经验丰富、资历较深的工作人员赴目的地实地考察，走访当地各接团社，进行比较分析，挑选出满意的接团社建立合作关系。

（3）参加旅游行业组织，建立广泛的合作网络。发团社可以积极参加一些旅游行业协会和组织，如 PATA（亚太旅游组织）、JATA（日本旅游协会）、MATA（马来西亚旅游协会）等，以获取全面、可靠的信息，结识更多的旅行社和相关的旅游企业，形成广泛的合作网络。这样，才不至于在发团之前匆忙地选择接团社。

2.接团社的调整

发团社选择接团社后，并不等于万事大吉，随着以后各种情况的变化，如发团社经营范围、客源地发生变化，或者因为接团社报价偏低、服务质量下降等，需要对接团社进行调整。发团社采取的主要措施有：

（1）建立接团社档案库。发团社可以建立各个目的地的接团社档案，内容包括旅行社的性质、业务范围、注册资金、联系方式、规模、接待能力、导游人员数量、语种等；还要及时补充新的信息，如接团情况、近期业绩等。当发团社将团发至某地时，可直接从该旅行社档案资料中进行比较选择。这是一种高效的管理方式。

（2）接团社的调整。对于列入档案库的接团社，当发现其不适应新的接团要求、游客投诉较多、效率低下时，要及时与其终止合作关系，寻找新的接团社，"不要在一棵树上吊死"。对于新开发的旅游目的地和旅游产品，发团社要及时补充和发掘新的合作伙伴。

三、旅行社发团作业流程

无论是出境团还是国内旅游团，组团社将团队发往国内外地接旅行社接待时，都应按一定的作业流程进行操作。

（一）团队档案的建立

旅游团的建档，首先应建立团号。命名应通俗易记、一目了然。例如：

CEF	20180716	TSMH	15	VIP	A
①	②	③	④	⑤	⑥

①三个英文字母代表这个团的英文缩写：CEF 代表中国家庭旅游团。

②八位数代表该团预定出发日期为 2018 年 7 月 16 日。

③英文字母代表前往目的地国家或地区的缩写。TSMH 分别代表泰国、新加坡、马来西亚和香港。

④数字代表该旅游团出游的天数为 15 天的行程。

⑤英文缩写代表特别团的意思。VIP 代表贵宾团。

⑥A 或 B 如果第一项至第五项不变，而在第六项后出现有 A 或 B 时，即表示该旅行社有两个以上的旅游团。

其次,编制出公司每月的各类团体明细出团表,也就是公司的年度订团的基本资料。

(二)与航空公司的年度订位

上述年度出团表完成之后,向相关航空公司提出机位的预订,每年一次,故称为 Annual Serier Booking,对零售的旅行社来说,年度订位相当重要,尤其在其经营目标下的相关航空公司,年度订位更反映其经营的方向和策略。

按照预订的年度出团量,首先应得到航空公司的支持。一般来说,选择航空公司主要考虑以下几个因素:

(1)机票价格是否有竞争力(尤其是在出散客的机票时,要与网上的机票进行比较,做到胸有成竹,以免引起散客的质疑)。

(2)机位提供状况是否能满足需求。

(3)工作人员的配合程度,包含付款的方式是否灵活。

(4)该航空公司的航班是否有经停。

(三)向地接社预报旅游计划

向地接社以邮件的形式预报计划,网上说不清楚的时候,一定要用电话预报说明。预报的目的,是为了使接团社将此团纳入该社的接待计划,要接团社及早订房、订票。预报应尽可能在团队到达前30天发出。预报内容有:团号、旅游团队人数、团员构成情况(性别、年龄、民族、有无特殊客人)、抵离时间、旅游线路、交通工具要求、食宿标准、要求等;特别应标明离开的交通工具、车次、航班及其他内容,并要求接团社在3~5天内尽快回复。

附1:预报计划

湖南××旅游公司:

我社组织的SSS-C-20180614一行10人(外宾)将于2018.6.14乘G6002次高铁15:00~17:55深圳北—长沙南,于14日17:55抵达长沙高铁站,请按如下要求进行安排:

6月14日:接车,然后安排住宿,住长沙。

6月15日:参观湖南商学院、三一工厂上午(全程需巴士和向导)

6月16日:长沙到武汉(G74次12:13~13:43次高铁长沙南—武汉站)。此团系重点客户,请务必保证服务质量。谢谢合作!祝

贵公司昌盛!

武汉××旅行社
业务部×××
2018.5.15

附2:昆明××旅游公司:

我社组织的SSS-C-20180614一行10人(外宾)将于2018.6.23乘8L9824航班(21:35~23:40)武汉飞丽江,预计于23日23:40抵达丽江三义机场,请按如下要求进行安排:

6月23日：武汉飞丽江8L9824航班（21:35）。

6月24日：丽江乘BUS赴香格里拉。早餐后，前往香格里拉，沿途观看雪山对峙、河谷深切的茶马古道"迷恋风光"，游览气势磅礴的世界峡谷之最——虎跳峡（游览时间约2小时）。抵达香格里拉后游览独克宗古城（约30分钟），晚上可自费参加藏民家访（含藏族风味小吃、青稞酒、酥油茶、歌舞演）。

6月25日：香格里拉。早餐后，游览普达措国家森林公园，"普达措"为梵文音译，意为"舟湖"，是"碧塔海"的藏语原名。普达措国家森林公园是一个无任何污染的童话世界，湖清清，天湛蓝，林涛载水声，鸟语伴花香，一年四季景色各不相同。游览碧塔海，漫游花海草甸，走进森林成毡的净土，赏雪域高原上的美丽湖泊；观赏茂密原始森林、高原湖泊属都湖。

6月26日：昆明。早餐后，香格里拉飞昆明。

昆明接机，8L9917（10:35~11:35）；下午游览世博园。

6月27日：早餐后，乘坐旅游车前往石林，游览喀斯特地貌"天下第一奇观"——石林（180分钟）。下午乘机CZ3248航班（16:20~17:45）飞往桂林。此团系重点客户，请务必保证服务质量。谢谢合作！祝

贵公司昌盛！

武汉××旅行社
业务部×××
2018.5.15

附3：桂林××旅游公司：

我社组织的SSS-C-20180627一行10人（外宾）将于2018.6.27乘CZ3248（16:20~17:45）昆明飞往桂林，于27日17:45抵达桂林两江国际机场，请按如下要求进行安排：

6月27日：接下午的航班，入住桂林。

6月28日：大漓江（接待外国人的船），阳朔，龙脊梯田。

入住桂林。

6月29日：参观桂林理工大学，送晚上的航班MU9350（21:30~23:45）桂林飞上海浦东，此团系重点客户，请务必保证服务质量。谢谢合作！祝

贵公司昌盛！

武汉××旅行社
业务部×××
2018.5.15

附4：上海××旅游公司：

我社组织的SSS-C-20180614一行10人（外宾）将于2018.6.29乘MU9350航班（21:30-23:45）桂林飞上海，于29日23:45抵达上海浦东国际机场，请帮忙安排大巴进行接送机，谢谢！

6月29日：接23:45的航班，入住上海。

6月30日：自由活动。

7月1日：自由活动。

7月2日:19:30送机。谢谢合作！祝
贵公司昌盛！

武汉××旅行社
业务部×××
2018.5.15

(四)书面确认

团队预报发出后,接团社应在最短的时间给予书面回答,主要的是要对预报的内容逐一加以确认,该团是一外宾团,预报较早(大约在2018年的大年三十就开始预报了),情况的变化肯定会有,因此就需要不断发邮件进行更改。

附3:确认件

武汉××旅行社业务部×××经理:

贵社发来SSS-C-20180627一行10人预报悉,已按计划预订要求的四星级酒店。但是该社的行程的第二天,即6月28日的行程太多,一天游览不了大漓江、阳朔和龙脊梯田等三个景点,需要增加半天时间。谢谢关照!

桂林××旅游公司
计调部×××
2018.5.18

(五)旅程变更

如果旅游行程或旅游人数有变化,应及时告知地接社,并要求对方进行确认。

重要更改

桂林××旅行社国内部×××经理:

您好。我社组织的SSS-C-20180627一行10人原报行程,因时间关系,龙脊梯田就不去了,因此,行程变更为如下:

6月27日第一天 接下午的航班,入住桂林。

6月28日第二天大漓江(接待外国人的船),阳朔,下午自由活动逛西街。

入住桂林。

6月29日第三天参观桂林理工大学,送晚上的航班MU9350(21:30-23:45)桂林飞上海浦东。

请予回复确认。

武汉××旅行社
业务部×××
2018.5.20

(六)计划的发出

(1)团队预报计划以后,经过双方多次更改确认后,在基本内容,如人数、日程无大变化的情况下,应该在团队到达第1站前1周内,将正式计划传真至接待社。正式计划以正式文件打印、盖公章，每地寄出两份以上。它既是接团计划，也是对方的结算收款依据，应力求正确。一般在正式计划发出以后，不应再有大的变更。发计划应附上回执，以便对方寄回，确认收到无误。

附1：计划回执

武汉××旅行社：

  贵社发来SSS-C-20180614团计划收悉。我社将按贵社计划接待此团。

  此致

敬礼！

长沙××旅游公司
2018年6月20日

附2：

武汉××旅行社：

  贵社发来SSS-C-20180614团计划收悉。我社将按贵社计划接待此团。

  此致

敬礼！

昆明××旅游公司
2018年6月20日

附3：

武汉××旅行社：

  贵社发来SSS-C-20180614团计划收悉。我社将按贵社计划接待此团。

  此致

敬礼！

桂林××旅游公司
2018年6月20日

附4：

武汉××旅行社：

  贵社发来SSS-C-20180614团计划收悉。我社将按贵社计划接待此团。

  此致

敬礼！

上海××旅游公司
2018年6月20日

（2）正式计划也应发至本社有关各部，如接待、财务、档案等部门。书面计划书写形式如下：

长沙××旅行社国际部、昆明××旅行社国际部、桂林××旅行社国际部、上海××旅行社国际部及本社接待、财务各部：

  现将我社组织的SSS-C-20180614外宾团一行10人计划发给贵社，请贵社接计划后按约以外宾标准团接待。机票由我社预订，按计划内容安排游览，并做好上、下站联络。如有更改请即通知我社和下站接团社。团款已按约预汇80%,差额部分等待团队结束后再予以结清。此团系重点团,请各社予以关照。谢谢! 祝

合作成功!

武汉××旅行社
2018.6.21

(3)具体行程

①日程:

时间	行程	餐饮	住宿
6.14	乘火车从深圳前往长沙	无	长沙
6.15	参观湖南商学院、三一工厂(全程需巴士和向导)	无	长沙
6.16	从长沙到武汉,G1108次(长沙南12:00~13:27武汉),参观神农汽车城	无	武汉
6.17	武汉交流	无	武汉
6.18	武汉交流	无	武汉
6.19	武汉交流	无	武汉
6.20	武汉交流	无	武汉
6.21	武汉交流	无	武汉
6.22	下午从武汉前往潜江(需巴士和酒店)	无	潜江
6.23	下午从潜江回武汉,直奔机场(需巴士)晚上8L9824;21:35飞往丽江。(需巴士接机、云南整个行程需巴士,定酒店,需导游陪同)		丽江
6.24	丽江乘BUS赴香格里拉:早餐后,前往香格里拉,沿途观看雪山对峙、河谷深切的茶马古道"迷恋风光",游览气势磅礴的世界峡谷之最——虎跳峡(游览时间约2小时) 抵达香格里拉后游览独克宗古城(约30分钟),晚上可自费参加藏民家访(含藏族风味小吃、青稞酒、酥油茶、歌舞表演)	早中晚	香格里拉
6.25	香格里拉:早餐后,游览普达措国家森林公园,"普达措"为梵文音译,意为"舟湖",是"碧塔海"的藏语原名。普达措国家公园是一个无任何污染的童话世界,湖清清、天湛蓝、林涛载水声、鸟语伴花香,一年四季景色各不相同。游览碧塔海,漫游花海草甸,走进森林成毯的净土,赏雪域高原上的美丽湖泊;观赏茂密原始森林、高原湖泊属都湖	早中晚	香格里拉
6.26	早餐后,香格里拉飞昆明:8L9917(10:35~11:35);下午游览世博园	早中晚	昆明

续表

时间	行程	餐饮	住宿
6.27	早餐后乘坐旅游车前往石林,游览喀斯特地貌"天下第一"——石林(180分钟)阿诗玛化身石,优美的"凤凰梳翅"、险峻的"千钧一发"等奇石美景,让您感叹大自然的鬼斧神工和神奇造化!昆明飞桂林下午16:20(最晚)	早中晚	桂林
6.28	大漓江(接待外国人的船),下午自由活动逛西街,后乘车返回桂林	早中晚	桂林
6.29	桂林理工大学,晚飞往上海浦东(需巴士接机到东华大学.不需要向导和酒店	早中晚	上海
6.30	访问东华大学		上海
7.1	自由活动		上海
7.2	晚19:30送机		

②注意事项:
- 请长沙××一定安排好接待;
- 请昆明××国际部安排好各站点的衔接工作;
- 请桂林××一定安排好接待;
- 各地请一律派33座的空调车观光和接送,因为外团行李较多。

③联系人:

长沙××旅游公司联系人×××、×××

电话:0731-××××××××
传真:0731-××××××××

昆明××旅行社联系人×××

电话:0851-××××××××
传真:0851-××××××××

武汉××旅行社联系人×××

电话:027-××××××××
传真:027-××××××××

上海联系人×××

电话:021-××××××××
传真:021-××××××××

(4)附一份打印的正式名单,名单要写明姓名、性别、护照号码。这样的一份计划就比较明白清楚,便于接团作业。

（七）再确认

团队出发前 24 小时以内，OP 人员还应对计划进行一次最后的再确认，以防接团社疏忽和遗漏，发现问题可及时补救。特别要强调，OP 人员千万不能因怕麻烦而不确认。

有时在团队出发前还会发生特殊情况，如游客家中发生重大事情而不能外出旅游。因此，要发紧急通知。

最后不要忘记，当旅游团队安全回国后，OP 人员还应做好质量反馈工作。

（八）全陪工作

全陪的责任十分重大，一个旅游团外出旅游成功与否，最后要看全陪的工作。全陪从领取任务、熟悉计划开始，实际上就参与了工作。计划内外发生的一切事情，都要靠全陪的作业来完成。全陪除全心全意为游客着想做好服务工作外，还应关心行李工作，同时还要处理突发事件，可谓责任重大。因此，一个好的全陪应该熟悉业务，有职业道德，机智、沉着，既要站在游客立场维护旅游者的利益，又要和当地地陪人员直至饭店服务人员搞好关系。一个好的全陪，出团十几天除了打一个电话报平安外，就不会再来请示什么。但有的则不然，大小事情都处理不了、怕负责任，甚至游客加一道菜，也要电话请示一下。

当然，旅行社接待部门也应给予全程导游适当的权限，诸如加菜、买饮料、交际费等，同时也要注意提高全陪人员的素质。全陪派好了，整个发团流程工作也就顺当了。

（九）账单审核

团队结束，各地接待社（除个别现付外）均会很快传来团队收款账单。组团作业人员应根据计划认真审核，实事求是，纠正差错，并请财务按协议准时付款。

（十）出境团的其他注意事项

中国公民自费出国旅游的作业流程，与国内旅游团输送的作业流程差不多，但出国旅游作业由于语言上的问题，所以应特别细致，而且要防止受骗上当。因此以下问题必须引起重视：

(1) 要签订有法可依的合同契约，一切按合约办。

(2) 要辨别签证的真伪，防止受骗上当。

(3) 旅游者应得的待遇，特别是用餐、住房标准、购物次数等，要有协议或书面确认。

(4) 付款事宜要采取多种方式。如分为预付部分、现付部分，旅游者平安回国后结算付清等。

(5) 重视旅游者的人身安全，一定要入保险。

(6) 一切业务交往均以书面为准。

(7)团队出发前,通过"说明会"等方式,教育团员遵守国外的法律,以及团员守则等。

(8)游客回国,OP人员要主动做好访问等善后工作。

四、组团计调流程图

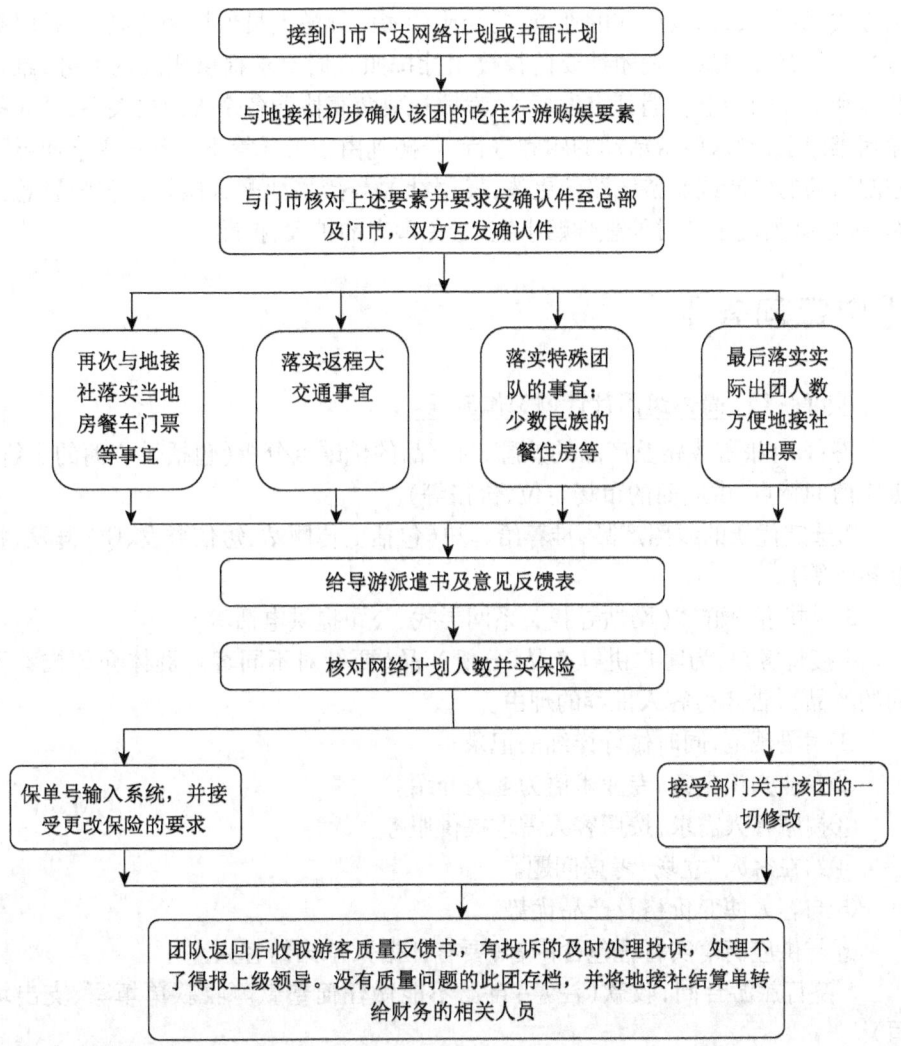

附:其他辅助工作:1.根据广告人员提供的广告主题每周五下午5点前提供下周所需广告之线路产品及行程价格或特价线路。

2.配合相关财务人员一起与地接社或门市对账提供素材。

3.每月10号前将个人操作的所有线路的档案,整理好,并提交公司存档。

五、发团过程中的监督控制

发团社的发团管理,从与旅游团队签订旅游合同生效时开始,贯穿旅游团队旅游活动的始终,尤其是在发团以后,这种管理尤为重要。发团社要掌握旅游团队在整个旅游线路中所涉及的接待单位(饭店、餐厅、车队、船队、景点等)的联系方式、负责人,以及所在的地点,要与旅游团队导游人员保持密切联系,及时获得团队的有关信息。发团社要监督接团社按照合同要求提供相应的服务,维持游客和本社的利益。遇到突发事件,发团社要负责协调各个方面的关系,及时排除困难因素,确保旅游活动的顺利进行;若碰到由于天气等不可预见因素而导致旅游活动的中断或旅游线路的更改,发团社要与接团社配合做好游客的思想工作,并按有关规定及时处理理赔事宜,避免事态的扩大、扩散。

[实操问答]

[问答1] 简述组团社计调工作流程。

答:1.对旅游线路及产品的熟悉,对产品的优缺点分析(包括供应商的了解、供应商的特点、供应商的市场定位、价格等)。

2.选定优质的线路产品,推荐给客户(包括上传网站、短信群发、QQ群发、相互转告等)。

3.寻找客户群体(网站寻找关系网寻找、公司提供电话等)。

4.接待客户,为客户讲解产品,分析产品(要针对不同客户群体介绍推荐不同的产品),告知为客人推荐的理由。

①用语规范,同时做好详细的记录。

②专业知识丰富,专业术语为客人介绍。

③揣摩客人需求,按照客人需求提供服务。

④站在客人"立场"考虑问题。

⑤与客人博弈价格及产品优势。

⑥与供应商落实行程包含内容(要有证据),承诺给客人。

5.签订旅游合同,收款(注意:自己不能做任何垫款。收款单填写、支出填写)。

6.与供应商做好确认,承诺给客人的一定要在确认件上体现,合同上或行程上体现的一定要在确认件内容体现。确认件具有法律效应,所有客人信息要仔细核对两遍以上,出现问题后果自负。

7.为客人购买旅游意外险。

8.与供应商索取出团通知书并及时发给客人。

9.客人行程结束后要做好回访工作。

[问答2] 如何进行团款结算?

答:组团社的团款结算主要有两方面:一是对游客的团款结算,二是对地接社的团款结算。对游客,主要是根据双方协商后采取预付团款的形式,先支付部分团款,余款一般采取团队活动顺利结束后一次性付清。因此,绝大多数时候组团社都需要先垫付部分团款,否则当游客在出游前未按照合同规定付足预付款,或预付款过低时,组团社会很被动。因此,组团社一般在和游客谈判的过程中,就提前算好需要多少成本,尽可能提高预付款的金额,同时在做财务预算时考虑到可能变化的因素,以便多做些准备。

[问答3] 分项报价包括哪几个方面?

答:分项报价一般来说是组团社对地接社最基本的要求。其主要从门票、住宿、餐饮、交通和导游服务五个方面报价。另外,如果有自费景点的话,组团社也会要求地接社详细报告所有自费景点的门票和其他相关费用,每一项都要详细确认。比如,酒店要注明所处方位(是否市中心或邻近地铁等),酒店是几成新的,有没有电梯会议室等。不过现在因为网络很方便,组团社往往会从网络查找酒店资料。

[问答4] 在人数经常变动的情况下,应如何安排用车?

答:团队出发前经常会遇到人数变动的问题。人数变动,会直接导致成本的变动。团队的成本价格,一般都是按照人数核算的,特别是车费这一块,在国内旅游价格中占了很大的比例,当人数减少时,平摊到每个人头上的车费会提高,成本也会随之提高,反之则降低。旅行社一般在组团过程中一定要考虑到人数变动的因素,合理地做出成本预算。比如,有的团队计划说有25个人,那么旅行社一般会订25座以上的旅游车,同时按25人的范围核算车价。其实计调在核算车价时,最好按照每辆车多少费用核算比较好,这样无论游客是否减少,旅行社都不会在车费方面有损失;只是地接社对组团社还可以这样核价,组团社对旅游团队就比较困难,旅游团需要的是精确到每人多少车费。所以组团社常常承担车费的损失,一个团下来,就因为车费的问题,造成一个团的亏损,尤其是汽车团。因此,笔者建议组团社在核算汽车团的价格时,应该把车费进行单独核算;如果客户一定要核算单价时,可以给予"梯级车费",即按照生活缴费中天然气和电费收费一样,15~20人、20~25人、25~30人是多少车费,以此类推,这样客户比较容易能够接受。如有一汽车旅游团,车费是按照27人核算的,结果实际人数只有24人,旅行社就可以按照20~25人收取费用。

[问答5] 如何筛选地接社？

答：选择一个好的地接社，是团队成功的关键。组团社在选择地接社的时候，通常会选择熟悉的或者在当地实力非常强的社。在和地接社的沟通中，组团社往往会提出车辆、餐饮、门票、住宿等详细的要求，并会根据团队的特殊情况提出一些特殊要求。这一环节非常重要。如果组团社在这一环节有所遗漏，就会对整个团队的运作留下隐患。好的地接社在旺季会起到很大的作用，但往往他们的价格都会比一般的旅行社高一些。组团社在做团队预算的时候要特别注意这一点。

[问答6] 房间变动怎么办？

答：房间变动，是组团社最头疼的问题之一，旅游过程中住宿对质量的影响最大。好的住宿，可以消除游客的疲劳和烦躁心理。但是有的时候，因为人为或非人为的原因，住宿安排可能会有所调整。比如，事先承诺的双人标准间，在旅游旺季可能会变成三人标准间，承诺的独立卫生间可能会变成公共卫生间。这种变化，一来是由于当地地接社安排不当造成的，二来是受当地客观条件的制约。在出现房间变动的问题时，组团社要有足够的冷静和魄力，同时授予导游足够的权利去解决问题。比如，合同或传真件上确认的是双人间，就严格按照合同约定执行，三人间也要当作标准间用，差价由地接社承担。

[问答7] 如何处理导游人员的临时变动问题？

答：团队的成功与否，和导游因素息息相关。好的导游可以解决团队里的很多突发事件，往往起到事半功倍的效果。当导游临时变动时，组团社一般会根据游客的要求，在征得游客同意的情况下，更换同业务水平的导游。鉴于上述情况经常发生，组团社一般在淡季时会集中导游进行培训，互相交流带团的经验。

[问答8] 怎样解决车辆变动问题？

答：在旅游过程中，绝大部分时间是在车上度过的，因此车的好坏、车价的高低，直接影响着团队的质量。在组团操作过程中，组团社一般会和车队联系预订车辆，没有特殊原因，车队一般不会变更车辆的安排。在特殊情况下，如车辆损坏或旅游旺季时，车队可能会更改车辆。组团社要详细核对车辆的情况。如新旧程度、有无电视、空调制冷效果等。如有必要，可安排经理亲自去查看变更车辆。

[问答9] 用餐变动怎么办？

答：旅游餐，是游客非常关心的一个环节，组团社在组团过程中，应该向游客说明旅游餐的实际情况。各地的特点不同，一般来说，安排旅游餐是非常讲究技巧的。比如,在安排旅游餐时,要遵循一餐比一餐好的模式,最后一餐安排得要好,这样游客的心里才会舒服。一旦发生用餐变动的情况,要第一时间和导游联系,看能不能调整用餐地点、时间,并列出详细的菜单进行核对。

[问答 10] 靠缘分能选好地接社吗?

答:在 2003 年初,时逢非典(SARS)病毒肆虐,某旅行社有一旅游团,本来打算去湖南的桃花源旅游,后来因湖南有一例 SARS 病毒,因此改去宜昌一地。非常巧合的是,刚好那天宜昌某旅行社外联人员到武汉做外联。武汉这家旅行社觉得这是个缘分,因此,没怎么考察,就把这个团交给了宜昌这家地接社。该团出发抵达宜昌后,安排的住房不达标准,导游也不行,不会讲解,客人很有意见,硬件不行,软件也无法弥补。全陪导游请做外联的人员过来协商,可是那位外联人员就是不露面,对这样只做一锤子买卖的地接社,组团社能靠缘分吗?缘分如何,能保证团队的服务质量吗?

[问答 11] 旅行社规模的大小,真能决定接待质量吗?

答:1999 年世博园开园那一年,到昆明旅游的人数非常之多,用一昆明地陪导游的话来说,叫"人比石头多",尤其是在交通票务方面,给当时的昆明造成了很大的压力。如,某一夏令营旅游团到昆明游览常规线路"昆明—大理—丽江"。在昆明前往大理的火车票没有搞定的情况下,一个比较大的地接社接了这个团。于是该地接社安排师生们乘坐汽车卧铺去大理,老师们不同意,认为乘汽车卧铺不安全。为此,一直僵持到很晚,师生们才不得不乘坐汽车卧铺离开昆明。回到居住地后,该旅游团与组团社就协议书上乘坐火车卧铺去大理一事扯皮。最后,虽然解决了,但组团社却失去了该客户。

同样是上述线路,同样是该组团社,这次把团队交给了一家比较小的地接社。一个 20 多岁的女经理,同样的事情发生了。在团队从大理返回昆明的火车票没有全部弄到的情况下,该地接社提出了几种方案,让客人选择。一是一半坐火车,一半坐汽车;二是全部坐汽车回昆明,到昆明后增加一晚的住宿。该旅游团选择了后者,抵达昆明后,经理专门到客人下榻的宾馆等候,时间已过晚上12:00了,让客人非常感动。

同样的事情发生在不同的旅行社,其效果是完全不同的。有时候,小旅行社更加重视每个旅游团的操作与运行;而大旅行社则由于业务太多,忙不过来,无法重视每一个团队,尤其是利润不太高的团队。

[问答 12] 组团社拖欠团款该如何处理?

答:某年 5 月 13、14 日,桂林桂海旅行社接待了由南京黄河旅行社发来的两个旅游团。可直到 17 日——第二个旅游团在桂林停留的最后一天,"黄河"却未按约定支付两个团的团费,而是由"桂海"垫付了 10 余万元。"桂海"认为"黄河"恶意欠款,当日下午,该社导游请游客垫付剩余景点门票,并停止为游客支付晚餐和返程车票费用,开始"罢接"。

游客们说:"今天吃完午饭后,本来要去游芦笛岩的,可导游员却告知因故中止接待。没有办法,我们只好自己花钱看了芦笛岩。"到下午 5:00 多,由于双方旅行社仍未协调妥当,游客的晚餐和返程票也没人管了,大家就"可怜巴巴"地站在甲天下广场附近的马路边。

到了晚饭时间,一些耐不住饥饿或患有糖尿病的游客,就自己买方便面冲泡着吃,但绝大多数人以"绝食"抗议。晚 9:20,桂海旅行社终于答应垫付就餐的钱。在导游带领下,已站了 4 个多小时马路的游客,在七星公园附近一家饭店吃到了一顿真正的"晚餐";不过,原本游夜景的行程仍然取消了。

游客随即向桂林、南京两地旅游监督管理所及媒体投诉。经过桂林和南京双方旅游局紧急协调,黄河旅行社向桂海旅行社打下欠条,交到南京市旅游质监所,南京市旅游局发函给桂海旅行社,确认"黄河"未按约定付款事实,承诺从"黄河"质量保证金中划出 3 万余元给"桂海",用于购买游客返程车票。"桂海"以"先签单后付款"方式安排客人吃饭,并为游客购买了 127 张 K156 次列车的车票。这批游客于 18 日凌晨 2:50 乘车返回南京。

组团社恶意欠款,既造成了地接社的经济损失,又扰乱了旅游市场的正常秩序。据业内人士估计,桂林地接社仅国内社这几年被拖欠的团款,至少就有数百万元。每年因被欠团费,桂林地接社起诉外地组团社的案子就有 10~20 余起,而能被追回团费的才不过 50%。在本来就面临生存压力的情况下,地接社被欠款,无疑是"雪上加霜",且因团费不到位影响旅游服务质量,也不利于旅游经济的发展。

与旅行社强烈情绪相比,旅游质量监督部门考虑更多的是游客的利益,更加强调从法律的角度解决问题。虽然组团社违约在先,但根据国家旅游局的有关政策规定,哪怕对方违约,也不能扩大损失。首先要保护游客的利益。地接社不能以牺牲游客的合法权益来维护自身的权益。如,这次"桂海"事件,根据国家旅游局颁布的《旅行社质量保证金赔偿办法》,旅行社之间发生拖欠款纠纷,除非引起服务质量问题,否则不适用于保证金赔偿。也就是说,如果"桂海"垫付资金使江苏游客满意完成全部行程,未引起服务质量投诉,其与"黄河"之间的纠纷就是"经济纠纷"。"桂海"将无法获得质保金赔偿。而"桂海"停止履约,引起游客对"黄河"的投诉,虽然得到了南京旅游质监所划给的"黄河"质保金,但其停止履约行为又有可能"扩大损失"。

另外一个很重要、深层次的原因,是相关法律调节手段的缺失,要使"桂海"事件不再发生,需要企业自律,政府部门强化管理职能,不断明确、完善法律法规，只有多方面共同努力，旅行社才能消除"心头之痛"，走上良性发展的轨道。

[经典案例]

[案例1] 过"热"的旅游线

案情：某年7月，西安A旅行社与成都B旅行社共同开发一条成都—乐山—峨眉山的旅游线路。此时，正是四川的旅游旺季，各方面接待欠佳。某团到达峨眉山时，景区游人容量超限，故房间未达到原标准（按协议，客人应住二星级宾馆标准间，而到峨眉山时，只有3~4人普通间），其中有位客人坚持不入住，找全陪理论。全陪向客人解释情况，客人不答应，与全陪发生口角，客人独自坐飞机返回西安，放弃以后游程。客人回到西安后，找到西安A旅行社要求赔偿其损失。A旅行社以其擅自离团为借口拒不退款，客人投诉到西安市旅游管理部门。旅游管理部门责令西安A旅行社赔偿该客人全部旅行费，包括客人返回的机票费。

点评：（1）本例中全陪应尽自己所能解决此问题，应有良好的态度，根据规定向客人提供补偿。同时西安A旅行社应耐心听取客人的反馈意见，并给予补偿，改进线路。

（2）A旅行社应做好售前实地考察，了解旺季实际情况，售中和售后应了解旅游过程，了解客人和导游的反馈，补充和完善旅游线路。有关旅游部门应做好旺季普查，整顿景区接待混乱等现象。景区饭店应及时处理好客流量与房间数，景区应该适当控制客流量，避免超限所产生的一系列不良后果。景区、饭店、旅行社都应以优质的服务弥补操作过程中的失误。

（3）在市场经济条件下，每个旅行社都必须研究客源市场的动向，发现在市场上有哪些旅游需求尚未得到充分满足。同时要研究本国、本地和本企业的条件，以决定自己应该开发和经营哪一种产品。旅行社要通过对主客观条件的分析，为自己规定一个市场范围和经营目标，确定经营哪一种或哪几种产品，去满足哪部分消费者的需要；并根据市场调研、市场细分、市场定位，逐步形成在经营范围和产品品种方面各有侧重，彼此之间既有竞争，又有一定程度上的相互分工与配合的局面，争取在旅游产品多样化和旅行社经营专业化方面有所突破。

[案例2] 游客要求赔偿三倍团款的要求是否合理？

案情：游客参加旅行社组织的旅游团，由于地接社和组团社之间为了团款支付发生纠纷，在双方交涉过程中，游客在酒店等待前往景区旅游，并不断催促导游赶快出发，导游以等待地接社指令为由继续等待。经过近三个小时的交涉，地接社和组团社再次达成协议,导游带领全团游客旅游。事后,游客以旅行社甩团为由,要求旅行社按照《旅游法》的规定,赔偿总团款三倍的违约责任。旅行社否认甩团,也拒绝按照游客的要求承担赔偿责任。

解读:(1)《合同法》第一百零七条规定,当事人一方不履行合同义务或者履行合同义务不符合约定的,应当承担继续履行、采取补救措施或者赔偿损失等违约责任。

(2)《旅游法》第七十条规定,旅行社具备履行条件,经旅游者要求仍拒绝履行合同,造成旅游者人身损害、滞留等严重后果的,旅游者还可以要求旅行社支付旅游费用一倍以上三倍以下的赔偿金。

分析:(1)旅行社违约。旅行社服务违约当属无议。因为按照合同约定,旅行社应当为游客提供服务,包括按时出团前往景点旅游。只要旅行社没有按照约定为游客提供服务,除非发生了不可抗力或者经过双方协商,否则旅行社就应当为此承担违约责任。对照上述案例不难发现,在整个行程中,旅行社本来是可以按照约定时间出团的,但由于地接社和组团社之间为了团款的支付发生了纠纷,地接社暂停了对游客的服务,损害了游客的出游权利,旅行社应当为此承担违约责任。

(2)旅行社不仅违约且甩团。在实务中,旅行社的许多违约行为,比如没有按照约定为游客提供住宿、餐饮服务,并不一定是旅行社有意为之,或者说旅行社不一定具备主观故意。但在上述案例中,旅行社的主观故意十分明显。因为地接社具备接待服务能力,游客也是多次催促,但地接社就是不提供服务,以游客为要挟迫使组团社就范。只要组团社不付款,就不为游客服务。直到组团社答应付款,地接社才为游客提供服务。地接社这样的行为,就是我们业内所谓的甩团。

(3)旅行社之间付款纠纷不能牺牲游客的权益。地接社按照约定要求组团社付款,本是天经地义,组团社按时付款,也是诚信经营的基本要求。组团社和地接社的合作中,不时会因为团款的支付发生纠纷,本属于商业活动中的常态,但旅行社必须明白,围绕团款支付而殃及游客的行为,对于组团社和地接社都是有百害而无一利。

对于组团社而言,游客在旅游目的地所遭受的权益受损,包括违约和侵权,组团社是责任承担的第一人,案例中出现的甩团行为,给游客造成的权益损失,必须由组团社承担,组团社承担之后,可以向地接社索赔。由于团款不能按照约定支付造成的纠纷,始作俑者是组团社。组团社不按时支付团款的行为,真的是搬起石头砸自己的脚,是组团社经营不诚信的直接后果。

对地接社而言,导游拒绝为游客提供服务,等同于拒绝履行合同,会受到旅游主管部门的行政处罚。地接社拒绝提供服务,和组团社不按约支付旅游团款,是两个不同的法律关系,两者之间也没有因果关系,地接社的损失也不亚于组团社。

(4)游客要求赔偿三倍团款的要求是否合理?

首先,游客要求组团社承担地接社违约行为的责任合情合理。地接社的违约行为,应当由组团社先行赔偿,然后追究地接社的责任。其次,游客要求组团社赔偿三倍团款的要求不合理。因为按照上述法律的规定,组团社要赔偿三倍团款的条件是:第一,旅行社具备提供服务的条件;第二,经过游客要求仍然拒绝提供服务;第三,造成较为严重的后果,比如由于甩团造成游客人身伤害、滞留。只有这三个条件同时具备,缺一不可,游客才可以得到一至三倍团款的赔偿。对照上述案例可以看出,前两个条件符合,但没有造成严重后果,即不符合第三个条件。因此,游客提出三倍团款的赔偿不符合法律规定。

再次,旅行社硬蛋如何赔偿。如果旅游合同中有关于拒绝履行的约定,则旅行社应当按照约定赔偿,支付违约金。如果没有事先约定,则应该按照游客的实际损失来赔偿。当然,损失的举证责任在游客,在实务中,游客是无法举证损失有多少,法律也没有明确和细致的规定,最后只有通过双方的协商加以解决。

[案例3] 在组团社与接团社之间

案情: 例1 陕西A旅行社在某年8月中旬,向成都B旅行社发了一个22人的团队,旅游线路由成都B旅行社在合同中明确规定为,成都市区景点(包括杜甫草堂、武侯祠)、都江堰、青城山,加上路上时间共4天,住三星级标准间,空调车接送,包餐。但在后来的旅游活动中,住宿及交通工具皆未按合同规定安排,游客极为不满。在游程中领队几次打电话与A旅行社联系。A旅行社同成都B旅行社交涉未果。后来,A旅行社扣除其20%的金额,并相应给游客一定的赔偿,总经理亲自出面道歉,使游客在精神和物质方面都获得一定的补偿,维护了旅行社的形象。

例2 某年10月3~8日,由陕西G旅行社组团的22人前往四川九寨沟、黄龙六日游。四川J旅行社做地接工作,但当该团于10月4日早7:05到达成都火车站时,J旅行社无人接团。全陪打电话给地接社,15分钟后,来了两位工作人员,但没有车,于是决定打的送客人先去饭店吃早餐,费用由地接社承担。由于人多,下车后,两位工作人员挨个付车费,忙乱中,忽略了走在前面的车,导致司机与客人发生争吵,全陪出面调解,并付了车费,但司机仍出言不逊。为此,客人十分生气,气氛紧张,工作人员再次上前调解。至于漏接原因,地接社称组团社传真有误,而组团社则认为地接社对传真理解有误。

点评:(1)组团社与接团社之间的权利与义务由合同规定。这个合同保证了基本接待质量和接团社的收益权。作为组团社,在将旅游产品销售出去的同时,也对游客有了种种承诺,而其中的许多承诺是靠接团社来兑现的,且这种兑现,是靠双方的合同来保证的。在例1中,因为合同规定了景点、住宿的等级和汽车的类型,由此构成了保证质量的基本标准。在例2中,因为具有合同意义的传真有了问题,争执也就无法避免了。

(2)组团社与接团社之间也有一个特殊的营销关系和质量监督机制。在这个质量监督机制中,游客的反映是一方面,领队(全陪)的全程监督是另一方面。在例1中,领队对接待质量和游客反映了如指掌,"几次打电话"与旅行社联系,并为事后弥补进行赔偿提供了依据和尺度。

(3)接团社应特别注重履行协议,并特别注意接待质量。作为旅行社,与全国各地(尤其是旅游热点城市和旅游中心城市)的旅行社建立接待质量就是最好的广告。应该制定严格的接待服务质量标准,保持合理的利润水平并信守承诺。否则,接一个团断一个业务联系,最终会砸了自己的饭碗。

(4)组团社应慎重选择接团社。因为接团社的接待失败同时也是砸组团社的饭碗。作为组团社,应在长期的业务往来中逐渐了解各地旅行社的管理水平、接待能力和人员素质情况,为自己寻找好的合作伙伴。如果出现本例中的情况,若属个别工作人员的偶发事件,可采用实例中的办法扣除部分款项给游客以一定的赔偿,并进行诚恳的道歉;若属管理不善或习惯性问题,当然应该更换新的接团社。

(5)组团社与接团社之间的文件往来应规范、无歧义。显然,往来文件具有合同的意义,如有不严密之处则会很麻烦。例2中,接团社称"组团社传真有误",组团社则认为接团社"对传真理解有误",出问题就不奇怪了。如果用词严谨一点,多一次确认,多一次询问,会不会好一些呢?

[案例4] 遗漏景点、降低服务标准,赔偿如何计算

案情:黄某等20名游客报名参加了某国际旅行社组织的北京—宜昌—三峡—成都旅游团,双方签订了"国内旅游组团标准合同"。在旅游过程中,因组团社与地接社之间发生团款纠纷,耽误了旅游行程,造成重庆红岩村等景点的游览项目被迫取消。

旅游结束后,黄某等游客向旅游质量监督管理部门投诉,称组团社与地接社的纠纷,殃及无辜的游客,旅行社应当承担违约责任,赔偿全部旅游费。

被投诉旅行社辩称,此次旅游景点的遗漏,完全是地接社的原因造成的,组团社并没有过错,不应该承担责任。但是,考虑到游客的实际利益,同意先退赔遗漏景点门票费每人32元。如游客还有其他赔偿要求,应向有过错的地接社提出。

点评:《旅行社质量保证金赔偿试行标准》规定,"导游擅自改变活动日程,

减少或变更参观项目,旅行社应退赔景点门票、导游服务费并赔偿同额违约金","旅行社安排的旅游活动及服务档次与协议合同不符,造成旅游者经济损失,应退还旅游者合同金额与实际花费的差额,并赔偿同额违约金","导游未按照国家或旅游行业对客人服务标准的要求提供导游服务的,旅行社应赔偿旅游者所付导游费用的两倍"。

本案例中,旅行社只退赔遗漏景点门票款,显然是大大低于规定的数额,应该按法定要求进行核算,使游客的损失得到合理合法的赔偿。但是,游客要求赔偿全部旅游费用的请求缺乏依据。要求赔偿全部旅游费,必须以对方"根本性违约"为前提。根本性违约,是指导致合同履行不必要或不可能,即订立合同所期望的经济利益不能实现,或者说主要合同意图不能实现。本案例中,旅行社按合同约定履行了绝大部分义务,游客也享受了旅行社提供的各项服务。个别景点遗漏、部分服务质量降低,不应赔偿全部旅游费用。

再则,如游客还有其他赔偿要求,也不应该向有过错的地接社提出。因为游客是与北京组团社签订的合同,即使游客有什么其他赔偿要求,也应该是通过组团社找地接社负责,而不应直接找地接社赔偿。

[案例5] 住宿的变更,旅行社有过错吗?

案情:某年5月的一天,小陈夫妇参加了A市甲旅行社组织的海南五日游。但海南的地方接待社乙旅行社并未按旅游计划表执行,在游览点上,本该去的南湾猴岛、鹿回头、五公祠、海瑞墓等都被省去;原计划安排住宿在三亚市宾馆,却住在了离市区有七八公里的乡下一个设施很一般的旅游度假村;更使小陈夫妇等难以容忍的是,有两个晚餐,地方接待社要他们自己解决。行程结束回到A市后,小陈夫妇遂向旅游质检所提出了投诉。

点评:旅游质检所接到投诉后,经查内容属实,于是做出如下裁决:责令A市甲旅行社赔偿小陈夫妇等游客的经济损失。依照《旅行社质量保证金赔偿试行标准》第六条、第七条、第八条:"旅行社安排的旅游活动及服务档次与协议合同不符,造成旅游者经济损失,应退还旅游者合同金额与实际花费的差额,并赔偿同额违约金。导游员未按照国家或旅游行业对客人服务标准的要求提供导游服务的,旅行社应赔偿旅游者所付导游服务费用的两倍。导游员擅自改变活动日程,减少或变更参观项目,旅行社应退还景点门票、导游服务费并赔偿同额违约金。"试行标准第十五条又指出:"在旅游过程中发生质量问题,组团社应先行赔偿旅游者的损失。"依照上述规定,结合本案例的具体情况,A市甲旅行社作为组团社,对整个旅游行程缺乏有力的监督,从而造成了景点漏游、住宿不合要求、晚餐被克扣等,严重损害游客利益。因此,A市甲旅行社必须对游客负责,先行负赔偿责任。

[案例6] 游客得知旅行社非法经营后

案情：某年4月的一天，J省某国际旅行社国内部组织了一批游客赴中缅边境旅游。在中缅边境中方一侧旅游时，部分游客看到一对面的缅甸百姓正在过泼水节，心里痒痒，向导游员提议参加泼水节。导游员在向每位游客收取了50元人民币后，便做出了相应的安排。泼水活动结束后，在返回的路上，却遇山体坍塌，道路受阻，使全体游客被困长达10个小时。回到J省，部分游客得知该国际旅行社尚未得到国家旅游局批准经营边境旅游业务的许可资格后，即向当地旅游局质检所提出投诉，声称：该国际旅行社不具备做边境旅游业务的条件，却答应组织他们去边境旅游，属于欺骗行为；在中缅边境收费50元，属于乱收费现象；要求退还全部旅游费用，并加倍赔偿由此造成的经济损失。

点评：旅游质检所收到投诉，听取双方申辩后，做出了这样的裁决：

（1）该国际旅行社违规经营。根据《旅行社管理条例实施细则》第五条第八款规定："未经国家旅游局批准，任何旅行社不得经营中华人民共和国居民出境旅游业务和边境旅游业务。"而本案例中的某国际旅行社未经国家旅游局批准，擅自组织中缅边境旅游，经营边境旅游业务，属于超范围经营，应该受到处罚。依照《旅行社管理条例》，该国际旅行社将受到责令限期改正，没收违法所得的行政处罚；如逾期不改，则旅游行政管理部门将给予停业整顿、罚款直至吊销《旅行社业务经营许可证》的处罚。

（2）对游客的投诉请求不予满足。《旅行社管理条例》第二十三条规定："旅行社对旅游者提供旅行服务项目，需加收费用的，应当事先征得旅游者的同意。"根据本案例中的具体情况，参加泼水节是游客主动提出来的，交50元人民币也是游客自愿的，不属于乱收费现象。至于返途中，遇到山体坍塌被堵10小时，这是不可抗拒因素，不是旅行社的过错。《旅行社质量保证金赔偿试行标准》第五条规定："由于不可抗拒力因素或旅游者本身原因造成旅游者经济损失的，旅行社不承担赔偿责任。"所以旅行社无须承担赔偿责任。

[案例7] 协议书为何无效

案情：某年4月的一天，H市游客张先生等25人参加了A旅行社组织的北京一地七日游。在出发前，张先生等和旅行社签订了一份旅游协议书，主要条款为：

（1）旅游费用共1300元/人；
（2）游客往返乘火车卧铺，抵达后把旅游者接到住宿饭店；
（3）在京游览的4天期间，配备专用旅游车；
（4）游览点为长城、天安门、故宫、世界公园等11处。

这天,旅游团准时抵达北京,但并未有旅游车来迎接,无奈,张先生等一行在全陪小陈带领下,乘地铁后步行到住宿饭店。第二天,又因旅行社安排不周,导致游客候车长达5个小时,并被迫取消原定的游览世界公园的项目。为此,张先生等游客十分不满,遂向全陪小陈交涉并达成退款协议书:返回后旅行社退给每人人民币300元。然而,行程结束返回H市,当张先生等游客持书面协议向旅行社要求退款时,却被旅行社负责人以协议无效为由拒绝。于是,张先生等向H市旅游局投诉。

点评:旅游局质检所经过调查后,证实了张先生等游客的投诉,A旅行社侵犯张先生等游客的正当权益的情况属实。根据《中华人民共和国消费者权益保护法》第十六条第二款规定:"经营者向消费者提供商品或者服务,如果和消费者有约定的,应当按照约定履行义务。"又根据该法第十一条规定:"消费者因购买、使用商品或者接受服务受到人身、财产损失的,享有依法获得赔偿的权益。"《旅行社管理条例》第二十四条也规定:"旅行社因自身过错未达到合同约定的服务质量标准的,给旅游者造成损失,旅游者有权向旅游行政管理部门投诉。"在本案中,A旅行社多次违约,损害了张先生等游客的利益,依据上述法律、法规的有关规定,理应进行赔偿。

A旅行社该如何赔偿游客的损失呢?《旅行社质量保证金赔偿试行标准》第六条规定:"旅行社安排的旅游活动及服务档次与协议合同不符,造成旅游者经济损失,应退还旅游合同金额与实际花费的差额,并赔偿同额违约金。"依据上述规定:A旅行社应退还给张先生等游客在京期间专车接送的费用和未游景点的费用,并赔偿同额违约金。对安排不周,让游客候车5个小时之久的事故,则应向张先生等做赔礼道歉。

[案例8] 旅行社违规经营出境旅游业务

案情:某年初,W市一家未经国家旅游局批准经营出境旅游业务的××国际旅行社与境外一家旅行社在我国的常驻机构签订了协议,商定双方共同开拓中国公民出境旅游业务,W市××国际旅行社负责承担招徕旅游者,境外旅行社在我国的常驻机构负责办理出入境手续和境外接待。协议签订后,该国际旅行社先后招徕5批共计100多人赴境外旅游。同年5月,××国际旅行社又组织了28人的旅游团交该常驻机构办理出境游的有关手续,但该常驻机构因故未能办妥,造成该国际旅行社形象和经济上的损失(赔偿游客的损失费用)。为此,××国际旅行社要求境外旅行社在我国的常驻机构承担部分经济损失,却遭该常驻机构拒绝。于是,双方发生纠纷,××国际旅行社把这一纠纷投诉到了旅游局质检所。

点评:旅游局质检所收到投诉后,经过调查核实,做出了以下处理:首先,没收了××国际旅行社经营出境旅游业务的非法所得,因为该国际旅行社违反了国家有关法律和规定。国务院颁布的《旅行社管理条例》和国家旅游局颁布的《旅行社管理条例实施细则》明确规定:"旅行社按照经营业务范围,分为国际旅行社和国内旅行社。国际旅行社的经营范围包括入境旅游业务、出境旅游业务、国内旅游业务。但其中经营出境旅游业务和边境旅游业务必须经国家旅游局批准,未经国家旅游局批准,任何旅行社不得经营中国境内居民出境旅游业务和边境旅游业务。"本案例中,××国际旅行社未经国家旅游局批准,擅自和外国旅行社的常驻机构签订协议,从事出境旅游业务,违反了上述规定。旅游行政管理部门应责令限期改正,没收非法所得。如果××国际旅行社逾期不改正,旅游行政管理部门将予以停业整顿直至吊销《旅行业务经营许可证》的处罚。

其次,该境外旅行社常驻机构的经营活动属于非法经营。《旅行社管理条例》第十七条明确规定:"外国旅行社常驻机构只能从事旅游咨询、联络、宣传活动,不得经营旅游业务。"本案例中该常驻机构以营利为目的,和××国际旅行社合作,办理我国公民赴境外旅游的出境手续,并负责境外接待工作,事实上已在具体经营旅游业务。这样做,违反了《旅行社管理条例》,同样应该受到处罚。依据条例第三十二条规定,该常驻机构被旅游行政管理部门处以"责令停止非法经营,没收非法所得,并课以罚款"的处罚。

[案例9] 旅行社超范围经营应受处罚

案情:H城某国际旅行社(简称甲社),是一家经营入境旅游业务的大社。旅游旺季时节,甲国际旅行社因为导游员不够,与本城的某国内旅行社(简称乙社)草签一份协议,协议以双方互利为原则,约定由乙社以甲社名义负责接待一些境外旅游团。由于乙社原先从事的是国内旅游业务,因此,导游员在接待过程中频频出错,服务质量较差,招致了游客的投诉。对此,甲社认为乙社不但使自己的经济蒙受损失,而且损害了旅行社的形象,遂做出解除协议、终止合作的决定。乙社在收到终止合作的通知后,认为甲社违背了合同的有关规定,打乱了他们业务经营的连贯性,给他们造成了经济损失,遂向旅游行政管理部门投诉,要求甲社承担由此造成的一部分经济损失。

点评:旅游行政管理部门在接到投诉后,经调查核实,首先,认为甲、乙两旅行社所签订的合同是无效合同。根据《旅行社管理条例》第五条第三款规定:"国内旅行社的经营范围只限于国内旅游业务。"依此条例,乙旅行社作为一家国内旅行社,显然无权从事入境旅游业务。《中华人民共和国经济合同法》又规定:违反法律和行政法规所签订的合同为无效经济合同。对无效经济合同的处理,根据《经济合同法》规定:如果双方都有过错,各自承担相应的责任。本案例中甲、乙旅行社双方均有过错,所以,应该各自承担相应的责任。

其次,旅游行政管理部门裁定:对于游客对乙社的投诉,甲社应该承担责任。案例中的投诉虽然是由于乙社的服务没有达到标准而引起的,但甲旅行社是实际上的接待社,乙社只是以甲社的名义负责接待的,所以,必须由甲社承担有关责任。

[案例10] 目的地旅行社派驻客源地促销人员合理地位的思考

案情: 某年初,南方某城市旅游局下发文件,宣布成立该市的统合旅行社有限公司(化名),规定由该公司独家承担本市国内旅游同业批发业务(该公司属私营企业)。其初衷是将所有来自目的地的省外旅行社派驻该市的促销人员全部网罗进这家公司,以挂靠承包的方式开展各自的专线批发业务。统合公司要求每个承包部门缴纳保证金30 000元,并且每年上交6000元管理费。为加大执行力度,市旅游局还专门成立"市旅游市场综合治理办公室",与统合公司同址办公。凡不进入统合公司的外地旅行社促销人员,或与尚未进入统合公司的外地旅行社进行业务来往的本地旅行社都要受到处罚。

该市旅游局出台此政策有着自己所理解的法律依据:《旅行社管理条例实施细则》第二十九条"旅行社不得设立办事处、代表处、联络处等办事机构";第三十六条"(六)旅行社不得委托非旅行社单位或个人代理或变相代理旅游业务"。旅游局认为目的地旅行社派驻客源地的促销人员是"非旅行社单位"的个人,其办公场所属于"办事处"或"联络处"等违法机构,因而通过成立统合公司这一公司形式网罗进外地促销人员,不仅可以规避法律上的障碍,而且可以在市场上产生一家营业额和业务流程都巨大的超级旅行社,创造"全国第一"。

事实上,这一做法不仅不受目的地旅行社的欢迎,也遭到了本地旅行社的抵制。原因要从目的地派驻客源地促销人员的形成背景说起。

背景: 1996年《旅行社管理条例》制定之时,我国国内旅游市场发展规模较小,当时旅行社接待国内团体通常习惯于组团社直接与地接社联系,而且当时国内游以团队游为主,组团社操作相对简单。从20世纪90年代后期起至21世纪初近十来年的时间里,国内旅游蓬勃发展,游客出行散客化趋势越来越明显,客源地组团社遇到了游客三三两两报名、出发日期不一,而由于人数太少,旅行社无法订到团体机票,无法享受团体房价、餐费等,从而不能按通常的团体价格安排游客出行的难题。面对新问题,有的目的地旅行社敏锐地捕捉到了商机,派出专门人员长驻客源地,先与航空公司谈妥定期出发的团队价格,再向各组团社发布接待散客的计划信息,把由不同组团社招徕的散客集中为一个团队统一出发。这种新的业务模式一经出现,便受到了组团社、航空公司的广泛欢迎,同时解决了以前散客出游费用高、出行难的局面,又为派出的地接社增加了客源,产生了多赢的结果。这种业务模式开始在全国广为流传,并逐渐成为国内旅游市场的一种主要交易模式。

政府态度：对于目的地派驻促销人员前往客源地，政府旅游部门持不同的态度。就目的地政府旅游部门来说，由于这种模式增加了目的地接待人数，他们是鼓励本地旅行社多派人员前往客源地进行促销和服务的。但客源地政府的旅游部门，态度却不一，大致有以下三种：

第一种，是持"容忍"态度。对于目的地旅行社派驻客源地的促销人员不打击，甚至表示欢迎，鼓励目的地旅行社与本地旅行社合作（如深圳）。这种情况在全国占大多数。第二种，持"监督"态度。有的地方尝试建设一个统一的批发中心，要求所有的外地旅行社派出人员进场交易（如北京、广州、大连都有类似试验）。但由于此举加大了促销人员开支，多数并不成功。第三种，正如文章开头所描述某市的旅游部门态度一样，采取"严厉打击"的政策。事实上，该市旅游局的做法本身有其不合法之处：旅游局一手扶持的统合公司的"专线游承包挂靠"本身违反了《旅行社管理条例实施细则》第三十六条"（三）旅行社不得以承包挂靠或变相承包、挂靠方式非法转让经营权或部分经营权"。另外，旅游局设立这样一家具有市场垄断地位的旅行社、政府部门与私营公司同址办公等也都缺乏法律依据。

当然，目的地旅行社派驻客源地促销人员也的确存在素质良莠不齐、鱼龙混杂的情况。这些促销人员大致也可分为三类。

第一类促销人员，是目的地合法旅行社的正式员工，与派出社工作关系明确，手续齐全，业务流程规范，代表派出社做外联促销业务，正式签订合同的主体仍然是促销人员派出社与组团社。这一类促销人员占大多数。

第二类促销人员，不是目的地合法旅行社的正式员工，但他与某目的地合法旅行社签订了业务合作协议，得到合法旅行社的委托，代表该家旅行社从事宣传促销工作。这类促销人员有可能与不止一家目的地合法旅行社签订委托协议，有可能是多家。这类促销人员对组团社的业务有一定的风险，需要组团社谨慎辨别。

第三类促销人员，则是没有得到合法旅行社的委托，却打着某家目的地旅行社的旗号进行活动，有时甚至骗取团款而不兑现。这种情况在每个城市都有不同程度的发生，但不是主流，只是个别现象。

结论：由此，我们可以看到：目的地旅行社派驻客源地的促销人员的产生是国内旅游，特别是散客游蓬勃发展的自然结果，体现了市场规律；促销人员在进行外联促销的同时，还给组团社进行报价、确认行程、接送客人、送机票、上门收取剩余团款等服务，进一步优化了分工，对组团社与地接社都形成了良性的互补关系；绝大部分促销人员所从事的业务活动加强了组团社与地接社的沟通，提高了工作效率,方便了游客,也促进了整个旅行社行业,乃至旅游行业的发展。

对策: 对于这种目的地旅行社派驻客源地促销人员的业务模式中所产生的一些问题,也应该引起重视,并采取合理的对策:

第一,实现促销人员登记制。促销人员中虽然有个别不守诚信的害群之马,但并不能因噎废食,片面地一棍子全部打死。应该规范秩序,承认目的地旅行社派驻客源地促销人员的合理存在,只不过要实行登记制度,所有促销人员须持目的地合法旅行社的相关证明到客源地进行备案。

第二,修改《旅行社管理条例实施细则》甚至《旅行社管理条例》有关内容。自2005年9月起,国家旅游局就已开始着手对包括《旅行社管理条例》在内的三部旅游法规的修订进行调研,广泛征求意见。借此机会,国家旅游局可以重新考虑《旅行社管理条例实施细则》有关"旅行社不得设立办事处、代表处、联络处等办事机构"的条款,对于办事处、代表处、联络处应该予以明确的定义,并确认其合理的法律地位。事实上,从法理的原则上说,当法律并未明文禁止的行为是不受法律约束的。作为《旅行社管理条例实施细则》上位法的《旅行社管理条例》也并未明确规定旅行社不得设立办事处等机构。任何法律的制定都是基于当时的现状,当新问题出现时,会发现立法有不完善的地方,这是正常的,只要立法机构能顺应实践的发展,认真研究新问题,法律将变得更加完善并更有效地规范实践活动。

第三,国家旅游局可以先从政策层面给予目的地旅行社派驻客源地的促销人员法律认可。目前,全国大部分旅行社由促销人员联络的这部分业务都处在法律的"灰色地带",各地政府态度不一,给各地旅行社造成的影响不同。这对旅行社的竞争来说是不公平的,对旅行社行业的健康发展也是不利的。在《旅行社管理条例》短期内还无法进行再次修订并实施之前,国家旅游局从政策层面先给予目的地旅行社派驻客源地促销人员的合法地位是当务之急,也是众望所归。

点评: 从理论上说,以上的案例说明了我国旅游产业运行体系的残缺以及旅游市场主体的弱化。从旅游产业组织形式来说,从单体企业组织向链条企业组织转向,既是旅游服务企业供给内容的内在要求,也是旅游经济全球化在旅游企业组织形式的表现。旅游链条企业有两种不同的组织形式,一种是旅行社组织的企业链条化,它是通过旅行社企业的组织将组团业务和地接业务的企业内部化实现的;一种是旅游活动的企业一体化,它是通过旅游活动所需的各种服务,如食、住、行、游、购、娱等项服务的企业内部化来完成的。无论是什么形式的链条旅游企业,其重心是对旅游需求客源或者是旅游供给资源的控制,它涉及旅游企业在旅游客源地和旅游目的地的地域扩张问题,其目标是实现链条型集团化发展。链条型集团化经营是世界旅游业发展的一个重要趋势,它是以旅游活动为中心,通过一系列跨行业并购和战略联盟得到不断发展壮大的。从经济的有效性来说,链条型旅游企业集团有助于降低内部化部分的交易费用,通过追求范围效应提高旅游产业的竞争能力和资源配置的有效性。同时,资本优势、市场营销优势、风险扩散优势、成本优势是链条型旅游企业集团化经营的典型竞争优势。

  作为满足旅游者旅游活动的组织,旅行社的业务也必然存在着组团和接团两种不同的业务。在旅行社企业跨地区经营受到种种限制时,那么,旅行社无论怎样分类管理,由于旅行社所处空间不同,也必然会形成两种不同的旅行社,即组团社和接团社。因此,旅行社业务活动的矛盾也必然表现为客源地与目的地之间的矛盾。客源与资源是支撑旅游活动的两个重要经济力量,如果旅行社企业的空间发展受到地区保护的限制时,客源与资源这两个经济要素便形成了分离,客源地的旅行社掌握客源却不掌握资源,而目的地的旅行社掌握着资源却不掌握客源。由于组团社与接团社是两个不同的利益主体,在没有形成战略联盟的情况下,旅游业务往来是通过市场交易来实现的。目前,在我国旅游市场上,由于种种原因,两个不同的利益主体的市场交易关系呈现出不平等交易的情形。因此,在这种情况下,目的地旅行社进入客源地经营便成为这些旅行社生存的关键,其目的是对旅游资源与旅游客源实行控制。当然,除了目的地的旅行社进入客源地经营这种形式之外,客源地的旅行社进入目的地经营也是旅行社发展的必要要求,因此,从理论上来说,无论是前者还是后者,其经营行为都是无可厚非的。

  可以说,这种案例之所以引起业界和学术界高度的关注,在于我国《旅行社管理条例》存在着一定的缺陷,可以说,我国的《旅行社管理条例》主要针对的是国际旅游。近几年,国内旅游的高速发展,使得条例在旅行社地区经营方面起着一定的限制作用,不利于我国旅行社实现跨地区经营以及旅行社企业做大做强。中国旅游产业发展的现实要求我国的《旅行社管理条例》必须做相应的调整,以适应我国旅游企业的发展。无论如何,开放市场,鼓励旅行社企业实现跨地区经营,构建链条型旅游企业集团是我国旅游业发展的方向。从经济的有效性来说,链条型旅游企业集团有助于降低交易费用,通过追求范围效应提高旅游产业的竞争能力和资源配置的有效性。国家要通过制度设计,促使旅游批发商与旅游代理商和旅游零售商形成战略联盟,鼓励旅游企业实施跨地区经营。在我国,作为旅游经营商组织的旅行社,其分工体系是按市场分工的,旅行社按照市场的不同分为国内社和国际社。在这种分工体系下,每一个旅行社既可做批发业务,也可做代理业务,既是批发商,也是代理商或者零售商,既是组团社也是接团社,旅行社专业化分工较弱,同时,这种分工不能形成旅行社之间的有效合作,也不能反映旅行社的实力。

　　随着我国旅游市场容量的扩大,旅行社向旅游批发商、代理商和零售商演变,未来旅行社要实现按不同的市场职能进行分工,最终形成大型旅行社通过并购和重组实现专业化、小型旅行社通过代理制实现网络化的发展格局,真正形成同一市场下的专业分工经营体系。

[实践练习]

　　1.作为旅行社计调人员,您如何对本地旅游产品进行分项报价?
　　2.在计划突变的情况下,计调人员如何临时调动车辆?
　　3.作为旅行社计调人员,您认为应该如何选择地接社?

第六章 旅行社的接团管理

[培训重点]

本章主要讲述旅行社的接团管理,通过本章学习,您将了解到接团是为旅游者提供产品,为旅行社创造利润、树立声誉、争取回头客的重要途径,接团与发团共同构成了旅行社日常业务的两个基本方面,是对旅游销售强有力的支撑。旅行社接团管理是旅行社经营管理的重要工作之一,主要包括对接团过程、接团人员等方面的管理。现在,散客旅游已成为一种发展趋势,旅行社对散客的接待,也是接团管理的重要内容。同时,处理好旅行社售后服务也可以提高接团的质量。

[案例导入]

被子底下的 9000 元团款不见了

某一旅游团来自河南省,在武汉停留一晚乘船去九江庐山。该团比较大,河南组团社派了 2 名男导游,武汉地接社安排 2 名女导游,大部队开往庐山。在庐山游览期间,4 名导游利用晚上休息时间去牯岭镇看《庐山恋》电影,当天没有电影放映,因此,4 人各自回房间休息,其中一位女导游去卫生间洗澡,把团款 9000 元放到被子底下,另一位女导游到男导游房间串门,门没有锁;洗澡的女导游出来后,发现被子底下的 9000 元团款不见了。如果你是旅行社经理,应如何处理?

[专题论述]

一、旅行社接团人员的管理

旅行社接团人员的主体,是直接从事接待服务的导游人员,以及为旅游活动提供间接服务的后勤人员。

(一)导游人员的管理

导游人员,是指依照《导游人员管理条例》的规定取得导游证,接受旅行社委派,为旅游者提供向导、讲解及其他旅游服务的人员。导游人员身处第一线,是"民间大使""祖国的一面镜子"。导游服务质量的好坏与旅行社的经济效益、社会形象乃至一个地区、一个国家的旅游形象密切相关,所以对导游人员的管理工作十分重要。按照业务范围划分,导游人员可分为海外领队、全程陪同导游人员(全陪)、地方陪同导游人员(地陪)和景点景区导游人员(讲解员)。

1. 专职导游人员的管理

要使旅行社的专职导游人员具有较高的素质,适应复杂的工作,旅行社必须加强对导游人员的管理,具体措施如下:

(1)加强对导游人员的培训与考核。导游服务质量的高低,是由其本身的素质决定的,所以旅行社应加强对导游人员的培训与考核,把提高导游人员的素质放在重要地位。旅行社对导游人员的培训包括岗前培训、岗上培训、业务集训、脱产深造等方式。具体内容有敬业精神的培训、服务意识的培训、导游知识的培训、导游业务的培训及作业规范的培训,加强导游人员的政治思想教育和业务能力。

旅行社对导游人员的考核分为考试和年审两种形式。考核内容主要有全年工作量、业务能力、旅游投诉与表扬、学习与进修等情况。通过考核可以全面了解每个导游人员的品德、能力与成绩。考核后,要建立导游人员档案(如表6-1所示),作为完善管理,进行奖惩、晋级的主要依据。

表6-1　　　　　　　　　导游人员情况登记表

姓名	出生年月	性别	语种	等级	证书编号	导游工作年限	年实际工作量	培训记录	投诉及表扬	奖惩情况

(2)实行合同化管理,强化导游人员的责任感。劳动合同是劳动者与用人单位确立劳动关系、明确双方权利与义务的协议。它作为劳动关系的法律形式,具有控制人们在劳动过程中的行为、规范劳动活动、调整劳动关系的作用。因此,劳动合同一经签订,就具有法律效力。旅行社对导游人员实行合同管理,根据与其签订合同的规定,对导游人员承担的义务进行监督、检查。这是促使导游人员依法为游客提供优质导游服务的保证,是提高导游服务质量的重要措施,可促使导游人员增强责任感,自觉地为游客服务。

(3)落实导游人员等级评定制度。1996年,国家旅游局面向全国推广导游人员等级评定制度。将导游人员分为初级、中级、高级和特级四个等级。初级导游人员,是指取得导游资格证书后满一年,经技能、业绩、资历考核合格者;中级导游人员,是指获得初级导游资格证两年以上,业绩明显,考试合格者;高级导游人员,是指获得中级导游人员资格四年以上,业绩突出,水平较高,在国内外同行和旅行商中有一定的影响,考试、考核合格者;特级导游人员,是指在获得高级导游人员资格五年以上,业绩优异,有突出贡献,有高水平的科研成果,在国内外同行和旅行商中有较大影响,经考核合格者。导游人员技术评定制度,有利于我国导游服务质量的提高及导游队伍的建设,也有利于调动导游人员的积极性。旅行社应采取工资待遇、优先考虑等措施,鼓励导游人员积极参加高等级导游人员的考试、考核。

(4)强化对导游人员的检查与监督机制。由于导游人员常年在外独立工作,旅行社采取一些措施强化对导游人员的检查和监督是必要的,不仅有利于加强对导游人员的管理,而且有助于促进导游人员工作自觉性的提高。这些措施中,除了请旅游者填写国家旅游局行政主管部门制定的"海外旅游者意见表"和由导游人员填写的"陪同日志"外,一些旅行社还采取制定"导游服务质量评价表"征求意见、定期到有关接待单位听取意见或不定期地派人到现场进行检查等措施。

2.兼职导游人员的管理

旅行社产品的季节性及旅游者需求的不同,决定了不论是国际社还是国内社都需要使用一定数量的兼职导游人员。兼职导游人员虽然不属于旅行社的编制,但是旅行社临时聘用他们接待游客,其导游服务质量对旅行社的声誉也会产生影响。因此,对兼职导游人员的管理也是旅行社接团人员管理的一项重要内容。

(1)订立合同。旅行社在聘用兼职导游人员时,应对其所在单位的证明、导游资格证书、思想品德、身体状况、有无违规记录等情况进行审核、登记,以确定是否与其签订劳动合同。旅行社对兼职导游人员进行合同管理,规定彼此的权利和义务,目的是提高其服务质量、促使其依法为旅游者提供高质量的导游服务,有助于提高兼职导游人员的工作责任感,更好地为旅游者服务。

(2)建立考核制度。为了便于对兼职导游人员进行考核,旅行社应建立兼职导游人员业务档案,收录其导游天数统计、游客评价、表扬或投诉信函、事故记录等。根据这些资料,定期对兼职导游人员进行考核,以确定是否需要对他们进行培训或延期聘用。

(3)建立质量保证金制度。旅行社在与兼职导游人员签订合同时,要求兼职导游人员缴纳一定数额的质量保证金,如果遇到质量事故,经调查属兼职导游人员责任的,应按合同规定由兼职导游人员做出相应的赔偿。

(4)导游例会。兼职导游人员平时无须在旅行社定时上班,但是旅行社可以定期召开兼职导游人员例会,对兼职导游人员的接待服务质量进行点评、安排接待任务、沟通有关信息,增强兼职导游人员的组织观念,提高团队凝聚力。

(5)严格奖惩制度。旅游接待质量关系到旅行社的生存,旅行社要采取一定的措施对兼职导游人员的服务质量进行控制。对于接团质量一贯保持优良的兼职导游人员,旅行社要多为他们布置任务,甚至给予一定的奖励;对于接待服务质量低劣的兼职导游人员,一定要加以批评指正,情况恶劣的,除按规定处理外,还可终止劳动合同。

(二)计调工作人员的管理

计调工作是旅游活动顺利进行的重要保障,是接团工作的重要组成部分。旅行社计调工作的主要任务,是落实接团计划、处理变更事项等。同时,良好的计划调度,可以使一线导游人员免去后顾之忧,全身心地为旅游者服务。现在我国旅游接待设施比较完善,但是外出旅游人数比较多,旅行社也鱼龙混杂,计调工作缺一不可。

1.计调工作的范围

(1)落实接团事宜。计调人员在收到关于旅游团活动的接待计划后,必须认真研究团队的服务项目与要求。如组团社名称、联络方式,旅行团名称、代号、人数、收费标准、组成人员情况,交通、餐饮、住宿要求及有无特殊需求等。然后尽快和饭店、交通等部门或单位联系,以确保旅游团的交通、住宿、参观游览项目等要求的落实。若遇活动日程、活动项目变更,后勤人员应及时通知有关部门,处理好各种预订变更事宜。

(2)与导游人员密切配合。计调人员要掌握本部门旅游团的活动日程和与导游人员联系的方法,以便协助处理好导游人员委托的各种接待事务及旅游过程中发生的问题和事故,若有团队抵离时间和人数变更等情况,也要及时通知导游人员。

(3) 及时收集相关信息。计调人员因工作之便,常常与机场、饭店、景点、商店等单位联系,可从中及时收集有关价格变动、质量高低等信息,应及时记录整理并汇报给部门经理。

(4) 建立部门档案。计调人员要建立三种部门档案,即接待材料、游客对接待人员的反馈信息及本部门人员的考核表。其中,接待材料,主要包括导游人员手中的接待计划、各种通知、活动日程表、接待情况表等内容,要及时整理归档,以便需要时查找。信息反馈,主要指游客对接待人员的书面反馈信息、表扬或投诉信件及有关问题或事故的处理。处理记录,应包括问题或事故的发生时间、地点、原因,有关人员名单及处理经过等。考核表主要包括考勤表、接待工作时间表等。

2. 计调人员的素质要求

计调工作是接团工作的有力保障,联系广泛,工作紧张、繁杂,任何小的差错都会给旅游者的活动带来不好的影响,甚至会给旅行社带来经济损失,所以计调人员应具备良好的素质,具体包括:

(1) 良好的思想意识。计调人员应有敬业爱岗精神,熟悉外事工作的方针、政策和纪律,注意保守秘密,秉公办事,不得以权谋私。

(2) 熟悉业务,有较强的公关能力。计调人员应熟悉旅行社内部各部门的工作情况,与其他工作人员协作共事,相互配合;还要熟悉导游人员的工作程序与规范,与之密切合作;同时,还要有较强的公关能力,与交通、饭店、景点等单位建立良好的合作关系。

(3) 身心健康,独立工作能力强。计调人员应身体健康,适应旺季超负荷的工作量;头脑冷静、心理健康、工作细致,能及时处理突发情况,并勇于承担责任。

3. 计调人员的管理

对旅行社计调人员管理的主要途径有:

(1) 加强职业道德培训,提高后勤工作的质量,为游客提供及时、周到的交通、住宿等服务,以解后顾之忧。

(2) 培养计调人员的协作意识和业务能力,让计调人员能协调好与旅行社内部员工及其他单位的关系。

(3) 根据计调工作的特点,制定必要的规章制度与纪律。如相应的工作程序、奖惩制度,并认真检查与执行。

(4) 搞好内部各个环节的岗位责任制。

二、旅行社接团过程的管理

（一）旅行社接团服务的要求

1. 维护旅游者的合法权益

2013年4月25日第十二届全国人民代表大会常务委员会第二次会议通过了《中华人民共和国旅游法》，并于同年10月1日正式实施，这部旅游法对整个旅游市场影响颇深。其中在《旅游法》第五章——旅游服务合同第五十七条明文规定："旅行社组织和安排旅游活动，应当与旅游者订立合同。"第五十八条规定：包价旅游合同应当采用书面形式，包括下列内容：

（一）旅行社、旅游者的基本信息；

（二）旅游行程安排；

（三）旅游团成团的最低人数；

（四）交通、住宿、餐饮等旅游服务安排和标准；

（五）游览、娱乐等项目的具体内容和时间；

（六）自由活动时间安排；

（七）旅游费用及其交纳的期限和方式；

（八）违约责任和解决纠纷的方式；

（九）法律、法规规定和双方约定的其他事项。

订立包价旅游合同时，旅行社应当向旅游者详细说明前款第二项至第八项所载内容。

第五十九条　旅行社应当在旅游行程开始前向旅游者提供旅游行程单。旅游行程单是包价旅游合同的组成部分。

第六十条　旅行社委托其他旅行社代理销售包价旅游产品并与旅游者订立包价旅游合同的，应当在包价旅游合同中载明委托社和代理社的基本信息。

第六十二条　订立包价旅游合同时，旅行社应当向旅游者告知下列事项：

（一）旅游者不适合参加旅游活动的情形；

（二）旅游活动中的安全注意事项；

（三）旅行社依法可以减免责任的信息；

（四）旅游者应当注意的旅游目的地相关法律、法规和风俗习惯、宗教禁忌，依照中国法律不宜参加的活动等；

（五）法律、法规规定的其他应当告知的事项。

在包价旅游合同履行中，遇有前款规定事项的，旅行社也应当告知旅游者。

第六十三条　旅行社招徕旅游者组团旅游，因未达到约定人数不能出团的，组团社可以解除合同。但是，境内旅游应当至少提前七日通知旅游者，出境旅游应当至少提前三十日通知旅游者。

因未达到约定人数不能出团的,组团社经征得旅游者书面同意,可以委托其他旅行社履行合同。组团社对旅游者承担责任,受委托的旅行社对组团社承担责任。旅游者不同意的,可以解除合同。

因未达到约定的成团人数解除合同的,组团社应当向旅游者退还已收取的全部费用。

2. 接团服务标准化

标准化服务,又称规范化服务,是由国家或行业主管部门制定并发布的某项服务应达到的统一标准。要求从事该项服务的人员,必须在规定的时间内按标准进行服务。标准化服务是旅行社服务的发展趋势。如国际标准化组织的 ISO 9000 系列针对制造业与服务业所制定的质量管理及质量保证标准,已成为通往国际市场的通行证。

(1)在我国已发布实施的国家标准有:

①《内河旅游船星级的划分及评定》(GB/T 15731);

②《导游服务质量》(GB/T 15971—1995);

③《旅游服务基础术语》(GB/T 16766—1997);

④《游乐园(场)安全和服务质量》(GB/T 16767—1997);

⑤《标志用公共信息图形符号第 1 部分:通用符号》(GB/T 10001、1—2001);

⑥《标志用公共信息图形符号第 2 部分:旅游设施与服务符号》(GB/T 10001、2—2002);

⑦《旅游区(点)质量等级的划分与评定》(GB/R 17775—2003);

⑧《旅游规划通则》(GB/T 18971—2003);

⑨《旅游资源分类、核查与评价》(GB/T 18972—2003);

⑩《旅游厕所质量等级的划分与评定》(GB/T 18973—2003);

⑪《旅游饭店星级的划分与评定》(GB/T 14308—2003)。

(2)已发布实施的行业标准有:

①《旅游饭店用公共信息图形符号》(LB/R 001—1995)(已并入国标GB/T 10001、2—2002);

②《旅游汽车服务质量》(LB/R 002—1995);

③《星级饭店客房客用品质量与配备要求》(LB/T 003—1996);

④《旅行社国内旅游服务质量要求》(LB/T 004—1997);

⑤《旅行社出境旅游服务质量》(LB/T 005—2002)。

(3)即将发布的行业标准有:

①《导游 IC 卡技术规范》;

②《旅行社计算机管理系统技术规范》。
(4) 已立项的国家标准有：
①《旅游公寓(别墅)星级的划分与评定》；
②《旅行社资质等级的划分与评定》；
③《旅游餐馆设施与服务规范》；
④《旅游购物场所设施与服务规范》；
⑤《旅游娱乐场所设施与服务规范》；
⑥《旅游滑雪场设施与服务规范》；
⑦《旅游咨询中心设施与服务规范》；
⑧《游览船设施与服务规范》；
⑨《旅游电子商务技术规范》；
⑩《旅游饭店计算机管理系统技术规范》；
⑪《旅行社入境旅游服务质量》；
⑫《旅游汽车公司资质等级的划分与评定》；
⑬《旅游汽车设施与服务规范》；
⑭《国家旅游度假区》；
⑮《国家生态旅游区》；
⑯《饭店服务指南》；
⑰《旅游区(点)服务指南》。

3.接团服务程序化

旅行社接团服务程序化,是指旅行社根据接团服务的特点,对接团过程的每一环节和每道程序都作出详细规定,并以此向旅游者提供服务。

接团服务程序化是旅行社保证旅游服务质量的有效措施。不同的旅行社可参照国家的规定,并根据自身的特点,在保证游客合法利益、为游客提供标准化与程序化服务的同时,制定本单位的接团服务标准与服务程序,以适应不同旅游者的需求。

(二)接团服务的流程

接团服务涵盖以下几项内容:导游的选派、日程的落实、交通工具、住宿、餐饮和各接待社的联络,也就是对团队行、游、住、食、购、娱的具体组织过程。由于旅行社的接团服务是旅行社直接与客人接触,接团工作的好坏直接影响到旅行社的声誉,所以提高旅行社的竞争力,首先应从接团工作做起。

按照团队的活动范围,可以分为地接团、自组团等。

1.地接团的接团服务流程

地接团的接待工作,分为准备阶段、接待阶段和总结阶段。

(1)准备阶段。要做到计划周密、充分,才能使接待工作顺利进行。

①制订接待计划:
- 下达订票、订房、订车通知单,并督促按要求予以书面确认。
- 经常核对计划,如有人数、航班等变更应及时调整。
- 提前 7 天出机票,提前 7~10 天出火车票或按民航、车站要求出票,出票前请组团社予以确认。做好出票登记及领取票记录。
- 根据团队要求,安排好行程。
- 做好订餐工作,一般提前 1 天。

②选派合适的接待人员。

③具体准备工作:
- 下发任务派遣书,一般提前 3 天交给导游,特殊语种或重点团队提前派发。
- 门票单、行李单、游客意见表等表单的派发,导游借款等。

(2)接待阶段。主要是导游人员,要求严格按照计划执行,不得随意增减计划内容,如遇行程不符时,必须汇报办公室。

(3)总结阶段:
①督促导游报销团费。
②核算员审核账单。
③重要情况的汇报。

2.自组团的接团服务流程

自组团的接待工作,分为报价、操作、选择地接社、安排导游、收款等。

(1)报价。分为总报价、分项报价等形式。一定要制定合理的报价。价格过高,会影响外联销售的成果;太低,则损害游客的利益。

(2)操作。一切操作都必须规范,一切业务联系都必须是书面的。"书面",是指传真件等,避免口说无凭。

(3)选择地接社。应选择有实力、信誉好,从业人员素质高的地接社。

(4)安排导游。根据团队的具体要求选派合适的导游担任带团工作。

(5)收款。一定要做到一团一清。

(三)旅行社接团业务的管理

接团工作的开始,往往是游客真正意义上旅游的开始。此后,旅行社将从多方面为游客提供服务,游客与旅行社的接触也随之增加。游客将根据旅行社为其提供的各类服务的质量,对旅行社做出评价。因此,接团工作的好坏,直接关系到旅行社的知名度和美誉度,进而影响到旅行社的企业经济效益与社会效益。为此,旅行社必须严格按照服务流程进行接团管理,同时,协调好与相关单位的合作关系,以顺利完成接团任务。

1.准备阶段

（1）接团计划的管理。接团计划，是旅行社落实各项旅游服务的文字依据，是组团社与接团社的财务依据。做好接团管理首先要管理好接团计划。

①制订接团计划。当接团社接到组团社发来的预报计划传真或接待部从外联部得到预报后，首先应根据团队的基本情况和要求制订出一份周详的接待计划。它包括游程安排、团队成员背景资料和团队基本情况及要求三部分。其中，游程安排须写明全程游览线路，出入境日期、地点、车次或航班，出境机票的票种，国内旅游点之间使用的交通工具种类及抵离时间、地点，各地主要游览项目等。团队成员背景资料，应显示每个团员的姓名、性别、年龄、职业、宗教信仰等。团队基本情况及要求，应包括组团社名称、旅游团名称、代号和电脑序号，领队姓名，国别和语种，收费标准或团队类别等级，各住宿地宾馆名称，团队成员的特殊要求和结算方式等。

计划制订后要进行分类，确定不同的工作重点。例如，若是为进行医疗保健、宗教朝圣、商务会议等目的来旅游的专业旅游团，除做好一般的旅游活动安排之外，要尽早和有关部门取得联系，安排好专业活动的时间、地点、用车，甚至要做好为会议团编印会议通知、在饭店或机场设服务台等事宜。

②合理安排旅游日程。接待部门要注意进行合理的日程安排，导游人员在具体接团过程中，可以作适当变更，安排日程时要注意：

• 日程安排要留有余地，有张有弛，一种活动量大的项目之后，要安排另一种较为轻松的游览项目或提供一段休息时间，以使旅游者体力、精力得到恢复，提高游兴，也可避免因过度劳累而患病等问题。

• 充分考虑旅游团自身的特点，若是旅游团中以老年人居多，应注意不要安排过多项目，节奏要放慢；年轻人多的旅游团则可多安排一些项目，每个景点停留的时间可不必太长。如果旅游团有特殊要求，还要进行一些不同的项目安排。如接待宗教朝圣的游客，去寺庙或教堂的活动安排要偏重。

• 适当为旅游者空出一些自由活动的时间。如下午或晚上时间，这样可以让旅游者能更深入地了解当地居民生活。注意不要安排旅游者到治安条件不好、复杂混乱的地方自由活动。

③做好预订工作。按照接团计划向票务科发送机、车、船票的订票通知单；按计划要求预订各团队的住房，并与饭店核对订房计划；按团队抵离时间安排市内用车；按计划要求合理安排团队的订餐、购物和活动；按团队要求安排文艺节目及其他娱乐活动。最后将所有经过落实的计划汇总，向有关接待部门下达接待通知。接待通知单格式如表6-2所示。

表 6-2　　　　　　　　　　旅游团接待通知单

团队名称或姓名			来自国家或地区			语言要求	
抵达时间		月　　日　　班次/车次			离开时间	月　　日　　班次/车次	
人　数	游客	共　　人,夫妇　　对,单男　　人, 单女　　人,小孩　　人			陪同		
住宿 饭店	（自订房含早餐）		游　客 房间数	双人房　间 单人房　间	陪同	双人房　间 单人房　间	
团队 等级			膳食标准及要求				
游 览 活 动	月　日	上午			下午		
	月　日	上午			下午		
	月　日	上午			下午		
	月　日	上午			下午		
用 餐 安 排	月　日	早餐		中餐		晚餐	
	月　日	早餐		中餐		晚餐	
	月　日	早餐		中餐		晚餐	
	月　日	早餐		中餐		晚餐	
文娱活动	月　日	时　间		地　点		内　容	
市内用车车号		车　型		数　量		司机姓名	
游江(湖)时间	月　日　点　分			地　点	码　头	船　号	
备　注							

业务员：　　　　　　　　　　　　　　　　　　　　　　　年　　月　　日

如接待计划发生变更,应按业务流程逐一下达变更通知。

(2)安排合适的导游人员。接待计划制订好以后,应根据旅游者的国籍、年龄、特殊要求等,精心配备合适的导游人员,若选择不当,则可能造成接待中的失误。所以旅行社接待部门领导须全面了解导游人员的性格、能力、外语水平、身体状况等情况。如果接待学术团,应选择在相关领域有一定知识、经验丰富的导游人员,使导游人员与旅游者有更多相同的话题,让旅游者在旅游过程中更加轻松愉快。对一些重点团队,旅行社更不能掉以轻心,一定要选派接待经验丰富的导游人员;对特别重要的团队,除选派优秀导游人员外,旅行社各级主管还可直接参与接待。针对不同的对象,适当挑选接待人员,有利于更好地为旅游者提供服务。

(3)适时检查与监督。旅行社接团管理人员还要注意对接团计划进行检查或抽查,特别对重点团队及新手制订的接待计划更要注意改进不足之处,及时落实房、餐等预订;同时还要对准备工作做得不充分及经验不足的导游人员进行督促与指导,以利接团工作的顺利进行。

2.接团阶段

接团阶段是旅行社接团管理工作中最重要的部分,由于导游人员独自在外带团,流动作业,接待部门往往很难对接团质量加以有效控制,而一些问题与事故的发生也往往产生于这一阶段。所以接团阶段的管理,是整个接团管理中最困难的一部分。旅行社接待部门应重视加强对这一阶段的管理。其主要内容包括:

(1)建立请示汇报制度,抽查或检查接团工作的落实情况。接团工作独立性强,后勤人员特别是导游人员,应具有较高的独立工作能力与应变能力。接团人员尤其是对业务不够熟悉的新导游,在遇到计划变更和发生事故等情况时,要及时向旅行社请示汇报,使问题得到及时正确的处理。旅行社要制定合适的请示汇报制度,既给接待人员以一定的权力,保证工作及时完成,又要有一定的限制,以免由于个人能力所限而造成处理不当。

(2)抽查监督接团计划的落实情况。旅行社管理人员可以随时与接团人员或者相关商场、饭店联系,了解检查接团工作的进展情况,以保证服务质量。还可亲自到旅游景点或饭店等地检查导游人员的接团情况,向旅游者了解接团质量与计划的安排,以获取各种反馈信息。这种方法可直接、快速地了解接团计划的落实情况,有利于改进接团服务质量。

(3)及时处理出现的问题和事故。接团过程中,由于种种原因,常会出现一些责任性或非责任性事故,如漏接、错接、误机、旅游者丢失证件、财物,走失或患病、死亡等。旅行社一方面要制定标准化服务规定,避免事故发生;另一方面事故发生后要帮助接团人员处理这些问题,涉及计划变更的,旅行社要做好退订,办理分离签证等手续,并及时通知下一站接待社,以维护旅游者利益,尽可能减少损失。

3.结束阶段

结束阶段的管理,主要是对接团的经验和教训加以总结,以提高工作效率和服务水平。

(1)建立健全接团总结制度。为了提高今后的服务质量,旅行社应建立完善的接团总结制度。如要求导游人员写出接团工作汇报,内容包括团队基本情况、旅游者特点及表现、接团中发生问题的原因及处理、工作中的收获与经验教训、留有什么有待解决的问题等。发生重大事故,要将有关事故的全部调查材料及善后处理措施、意见等整理成文并归档,以备查询。接团管理人员还应对陪同日志和"接待记录表"(如表6-3所示)进行抽查,及时了解接待情况,以便发现问题,采取补救措施。

表 6-3　　　　　　　　　　××旅行社旅游团陪同接待记录表

编号

城市		旅游团名称		总编号		来自国家(地区)		
旅游团人数	成人		儿童	2周岁以下				
				2~11周岁				
旅游团住宿	饭店		其中	单人		双人	三人	其他
	间数							
全部情况	所属社		住房					
旅游团抵达	月　　日　　时　　分　用　餐,乘坐　　次机/车/船抵达							
旅游团离开	月　　日　　时　　分　用　餐,乘坐　　次机/车/船赴							
主要活动项目								
行程变更情况	原计划	人数		时间		饭店		
	变更							
备注								

地陪：　　　　　　全陪：　　　　　　　　　　　年　月　日

(2)及时收集反馈信息。旅行社可分发给导游人员"接待质量调查"(如表6-4所示),请游客填写,收集游客对接待服务中食、宿、行、游等活动的意见和建议,了解旅游者对服务质量的直接感受及旅游需求,对旅行社制订的计划及服务水平加以改进。

表 6-4　　　　　　　　　　××市接待质量调查表

××旅行社　　年　月　日

姓名			国籍(地区)						
性别	男女	年龄	①20岁以下　　②21~35岁　　③36~50岁						
			④51~66岁　　⑤66岁以上						
旅游目的			①观光　②公务和会议　③休闲度假　④探亲访友　⑤奖励						
			⑥休养　⑦体育　⑧探险　⑨其他						
	您对下榻饭店的评价			您对旅游车司机的评价			您对导游人员的评价		
	餐饮	客房	服务	服务态度	开车技术	车内卫生	态度	语言	技能
好									
中									
差									

(3)处理旅游者的表扬与投诉。表扬,是旅游者对接待人员工作的肯定,旅行社可以对优秀接待人员及其事迹进行宣扬,在工作人员中树立榜样,促进人员素质的提高。投诉,则是游客对服务质量表示的不满,正确处理投诉,不仅可以补救工作失误,取得游客谅解,而且可以教育工作人员。对犯有严重错误的导游人员,旅行社还要做出必要的处罚。

旅行社接团工作涉及范围非常广泛,不仅要依靠内部接团人员,还需要交通、餐饮、景点乃至保险公司、海关等其他单位的合作。这些单位共同构建了旅游接待的网络,是整个旅游接团服务中不可或缺的组成部分。

[实操问答]

[问答1] 旅行社如何加强对导游人员的管理?

答:为加强对导游人员的接团管理,旅行社每个月应对导游人员做定期与不定期的检查,接待部经理进行随机抽样调查、跟团,监督导游人员的接团程序、导游讲解、有无购物次数过多等现象。每月(或每季度)做一次测评,以拟定下个月(季度)的带团数量及带团津贴。

[问答2] 如何鼓励导游人员导游等级的提高?

答:旅行社应鼓励导游人员不断提高导游等级,而不应该长期停留在初级导游员的水平上。我国导游队伍以持导游资格证书和初级导游员证书者占绝大多数,为96.3%;中级、高级、特级导游员所占比例极低,仅占3.7%。因此旅行社可采取按导游员等级拿带团津贴的薪水制度;还可以在导游员考取某一等级后,给予适当的考务费报销的制度,以鼓励导游人员获得更高级别的导游等级,从而促进接团质量的提高。

[问答3] 接待安全事故产生的主要原因及对事故处理的方法有哪些?

答:旅游安全事故有多种形式和原因,除了完全不能防范的天灾以外,大体上有旅客被盗、被抢、被害等社会治安方面的原因;空难、车祸等交通方面的原因;火灾、食物中毒等服务供应方面的原因;旅客走失等旅行社工作方面的原因及急病、意外伤亡等旅客个人方面的原因等。

对事故处理的方法有:(1)尽一切可能保护和挽救旅客的生命、财产安全。(2)在无法挽救的情况下,要求妥善处理,包括查清事故的责任人和进行必要的赔偿。(3)尽可能使未受事故影响的旅客按原计划继续旅游。

[问答4] 如何接待散客旅游团队?

答:散客团队旅游,一般在出发前只订购少量的服务项目。其他服务,则是在到达后视情况现购。现购服务项目通常也是分散进行的。所以接待社在安排时,要全面做好准备工作,特别是导游人员,首先应熟悉计划,根据客人的要求对行程进行合理的安排和建议;在导游过程中,要遵守制度,尊重客人,灵活地完成好接待任务。

[问答5] 散客教师接待的那些事。

答:那是在20多年前的事情,现在回忆起来特别有趣。20多年前,武汉到庐山避暑旅游还需要坐船去九江,不像现在可以选择高铁或汽车这样方便。笔者奉命去武汉港送站,计调人员已经委托票务购买好船票,散客是2大1小构成,2大是一位母亲和她的大女儿,1小是外孙女,1小因为不到1.2米,所以没有购买船票,是免票。送站的除了旅行社工作人员外,还有一位小女儿,小女儿是一位幼儿园的教师。笔者拿了船票给客人,这位幼儿园的教师看到只有2张船票,因此,就问我:你不去吗?我说:散客,人太少。一般不派全陪导游。幼儿园教师火冒三丈地吼道:就是人少,你才要去撒。我回道:人少,派导游划不来。并且告诉她,价格会比较高,车马费、导服费加起来……我还没有说完,她连忙说:你知道我是做什么的?我摇摇头,她回答:你晓得不,我是幼儿园老师,我们幼儿园年年组织出去旅游,知道你们导游坐车、坐船、坐飞机,住酒店都不要钱。我只有苦笑,不由得感叹道:隔行如隔山啊!

[问答6] 如何接待大型特殊旅游团队?

答:大型特殊旅游团的特点,是人数较多、时间短、活动项目多、专业性强、服务要求高,常要求一些特殊的节目或待遇。其接待工作政治性强,安全保卫工作的任务重。这就要求旅行社必须提前做好各种准备和计划工作,派出有经验、专业素质强的导游人员进行接待,并对整个团队的接待过程多关注,服务要更细心、更周到。

[问答7] 如果出现误接、错接、漏接等问题该如何处理?

答:误接、错接、漏接是旅游接待的大忌,一旦发生此类情况,以后的工作就很难开展,所以在出现此类问题且导游人员无法处理时,地接社经理就应当出面协调,调查事故原因及其责任人,向游客表示道歉并采取必要的补偿措施。

[问答8] 如何处理临时计划变更?

答:团队在实际操作过程中可能会临时变更计划,主要包括临时调整旅游线路,变更景点的游览顺序等。一般来说,变更景点的游览顺序不会影响接待的质量,但是调整旅游线路可能会涉及游客的游览时间,影响团队的成本核算及游客心理等。导游人员在这一环节发挥着关键性的作用,要负责安排好客人,做好团队的接待工作。

[问答9] 如何处理导游人员的临时变动问题?

答:团队接待得成功与否,导游人员起着决定性的作用。当导游临时变动时,接团社通常要及时与组团社联系,在征得他们和游客同意的情况下,才能更换同业务水平的导游,同时与其他相关部门联系并认真做好导游转交的工作。

[问答10] 如何协调全陪与地陪的关系?

答:从理论上来说,全陪与地陪的协作应该是:①尊重对方;②善于向对方学习;③要坚持原则,平等协商。但是在实际操作中还是很微妙的。

全陪与地陪所属旅行社不同,代表不同旅行社的利益,但是他们对待游客的宗旨是一样的,就是让客人满意。这就难免会出现争着对客人好的情况。记得有一次,笔者作为全陪带一个教师团队去云南昆明、大理、丽江。在昆明第一站登记客人入住酒店时,发现团队中有一位 VIP 彭校长将在旅途中过生日,全陪记在心里,彭校长将在大理前往丽江的那一天过生日。在昆明,全陪告诉地接社希望在丽江那一天订一个生日蛋糕,开一个 party,这样让客人的游兴在丽江达到一个高潮。地接社答应帮忙预订。于是,在大理的那天早上,全陪悄悄地来到彭校长的房间,给他一个 morning call,并且顺便说道:生日快乐! 校长很低调,小声说道:不要告诉别人,你是怎么知道的? 全陪诡秘地一笑走了。一天没有声张。到了丽江,全陪问丽江的导游……地陪:生日蛋糕订好了吗? 地陪说:晚餐的时候拿过来。全陪说:晚餐请帮忙订一个包房。一切安排妥当。下午游览完毕,吃晚餐的时候,在客人即将吃完晚餐时,全陪和地陪把蛋糕点好蜡烛,全陪正要端进来时,地陪不给,她要自己亲自送给客人。全陪不好生硬地抢过来,于是就由地陪端着走进包房,客人惊呆了,不知道是谁过生日,地陪也不知道,傻傻地站在那里,全陪顺手拿过蛋糕,向那位彭校长走去,轻轻说道:生日快乐! 大家欢呼着、高喊着生日快乐之歌结束晚餐,快快乐乐地走向夜幕下的丽江古城,并且赞叹道:就是全陪考虑周到……

[问答11] 全陪问地陪:你在哪匹马上?

答:笔者作为全陪曾经带过这样一个团,行程是胶州半岛+大连,时间是暑期。那一年青岛特别热,按照协议,客人在青岛入住的酒店是挂牌三星,可是地接社给客人安排的是酒店自己在窗玻璃上画的三颗星,全陪和客人哭笑不得,并且是特别遥远的四方区,总之,这个团不太顺。到了烟台,全陪语重心长地与烟台地接社的计调经理说,大连一定要安排好啊! 大连是本团的最后一站,希望在那里进行弥补。烟台到大连的轮船倒是蛮好的,客人很满意,像泰坦尼克号一样。早上6点多抵达大连,从船上往下看,岸边有许多举着旗子的导游,全陪心想这个团的地陪导游肯定会在岸边,因为全陪早已给地陪发送了短信,于是,兴冲冲地去船舱里喊客人收拾行李,准备下船。随着人流慢慢走下船,全陪一面一面旗子去找,没有找到接团的地陪。所有的团队都走了,全陪给地陪打电话,地陪说:马上到。全陪和客人耐着性子又等了一会儿,地陪还是没有到,这时,接船的一个免费送往市区的大巴到了,客人想先上去,全陪又给地陪打电话,地陪仍然说:马上到。全陪说:客人要上免费大巴去市区。地陪说不能上。全陪把客人拦下。免费大巴走了。码头工作人员,要我们到那边去等候,客人拿着行李,不情不愿地向另一边走去。全陪再一次给地陪打电话,问她到哪里了。地陪还是说:马上到。全陪忍无可忍地大声说道:你在哪匹马上?过了一会儿,地陪终于到了,全陪大声说:你这匹马走得好慢啊!无不幽默,客人没有发火,真是天底下最好的客人,应该与全陪一遍一遍地打电话有些关系吧!

[问答12] 临时雇用导游一天半天不用给导游签订合同吗?

答:有些旅行社管理人员认为,临时雇用导游人员一天或半天,时间很短,就不必给其签订合同了。这种做法是不对的。不能因为雇用的时间短就不给导游人员签订合同。因为《旅游法》第三十八条第一款规定:"旅行社应当与其聘用的导游依法订立劳动合同,支付劳动报酬,缴纳社会保险费用。"这里并没有规定,长期聘用的导游要签订合同,而短期聘用的导游就不用签订合同了。其主要目的是为了防止以往旅游行业的潜规则,譬如,不给导游人员支付报酬,甚至让导游人员向旅行社缴纳一定保证金或提成等。因此,第三十八条第二款、第三款进一步明确:"旅行社临时聘用导游为旅游者提供服务的,应当全额向导游支付本法第六十条第三款规定的导游服务费用。""旅行社安排导游为团队旅游提供服务的,不得要求导游垫付或者向导游收取任何费用。"这是对导游人员合法权益的法律保护,旅行社经营管理人员不得以任何理由,违反《旅游法》这一规定。

当然,有时可能会遇到时间紧、任务急的情况,旅行社可以用电话通知某某导游人员直接带团服务,但在这种情况下,也要及时补充签订合同,否则就有违《旅游法》规定。导游人员也要善于积极地维护自身的合法权益,通常在不给自己签订合同时,不要因为抹不开面子或担心不被聘用,不敢提出签订合同事宜。当然,导游人员也必须不断地提高自身素质,以良好的服务和信誉赢得旅游者和旅游企业的信任。信誉好、服务好的导游,根本不用担心没有旅行社聘用你。

[问答13]《旅游法》会导致大批旅行社倒闭和大批导游失业吗?

答:这是一种错误的估计和预测。如果说由于《旅游法》规范了旅行社的设立办法、经营方式等,迫使某些不规范经营的旅行社退出了旅游市场,或者导致某些无证经营的"黑社""黑导"退出旅游市场,这正是《旅游法》所要达到的目的之一。这是消除了旅游市场上的害群之马,是一件大好事,令人拍手称快,恰恰表明《旅游法》所制定的一系列规范和制度是完全正确的。

至于正规旅行社，肯定不会因为《旅游法》的颁布和实施而倒闭；正规导游人员、业务好的导游人员，也决不会因为《旅游法》出台而失业。相反，《旅游法》的立法宗旨之一，正是为了保护旅游经营者和导游人员的合法权益。这在旅游立法宗旨和相关条款中均有明确论述。显然，我国旅游企业要做大做强，必须以《旅游法》的建立健全为前提。在当今世界上，没有哪个国家的旅行社，在没有良好的法治保障下，真正地能够做大做强。以往我国旅游行业的恶性竞争、鱼龙混杂、乱象丛生等，正是因为没有健全的旅游法律法规所致。

因此，第一，正规旅行社一定要认真学习和贯彻落实《旅游法》，带头实施《旅游法》中的各项规定，以自身践行旅游法律法规的行动，不断促进我国旅游法律法规的完善和改进，这才是最为明智的选择。同时，还要按照《旅游法》的要求，切实保障导游人员的各项合法权益，尤其是保证导游人员的合法和合理的收入。在一定意义上说，没有导游，就不会有旅游业的健康发展。要做大做强旅游企业，必须善待导游和领队以及其他相关管理人员。当然，也要经常教育、引导和监管导游人员等从业人员，为旅游者诚信服务。没有旅游者参团旅游，旅游企业就难为无米之炊。我们相信，这样正规经营的旅行社绝不会倒闭。相反，在经过一段时间的"阵痛"后，这些旅行社的业绩还会有大发展。

第二，导游人员要善于利用《旅游法》保护自己的合法权益。一定要依法办事，在服务于旅行社或景区等旅游企业时，要明确要求和坚持与服务单位签订合同，敢于维护自身的合法权益。同时，也要注重提高自身素质，以过硬的业务素质赢得企业和旅游者的欢迎。我们相信，这样的好导游决不会失业。相反，在淘汰掉那些不法导游后，正规导游的业务可能会更好做。

[问答14] 小语种导游为何如此难找？

某年暑期有一韩国学生团要来武汉某高校进行交流，由武汉 A 旅行社进行接待。提前一个月该旅行社计调经理就开始操作，遇到最棘手的问题就是韩语导游了。首先计调经理在武汉市旅游局进行寻找，旅游局导服中心告知：本市在册的只有 7 名韩语导游，却没有一位是在从事旅行社工作。无奈该计调开始在社会上寻找，首先想到的是邻省的湖南，他们之间有业务来往，湘西张家界是韩国人去得比较多的，韩语导游可能会多一些，基于这种考虑，所以，该计调急中生智想到在湖南省借一位韩语导游；湖南省某家旅行社后回复说，韩语导游的价格是 1000 元/天的导服，还没有计算从湖南到武汉的车马费；可是武汉 A 旅行社对客户的导服报价 600 元/天，这不是明摆着的亏损吗？只好作罢，继续寻找。想到了语言培训中心的韩语老师，这才找到愿意接团的韩语老师，该培训中心的主任要求我们先把导游词发给他们，他们再找人带团；当计调经理把导游词发给培训中心主任后不久,接到主任的回复,她以为我们会发给她的导游词是韩语版本的,没有想到是中文版本的,说是翻译的工作量太大,遭遇拒绝;该计调经理暗自好笑,如果我们有韩语的导游词,还找他们做什么?

又继续寻找,找到一位在高校学习韩语专业的学生,学生先是答应了,结果在看到导游词后,也觉得工作量太大,遭到拒绝。正当旅行社准备向客户摊牌时,有一位高校韩语老师愿意试一试,真是"山塞疑无路,湾回别有天",旅行社计调经理有"绝处逢生"的感觉,可是问题又来了,该韩语老师没有导游证,是不能带团的,最后只有派一位导游作为地陪,韩语老师帮忙翻译。这个团终于得以圆满解决,可是计调经理所花费的功夫和最后计算出的团队利润真是不成比例,计调经理感叹道:小语种导游如此难找!不过能够完成接待任务实属不易,好歹没有让客源流失,保住了市场。

[经典案例]

[案例1] 游客被转团了

案情:四川Q旅行社于某年7月,在媒体上刊登了赴新疆旅游的广告,有两名游客认为该旅行社系大社,服务质量可以信赖,所以两人便交纳了费用,等待出发。不料,行程一拖再拖。最后,旅行社分别发给两位游客各自一张火车票,并告知到新疆后,有手持标志牌的导游接站,一切由其安排。

在行程中,由于地接导游员擅作主张,将游程压缩了一天,致使游客在天山游览时疲劳过度病倒。当游客提出当地旅行社应承担责任时,该社负责人推说是四川Q旅行社代办一切手续,应由组团社负责。游客回川后,向四川组团社讨还公道,该社却以已将这两名游客转团给其他社为由,认为自己没有责任。

点评:(1)此次事故两地的旅行社都有关系。《旅行社管理条例》规定:旅行社因不能成团,将签约的旅游者转让给其他旅行社出团时,须征得旅游者书面同意。未经旅游者书面同意,擅自将旅游者转让给其他旅行社的,转让的旅行社应当承担相应的法律责任。

(2)组团社在销售旅游产品时,由于主客观原因,游客未能达到一定的数量而无法单独成团。在这种情况下,组团社在征得游客书面同意的条件下,可以将游客转到其他团队或其他组团社的同一线路团队中,但必须保持原销售产品的日程和旅游项目,若有变化,也必须得到游客的同意。

(3)组团社遇有须转团的情况,事先必须同成团社或地接社签订合同,以切实保障被转团游客的利益,并阐述双方承担的责任和义务,确保旅游服务质量。

[案例2] **53名游客在寒风中被"晾"6个半小时**

案情：某旅行社组织的53名游客，于某年9月13日凌晨许被"晾"在高速公路上长达6个半小时，饥寒交迫。但是，安排这次行程的旅行社经理至今拒绝道歉，反而满不在乎地说："有事你们告去。"

9月12日，香港歌星谭咏麟在上海举行演唱会。该旅行社在当地报纸上打出广告，组织歌迷到上海观看演出，承诺当夜返回。歌迷每人交了160元交通费及演出门票费数百元，参加此次旅游的共有53名游客，乘坐一辆破旧的大巴兴致勃勃地赶往上海。

晚上11:30左右，歌迷们看完演出后离开会场，却发现自己的车上没有座位，经了解才知道，旅行社同去的另一辆面包车空调坏了，乘客们都挤到大巴上，结果协调了半小时，至0:00左右，大巴才踏上返程。

游客们反映说：凌晨2:00左右，车到无锡、苏州交界处，许多游客都闻到一股焦味，接着车就开不动了。司机、导游先后下车察看，但没有任何人向游客解释，直到两个小时后即凌晨4:00左右，游客才被告知车坏了。

由于刹车系统损坏，沪宁高速公路交警队无法将车拖走。交警考虑到高速公路上车速太快，而这辆车尾灯亮度不够，要求大家都要离开车，站到隔离栏外的斜坡上。众人又冷又饿，在寒风中发抖，苦苦等待旅行社派车来接。但直到次日上午8:30，旅行社才派来一辆"跑起来浑身发抖"的旧公共汽车，将冻了一宿的游客接走。愤怒的游客到达南京后，随即来到该旅行社找领导反映情况，但直到第三天下午，游客们才见到该社总经理。游客要求旅行社通过新闻媒体公开道歉，并参照《消费者权益保护法》伪劣商品两倍赔偿的条款，给予每名游客300~400元的赔偿。总经理表示，此事纯属意外事件，旅行社只参照长途客运业的有关规定，赔偿每位游客30~40元。

在走访该旅行社总经理时，他认为汽车中途抛锚责任百分之百应由出租车公司负责。

点评：本例是一个十分典型的实例，该旅行社组织的这一次旅游活动是相当失败的。其失败的原因在于缺乏责任感，缺乏严密的组织协调能力，旅行社与旅游汽车公司出现互相扯皮的现象。

（1）该旅行社在组团一开始就缺乏认真的态度，没有与汽车公司协作好。游客上车不久就闻到一股焦味，露出了可能酿成投诉事件的苗头。

（2）在出现问题之后，未及时与游客沟通，向游客解释原因，及时道歉。当游客被困于沪宁高速公路的时候，旅行社又未及时派车接回游客，直到次日才派一辆破旧的公交车，将冻了一夜、饥寒交迫的游客接回，这无疑导致了恶劣影响的进一步升级。

(3)游客向旅行社提出索赔是合理的,旅行社负责人却对此不屑一顾。

以上几点可充分反映出该旅行社的管理工作亟待加强,尤其应提高组织能力和协作能力,增强责任感和紧迫感。

[案例3] 这样的赔偿该不该

案情: 某年国庆期间,陕西某国际旅行社国内部,曾组织一系列到关山牧场旅游的团队。因关山景区新开发不久,食宿条件较差,考虑到这些情况,该社老总在成团之前就对团员作了说明,提醒景区条件状况不理想,山区天气变化较快,有"一片云一阵雨"之说,把厨房、厕所、景区风貌和食宿环境等一系列照片资料拿给他们看。虽然有诸多不便,团员仍愿前往旅游。游客到达目的地后,天下小雨,吃过饭后,地面虽有些泥泞,但游客主要活动是在草上,影响不大;晚上,旅行社赠送每团一堆篝火及卡拉OK等,游客又自费买来烤羊肉,玩得很尽兴。第二日早晨,因有小雨,吃过早饭便提前返回西安。在退还早餐费时,部分游客要求赔偿损失,理由是吃、住条件差,且下雨影响游玩。返回西安后,游客齐至该社接待室,要求退款。最后,旅行社为顾及名声,每人退还100元(团费每人280元)了结。

点评: 当旅行社与游客发生纠纷和争执时,出于息事宁人考虑,而损失一些经济利益,给游客一定的补偿,本也无可厚非。但从企业经营管理的角度来研读实例,应有所启示。

(1)组团宣传要实事求是,恰到好处。我们说实事求是,是指向游客真实地、原原本本地介绍情况,尤其是吃、住、行的条件;我们说恰到妙处,是指将我们所销售的旅游产品恰当定位,并赋予高雅的旅游内涵。也就是说,豪华,有其优雅、典雅;简朴则有其淡雅、素雅。恰到妙处,也就是妙在雅处。本例中,旅行社向游客所作的介绍应该说还是实事求是的,但在恰到好处、妙处上似可斟酌。比如,可否将关山牧场景区的旅游与追求山野之趣联系起来,可否将简陋的住房、当地的饭食与追求返璞归真联系起来。如果游客在心理追求上是去寻找此种雅趣,恐怕反差就不会过大,也许能避免纠纷。

(2)返还部分旅游费及午餐费应在离开景区之时向游客讲清楚。旅游团因雨而提前返回,应该返还部分旅游费,午餐没吃也应退还其费用,但从性质上讲,是"返退"或"退还",而不是赔偿,或者说要慎用赔偿。特别是此事应在从景区离开之时就向游客讲清楚,使游客明白,旅行社已向大家赠送了篝火和卡拉OK等,现在返回是出于对大家的关心,并为大家节省费用,而不是其他目的。如果能够得到大部分游客的认同,就不会返程后再生纠纷。

(3)过高标准的赔偿,其实只是息事宁人的中策或下策,而不一定能有利于企业的名声。所以,如果能将纠纷消灭在萌芽状态,当然最好;如果矛盾已经激化,过高标准的赔偿或者对于不合理的赔偿要求不予接受,都是可行的选择,但其前提是讲清道理、分清是非,做到有理、有据、有节。

[案例4] 质量——旅行社形象的基石

案情: 旅游人数最多的几天,北京一家旅游公司,每天一名导游,要送三四拨不同的旅游团出境。忙中出错,不想,造成了一个25人旅游团的误机,在首都机场滞留8个多小时后,才换乘了另一架航班。由于错过转机时间,使旅游团不得不在机场苦挨一夜,致使多人感冒,而且减少了近一天的旅游时间。

点评:(1)本例是无序竞争造成的违规操作,是旅行社为谋取利润,将服务质量置之脑后,一味追求高收入、高利润造成的严重后果。

(2)从旅行社来说,主动给客人经济赔偿,并进行道歉,在剩余的旅游时间里给客人以更优质的服务,以尽量减少旅行社无形价值的损失。

(3)从国家宏观来讲,应采取措施,加强旅游(出境)市场管理,规范市场秩序。

(4)由于地接社在操作过程中违约而给组团社造成的损失,应由组团社向旅游团成员进行解释、道歉,并由组团社向地接社索取赔付违约金和游客的直接经济损失。

[案例5] 抢救游客是我们的责任

案情: 2008年5月11日,浙江某导游带领11名游客从杭州飞往成都。第二天,当汶川大地震发生时,她的旅游团汽车正行驶在茂县前往九寨沟的山路上。突然一块巨石从山上飞速而下,正好砸在旅游车上,她和游客均被压在车厢里。当她从变形的车中爬出来时,虽已感胸部一阵疼痛,但责任心驱使她赶快抢救未爬出来的3人。由于巨石很大,又无工具,光靠爬出来的游客无法撼动它,于是,她忍着伤痛,向公路上正在逃生的人呼救,又跑到山坡的村寨向房屋倒塌的羌族同胞求救,终于在大家的努力下,救出了仍在车中的受伤者。

由于这时又下起了大雨,对外的通信已中断,该导游感到不能让大家停在公路上,于是她又带领游客走到羌寨,与村主任联系,安顿游客。在村主任和村民的帮助下,为他们解决了临时的口粮和休息的地方。

如果你是该团导游,处在这种情况下,你将如何处理?

点评:(1)该旅游团的汽车被大石所压,游客受伤,生命垂危,该导游的胸部虽然也受了伤,但当她爬出车外后,首先想到的是仍压在车中游客的安危,于是积极呼救,在关键时刻仍将游客安全放在第一位。

(2)处在这种情况下,该导游临危不乱,在将游客救出后,想到了此时游客最需要的是转移到安全的地方,于是迅速将游客带到山坡上的村寨中。

(3)为安顿好游客,该导游又同村主任商量,解决了他们临时的简单生活问题,考虑得十分周到。

在该团游客滞留村寨的临时需要解决后,导游还需要做好如下工作:

(1)设法与村外取得联系并求救。

(2)设法将情况报告旅行社,请求帮助。

(3)与村主任进一步商量,解决游客在救援人员未到之前的生活需要,如在空地上搭一个简易帐篷避雨等,以及受伤游客的临时护理。

(4)从地震灾区出来后,迅速将受伤游客送往医院治疗。

[案例6] 以诚相待 严格管理

案情: 西安某旅行社组织11名游客赴西藏旅游,一路较为顺利、满意,但在即将返程时却出了问题。某年9月5日,拉萨某地接社派车送游客去机场,但直至飞机滑出跑道也未拿到机票,只能带游客返回拉萨。地接社李副经理保证第二天肯定能买到票。9月6日,11名游客按时到了机场,但旅行社却只送来4张机票,剩下的7人只得搭乘两辆出租车返回拉萨驻地。9月7日,经地接社安排,余下7名游客乘西南航空公司飞机辗转成都返回西安。李某等游客认为旅行社出点差错是可以谅解的,但欺骗却不允许。9月5日未登机,游客已十分着急。9月6日则使得游客气愤,他们认为4张票应同他们商量谁先走谁后走,但旅行社却未与大家商量。飞机都要起飞了还说票已买好,询问时,不是说送票人在路上,就是说去机场经理处,或者说拿票的人早上睡过了头。旅行社的托词使游客产生了被愚弄的感觉,而事实上,这两天的飞机有空位,据说是旅行社工作人员与机场人员吵架,机场不售票给他们。回到西安后,西安组团社不但没有安慰游客,反而说"随你们的便,咱这么大的旅行社有几千万的资产,还怕你们不成?告到哪儿我们奉陪,大不了以后不跟你们合作就是了"。这种态度怎能不激起游客的不满,导致投诉呢?

点评: (1)旅行社遇到机票未买到的情况时,应及时向游客解释原因,主要负责人应主动、诚恳地取得游客的体谅,而不应一而再、再而三地推延,引起游客的反感。

(2)旅游活动的顺利进行,是需要以旅行社良好的社会关系为基础的,机场人员和负责订票的旅行社工作人员都应从游客的角度出发,而不应从私怨私利出发,这说明我们旅游从业人员的素质还比较低,不能形成同行业的密切协作,没有真正体现出服务行业的服务精神。

(3)西安组团社工作人员的言行严重损害了自身形象,从他们的言谈中,反映出旅游业的经营理念淡薄,管理不严,工作人员素质低劣。试想,组团社如果换一种态度,主动安慰游客,并主动采取一些补偿措施,完全可以较好地避免这一投诉。因此,我们要狠抓管理和服务质量,不断提高从业人员的素质,树立良好的企业形象。

[案例7] 旅游团购物为"零",某地旅行社有意见

案情:某省中国旅行社出国旅游公司领队小丁带一国内旅游团赴某地。旅游团抵达某地后,虽然当地导游员一再向团友推荐当地特色商品,尤其是珠宝首饰,并带旅游团去"谢瑞麟""中国海外珠宝公司"等,但因该团游客对当地此类商品的购物运作情况十分了解,因此,旅游购物为"零"。由此,造成了当地旅行社经济损失。

当地导游员迅即打电话回旅行社,向旅行社汇报了该团"购物为零"的情况。中午用餐时,当地旅行社有关负责人专程来到旅游团用餐餐厅向小丁了解购物事宜,并交涉接待该团亏损的费用问题。交涉过程中,小丁晓之以理,动之以情,推心置腹,终于使当地旅行社表示愿意承担损失,旅游团继续照行程活动,问题得以圆满解决。

点评:不少境外旅行社为"抢"中国大陆的出境团,团费降到他们都难以承受的地步。基本上靠旅游团购物的"回佣"来弥补。这完全是一种赌博。若旅游团购物较多,旅行社则收益较多;若旅游团购物较少,则会造成经济损失。因此,从原则上讲,当地旅行社是没有任何理由要求大陆的中国旅游团来"赔偿"因他们自身的原因造成的经济损失的。本案例中的领队既讲了原则性,又讲了灵活性,从而使问题得以圆满解决,值得称道。

[案例8] 签订合同,必须符合法定程序

案情:某年9月31日下午16:30,W市旅游质检所工作人员接到Y市乙旅行社的紧急来电。来电说,由该社组团的交W市甲旅行社接待的一个16人的旅游团已在当天下午15:00从Y市坐火车出发前往W市,明晨6:00抵达。但是下午16:00左右,W市甲旅行社突然变卦,去电称将不接待该团。为此,Y市乙旅行恳请质检所给予协调。接电话后,质检所与W市甲旅行社进行了紧急联系。甲旅行社称,他们确曾表示愿意执行该团的接待任务,但双方并未就结算方式、时间及该旅游团返程事宜的安排方面达成一致。虽然甲旅行社传真急件要求乙旅行社回复,但因无音信,只能拒接。W市质检所衡量利弊得失,考虑到旅游业的声誉,游客的合法权益,当即要求甲旅行社先接待旅游团,其余问题事后再说。在这种情况下,甲旅行社派出导游员接待了该团。可是,由于仓促上阵,在住宿、就餐、游览等方面出现了一些质量问题。为此,游客投诉了甲乙两家旅行社。但双方都声称不承担责任,Y市乙旅行社认为W市甲旅行社先前同意接待该团,虽然在结算方式、结算时间等问题上双方有异议,但这并不影响当初的

承诺,因此,他们认为甲旅行社应承担不履行承诺的责任,应该赔偿由此造成的经济损失。而甲旅行社认为,他们早已通知了乙旅行社不接待该团,后来之所以接待,是为了顾全大局,是从维护旅游业形象、维护游客利益角度出发的,如果因做了好事而成了"被告",于情于理不容。因此,拒绝承担责任。

点评:旅游质检所经过仔细了解,最后做出了以下处理:W市甲旅行社和Y市乙旅行社之间不存在合同关系,一切责任由Y市乙旅行社承担。根据《中华人民共和国经济合同法》规定,合同的订立分为要约和承诺两个阶段,这是合同订立的法定程序。所谓要约是指订立合同的当事人一方向对方提出以订立经济合同为目的的建议和要求。承诺是被要约人在规定的期限内就要约的内容向要约者表示完全同意的答复。要约一经承诺,表明双方当事人就合同的主要内容已经达成协议,合同成立。而依照法律条文,一项有效的承诺必须是承诺与要约内容完全一致,以要约所要求的形式或指定的形式答复。如果被要约人的条件并未被对方所接受,那么就不能称为承诺。结合本案例中的实际情况,我们可以看出,W市甲旅行社并未做出接待该团的承诺。在双方没有确立明确的权利义务关系前,乙旅行社就贸然向甲旅行社发团是对游客不负责任的一种行为。为此,甲旅行社无须对此承担责任,当然也不存在赔偿经济损失的问题。

[实践练习]

1.在接团的不同阶段,旅行社应采取哪些不同措施管理接团业务?
2.旅行社处理旅游投诉的具体方法有哪些?应遵循哪些原则?
3.旅行社计调部在操作散客旅游时,应注意哪些问题?
4.旅行社是否需要售后服务?你能谈谈有哪些方法吗?

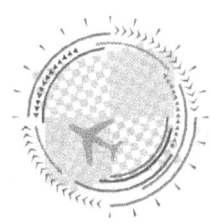

第七章 计调部业务流程

[培训重点]

本章主要讲述接待计划的内容、计调部业务流程,通过本章学习,您将了解到一个完整的接待计划,并且知晓接待计划都应包含哪些内容和计调部业务的实施步骤。

[案例导入]

如何既满足游客的要求又不让旅行社亏损呢?

某一旅游团原定计划63人赴湖北赤壁旅游,可是到接团当天因学校的语文教研室不能参加,少来16人,改变为47人。外联人员在签协议时,客户要求用餐时坐6桌,可是人数减少了,该校校长还是要求坐6桌,说是协议是这么签订的,无奈只有满足游客的无理要求。你作为该团导游,如何既满足游客的要求又不让旅行社亏损呢?

[专题论述]

一、接待计划的内容

计调部是旅行社工作的核心部门,其工作的好坏直接影响和决定着旅行社业务的正常运转。其业务流程即计调业务的核心内容,举足轻重,至关重要,不容马虎。

计调部的业务都是围绕旅游接待计划来完成的。因此,让我们先来看看接

待计划都有什么内容,由哪几部分组成(见附件1):

附件1

×××××××公司×××部

关于××国201803-1205团的接待计划

[2018]××字第1425号

组团社:

××公司　　××部　　高××　　电话:010-6513××××

传真:010-6513××××　　手机:133××××××××

接待单位:

旅游票务部、饭店预订部、北京王府饭店、洛阳国旅、洛阳牡丹、西安国旅、西安唐华、重庆招商、东方皇家、湖北国旅、武汉天安假日、上海外航、上海恒升半岛、浙江青旅、杭州香溢、桂林中旅、桂林帝苑、阳朔新世纪。

联络方式:

洛阳国旅:郑××　　电话:0379-4323××××　　传真:0379-4325××××
　　　　　　手机:1380××××××××

西安国旅:冯××　　电话:029-8526××××　　传真:029-8525××××
　　　　　　手机:1399 ××××××××

重庆招商:李××　　电话:023-6351××××　　传真:023-6351××××
　　　　　　手机:1390××××××××

东方皇家:胡××　　电话:027-8576××××　　传真:027-8576××××
　　　　　　手机:1303××××××××

湖北国旅:闵××　　电话:027-8284××××　　传真:027-8284××××
　　　　　　手机:1397××××××××

上海外航:林××　　电话:021-3304××××　　传真:021-6351××××
　　　　　　手机:1330 ××××××××

浙江青旅:贾××　　电话:0571-8578××××　　传真:0571-8578××××
　　　　　　手机:1380××××××××

桂林中旅:张××　　电话:0773-288×××　　传真:0773-2880×××
　　　　　　手机:1303××××××××

团队基本情况及要求:

(1)×国×××旅行社团队系列,共25+1人,采取标准等综合服务,用餐见计划,需英语陪同。

(2)总社自订西安—重庆/武汉—上海/杭州—桂林机票(含全陪),总社自订全陪返京机票,桂林中旅代订桂林—香港票(含税),所有机票请提供最低折扣;各地代订软卧/座火车票;各地代付国内机场税,桂林出境机场税报团费。

(3)总社自订各地饭店 11 双间、3 单间、1 陪同床(含北京),含西式早餐;总社自订 9 月 27 日洛阳牡丹酒店团队西式早餐。

(4)总社自订东方皇后号游船 11 双间、3 单间、1 陪同床。

(5)本团四川、湖北段地接分别由重庆招商和湖北国旅负责,请提前与游船联系,确保团队顺利交接。

(6)在客人同意前提下,各地最多安排 1 次购物活动,禁止医疗咨询。如有投诉,各地自行负责。

(7)陪同接机/站时,请打"×××"牌子。入境站陪同请核对客人手中的计划,如有重大出入,请及时与我部联系。

(8)全陪兼领队:陈××,手机:1391019××××,身份证号:110101××××××××××

日程安排: 打印时间:2018 年 8 月 5 日

日 期	出发城市 抵达城市	交通工具 离抵时间		观光日程	饭店
09 月 23 日	入境 北京	LH722	抵 14:00	接机/天坛/晚餐	北京王府饭店
09 月 24 日				广场/故宫/家访/居委会/幼儿园/午餐	北京王府饭店
09 月 25 日				八达岭/长陵/神路/午餐/ 晚餐风味烤鸭	北京王府饭店
09 月 26 日	北京西	K269 次	离 21:08	颐和园/午餐 下午自由活动/送火车	(火车上)
09 月 27 日	洛阳	K269 次	抵 08:22	接火车/饭店早餐/少林寺/午餐	洛阳牡丹
09 月 28 日	洛阳 西安	N351 次	离 12:14 抵 17:48	龙门石窟/送火车 接火车/晚餐	西安唐华
09 月 29 日				兵马俑/大雁塔/碑林/午餐	西安唐华
09 月 30 日	西安 重庆	MU3206 东方皇后	离 15:30 抵 16:30 离 22:00	城墙/午餐送机 接机/送船	(船上)
10 月 01 日					(船上)

续表

日 期	出发城市 抵达城市	交通工具 离抵时间	观光日程	饭店
10月02日				（船上）
10月03日	宜昌 武汉	东方皇后	抵11:30	接船/午餐/送武汉	武汉天安假日
10月04日	武汉 上海	FM362	离14:20 抵16:30	省博/午餐/送机 接机	上海恒升半岛
10月05日			豫园/老城/外滩/短程游江/午餐/ 晚上：杂技	上海恒升半岛
10月06日			玉佛寺/南京路/午餐/ 夜游浦东/登东方明珠	上海恒升半岛
10月07日	上海 杭州	N509次	离07:19 抵09:48	送火车 接火车/灵隐寺/游西湖/六和塔/午餐	杭州香溢
10月08日	杭州 桂林	SC881	离10:15 抵12:25	胡雪岩故居/送机 接机/午餐/两江四湖	桂林帝苑
10月09日	桂林 阳朔	游船		游漓江/途中参观冠岩/午餐/ 印象刘三姐	阳朔新世纪
10月10日	阳朔 桂林 香港	汽车 KA701	离20:20 抵21:45	骑自行车游览阳朔周边/午餐/送机	

旅客名单：

姓名	性别	国籍	出生日期	护照号码
双间11个				
01 Braukmueller, Rolf	男	×国	46.12.19	0335×××××
02 Braukmueller, Karin	女	×国	56.11.14	0335×××××
03 Lehmann, Margit	女	×国	51.11.06	2672×××××
04 Ihlefeldt, Marlies	女	×国	50.07.16	2672×××××
……………………………	……	……	……	……
单间3个				
23 Wollmann, Hansjoachim	男	×国	52.03.04	8219×××××
24 Zapf, Gabriele	女	×国	58.05.29	8752×××××
……………………………	……	……	……	……

一个完整的接待计划一般都必须包括旅游团的基本情况和要求、日程安排、游客名单这三部分内容,具体讲述如下:

(一)旅游团的基本情况和要求

(1)团名、团号、组团社名称;

(2)团队人数;

(3)团队类别:考察团、观光团、疗养团、会议团等;

(4)团队服务等级:豪华等、标准等、经济等;

(5)自订和代订项目;

(6)用餐要求,特别注明是否有素食者或其他用餐的特殊要求;

(7)地陪要求,语种、水平、性格等;

(8)全陪要求,是否有全陪及其姓名和联络方式等;

(9)组团社责任人姓名及联络方式;

(10)接待各方联系人的姓名及联络方式。

(二)日程安排

(1)游览日期;

(2)出发城市和抵达城市;

(3)各城市间交通工具(飞机、轮船、火车等)及离抵时间;

(4)在各地所安排的主要参观游览项目、餐饮、风味品尝、文娱活动及其他特殊要求;

(5)住宿情况(饭店里、火车上等)。

(三)游客名单

游客名单要有旅游者的姓名、性别、国籍、生日、护照号码,分房要求(单间和双间),若为重点团队还应注明客人身份,接待方联系人的姓名、电话等。

二、计调部业务流程

对接待计划有了全面、详细的了解之后,让我们来看看,计调人员是怎样围绕计划,逐项、分步骤地落实计划内容的。计调业务流程有如下步骤:接收计划、发送计划、确认计划、更改计划、归档计划和统计计划。

(一)接收计划

计调部从外联和各组团社接收到的旅游计划和预报是各种各样的,系列团、散客团、特殊团、小包价团、单项委托等;有着急的、不着急的;传真过来的、电子邮件发过来的,五花八门。计调部在收到这些计划后,要进行及时处理,分门别类、编号登记,按照轻重缓急的顺序及时送报相关领导、财务,以及计划中涉及的所有合作部门和机构。分类和编号方法视具体的公司和部门而定。

（二）发送计划

计调部应将分类整理好的计划,提前发送给民航、铁路、车船公司、饭店,以及本社订房中心、订票中心、导游部等有关单位和部门,以便这些单位和部门能及时了解接待计划,做好充分的接待准备工作。具体提前多长时间发送计划,视团队和市场情况而定,最好是及时发送,及时预知。

（三）确认计划

为了确保接待计划的顺利实施,杜绝各种责任事故的发生,计调部要对所发送的计划进行逐一确认,切实落实各接待部门已经明确了自己的接待任务。确认计划是计调部业务流程中至关重要的环节,琐碎繁杂、耗时耗力,但却不容忽视。这就要求计调人员必须认真负责、耐心谨慎。确认计划,要求坚持书面确认的原则,无论是通过传真还是电子邮件的形式,一定都要有对方的书面确认。书面确认的内容包括:确认人、确认项目、确认时间,避免今后不必要的责任扯皮。这点是需要计调人员特别关注的。

确认的具体内容,是围绕计划落实客人的行、游、住、食、购、娱等各个环节是否已经按要求准备到位。

(1)行——车队或汽车公司确认用车标准,是否有行李车;交通部门或票务中心,确认各段机、车、船票是否订妥;

(2)游——导游部确认地陪和全陪的安排,景点门票的购买;

(3)住——各饭店和饭店预订中心确认用房天数和间数(单间、双间、陪同床);

(4)食——各餐厅确认用餐人数、标准和特殊需求,如素食等;

(5)购——计调部确认是否有购物限制,如次数、地点等;

(6)娱——计调部确认娱乐项目的安排,如京剧、杂技等;

(7)地接——各地接社确认已收到的计划,并按计划要求安排客人的行、游、住、食、购、娱。

（四）更改计划

俗话说得好:天有不测风云,计划赶不上变化。一个旅行团,说不定哪个环节就会有变化,计调部要马上将此变化无一遗漏地通知到各相关部门和单位。如人数,不管是减少还是增加,都会影响到用车、用房、用餐和门票等。所有变更都要按时间顺序与原计划存放在一起,以备随时查看,避免出错。传统的变更,都是计调部以书面形式发送到各相关部门和单位的,计调部将各部门签收、确认的变更单,按时间顺序逐一粘贴在原计划的背面。现在,由于电子邮件的广泛应用,书面变更的程序已被电子更改所取代(见附件2),外联人员在原计划基础上变更内容,并通知计调部;计调部将变更情况通过电子邮件发送给各相关部门和单位。变更通知是对原计划的修正,若联系不当,则会导致混乱,造成失误,从而

影响接待质量。因此,变更仍需要书面确认,流程与确认计划相同。变更的内容主要有以下几方面:

(1)人数的增加或减少;
(2)因人数变更引起的其他相应变更;
(3)抵离航班、时间的更改;
(4)因航班变更,用餐时间和地点的相应变更;
(5)其他内容的变更等。

(五)归档计划

计调部对外,不但要与饭店、交通、旅游景点、定点商店等机构联络合作,还要与其他旅行社合作;对内,更要与外联、接待和财务等相关部门搞好交接工作。计调部每天往来的传真、电子邮件、记录等非常多。团队旅行虽然结束了,但结算、统计等后续工作还有待完成。这就要求计调部务必将计划作为原始资料归档收存,建立团队业务档案库,妥善保存起来,以便查阅。团队计划档案的留存时间一般为2~3年。

(六)统计计划

为了更好地发展业务,扩大市场份额,适应市场变化,在日益激烈的市场竞争中立于不败之地,旅行社必须对各项经营活动进行认真全面的统计,并进行科学有效的分析,从而及时调整经营方针与经营策略。因此,影响旅行社经营情况的一切数量关系,均是计调部统计工作的内容,具体包括如下几个方面:

(1)客源统计:对客源情况的统计分析,是计调部统计工作最主要的一环。本旅行社一年及各个月份接待的人数、天数,各客源国(地区)的客源数量、客源流向,淡、旺季的分布等,都应有详细的统计资料。通过对本期统计数据同上年同期统计数据的对比,从中发现问题,找出规律,有利于旅行社决策部门开拓市场。通过图和表的形式,可以把旅游现象数量方面的资料形象、清晰地反映出来。

(2)合作单位情况统计:旅行社与民航、铁路、饭店、汽车公司、旅游景点、餐厅、定点商店等方面都建立了合作关系,有必要对合作单位进行全面的统计和分析,看看本旅行社在一定时期内,向以上行业、部门和单位输送了多少客源,为今后能争取到更为优惠的价格提供依据。可根据需求设计出各种各样、不同形式的从各个角度反映本旅行社经营情况的统计表。如用车一览表、旅游景点价格一览表等。对这些表格也要妥善收存,分门别类以备查询使用。

附件2

×××××××公司×××部
关于××国201803-1205团的接待计划
— 9月30日变更通知 —

[2018]××字第1425号

该团连同本次变更,已有过4次变更,现分列如下:

9月30日变更:本团武汉—上海航班时刻变更,请注意接机!杭州—桂林航班时刻变更,10月8日杭州取消午餐,改在桂林用晚餐,请确认。

9月24日变更:本团西安—重庆航班变更,9月30日西安午餐改在重庆用晚餐,重庆增加游览鹅岭公园。

9月21日变更:请为本团全陪增订北京陪同床,费用转账结算。

8月20日变更:此团在北京住友谊宾馆。

该团接待计划此次变更后,组团社、接待单位、联络方式、团队基本情况及要求、旅客名单等均无变化。新的日程安排如下:

变更后新的日程安排: 打印时间:2018年9月30日

日期	出发城市 抵达城市	交通工具 离抵时间	观光日程	饭店
09月23日	入境 北京	LH722 抵14:00	接机/天坛/晚餐	北京友谊宾馆2号楼
09月24日			广场/故宫/家访/居委会/幼儿园/午餐	北京友谊宾馆2号楼
09月25日			八达岭/长陵/神路/午餐/ 晚餐风味烤鸭	北京友谊宾馆2号楼
09月30日	西安 重庆	MU2403 东方皇后	离13:30 抵14:30 离22:00	城墙/送机 接机/鹅岭公园/晚餐/送船	(船上)
10月04日	武汉 上海	FM362	离16:20 抵18:30	省博/午餐/送机 接机	上海恒升半岛
10月08日	杭州 桂林	SC881	离13:15 抵15:25	胡雪岩故居/送机 接机/晚餐/两江四湖	桂林帝苑

三、ERP 系统操作下的计调业务流程

ERP 系统是企业资源计划（Enterprise Resource Planning）的简称，是指建立在信息技术基础上，以系统化的管理思想，为企业决策层及员工提供决策运行手段的管理平台。那么在计调业务操作方面是如何运用的呢？下面例举某旅行社的实操进行说明。

（一）首先进入系统

1.点击桌面图标  显示出登录框：在"登录名称"里输入中文姓名，在"登录密码"里输入六位数密码（目前默认 888888）

2.进入系统后将会显示界面中左边为功能选择区，分别为
- 个人事务。
- 资料中心。
- 地接及线路管理。
- 计划管理。
- 证照管理。
- 财务管理。
- 业务统计。
- 办公室管理。
- （注：但根据每个人的权限不同，功能区的显示部分也不同）。
- 右上角的绿色键为窗口缩小，红色键为窗口关闭。
- 左下角显示为登录者的名称和所在部门，还有当前日期及时间。

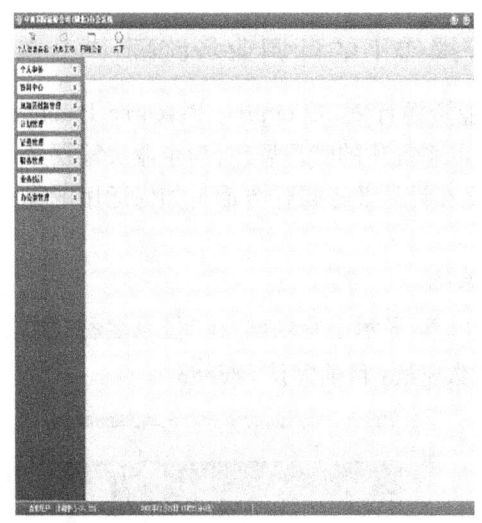

(二)使用系统

1.点击界面内"个人事务"将出现以下几栏。

- 个人信息备忘。
- 消息文档。
- 修改密码。
- 网络公告。
- 工作提示。

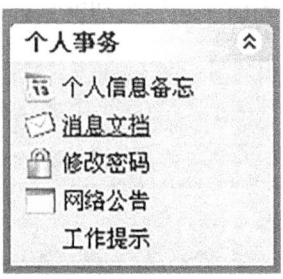

点击个人信息备忘出现下图界面。

- "备忘标题"中输入自己想找的内容,可点击"查询"来查结果,并可以"删除备忘"。
- 备忘分为"未阅备忘"和"已阅备忘"。
- 主要功能是可以点击"添加备忘",然后在"备忘信息"中按要求填入相应的"备忘标题"、"重要程度"、"提示时间"和"备忘内容","保存备忘"当到达预先设置的提示时间后,系统会在界面底面显示滚动信息条提示。

第七章 计调部业务流程

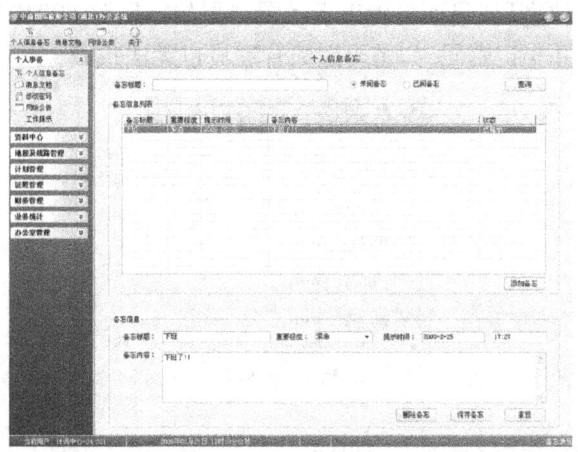

- 点击"消息文档"进入右图所示界面。
- "消息标题"中输入自己想找的内容,可点击"查询"来查结果,并可以删除你自己发的消息。
- 备忘分为"已阅读消息"和"未阅读消息",其中"未阅读消息"在消息列表中将用红色底纹。
- 主要功能是类似于点对点的消息传送,可以点击"添加消息",然后在"消息内容"中选择"接收部门"、"接收人员"、输入"消息标题"和"消息内容",而且还可以在"消息附件"内"添加附件",最后"发送消息"即可。当消息到达时,系统同样会在界面底部显示滚动信息来提示。

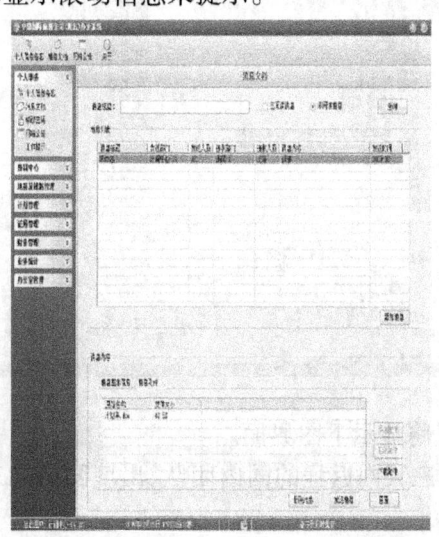

- 点击"修改密码"界面将弹出下示图,"原始密码"为"888888"请用户登录后将密码更改,并牢记密码,如密码遗失管理员也无法找回。

点击"网络公告"将显示下图界面。
- 在"公告标题"中输入你要找的公告标题点击"查询","公告信息列表"中找到你要找的公告,双击或者点击"查看公告"即可。
- 可点击列表中"发布时间"来按时间来排列所示公告。
- 发布公告时,点击"添加公告"然后填写"公告标题"并点击"浏览"上传你要发布的公告内容,最后点击"保存公告"即可成功。

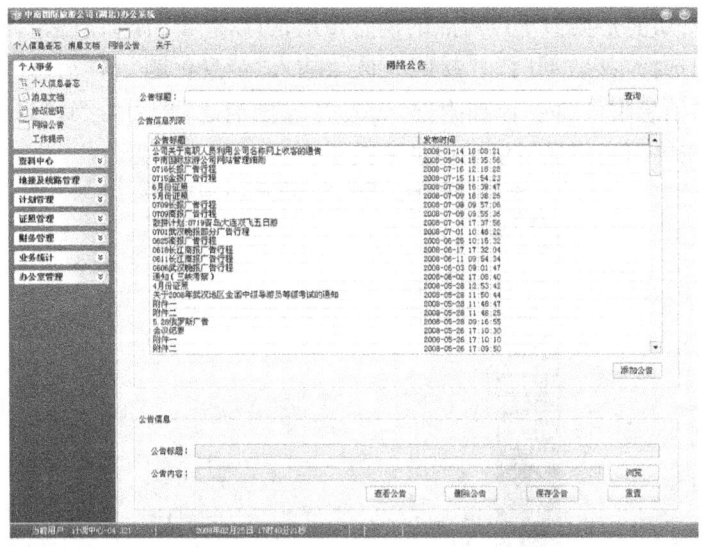

点击"工作提示"将显示下图界面。
- 下图中可显示三天内返程的国内团队、出境团队和三天内发团的国内团队、出境团队。

第七章 计调部业务流程

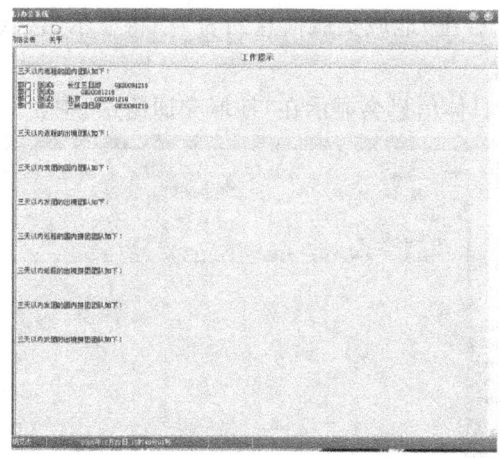

2.点击"资料中心"将显示下图界面。
● 供应商资料。
● 地域交通资料。
● 签证办理资料。

点击"供应商资料",先在左侧列表中选择区域,再选择"景点"、"酒店"、"购物"、"地接社"、"车队"或"餐馆"中的一种。
● 点击"查询"即可在"信息列表"中显示出来。
● 最后确定特定的一项,其内容将会显示在"详细信息"中。

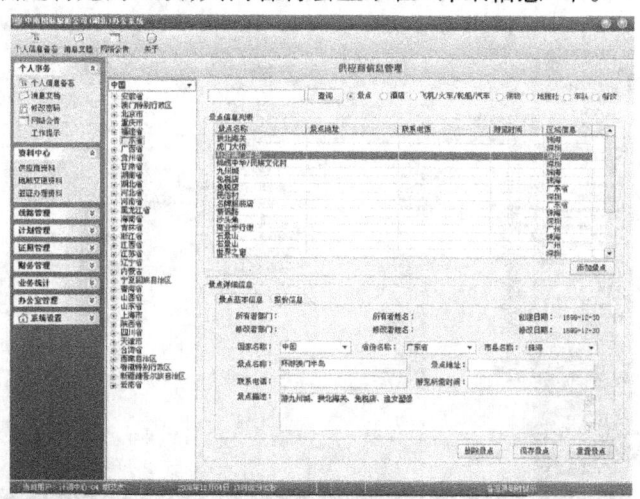

点击"地域交通资料"将显示下图界面。
● 在"起点名称"和"终点名称"中输入需要查询的地理名称。

● 点击"查询"后在"地域交通信息列表"中将显示出系统库中符合查询标准的对象。
　● 选中一项后具体信息会显示在"地域交通信息"中。

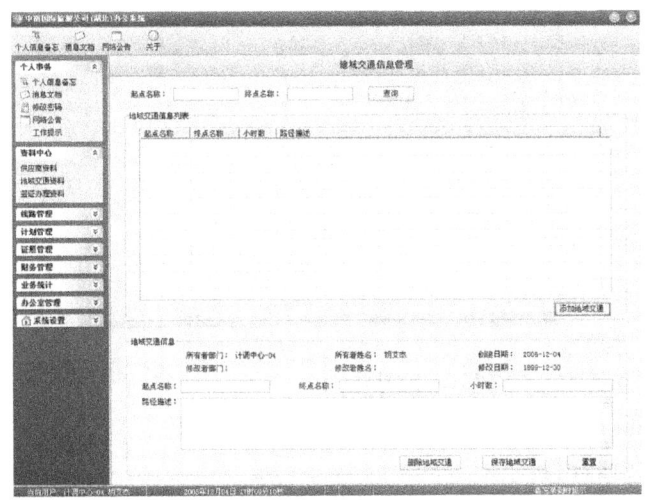

点击"签证办理资料"将显示图界面：
　● 在"所签国家"中输入需要办理签证的国家名称。
　● 点击"查询"后系统内符合查询条件的信息将会显示在"签证办理信息列表"中，选择所需的项目后，其具体内容将显示在"签证办理详细信息"中。

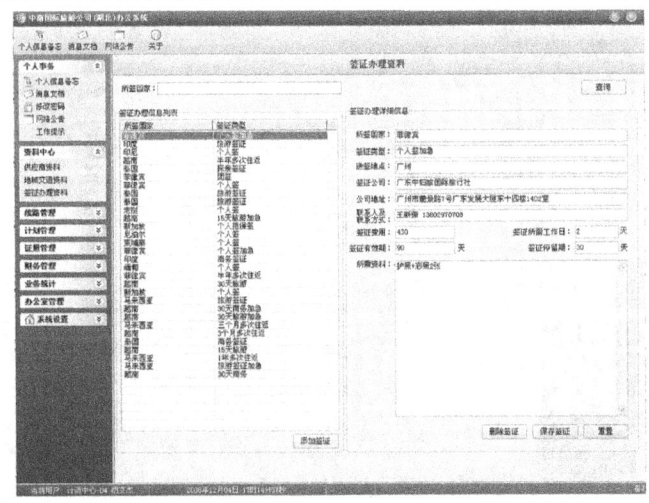

3.点击"地接及线路管理"将显示下图界面：
　● 地接社管理。

- 地接线路管理。

点击"地接社管理",先在左侧列表中选择区域,再选择要查找的地接社所在省份,然后点击对应的地接社名称,即可在右侧表中查到相关信息。

- (添加地接社时,同样是先选择区域再进行操作)。

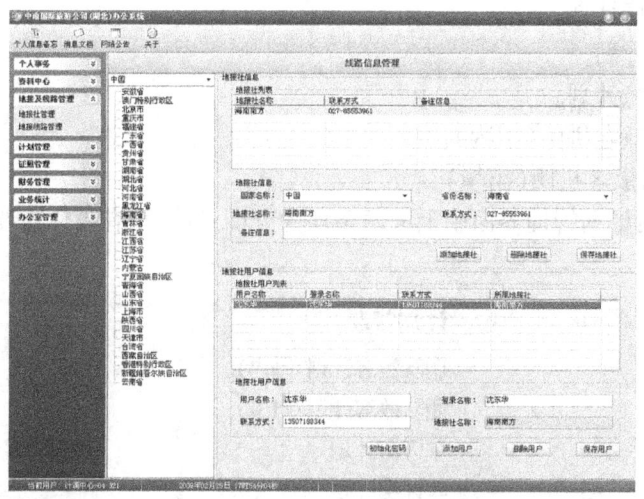

地接线路管理

- 点击"地接线路管理",先在左侧列表中选择区域,再选择要查找的地接社所在省份,然后点击对应的地接社名称,即可在右侧表中查到相关的地接社所提供的旅游线路,选择相应的行程名称,点击"查看文档"便可以看到此行程内容。

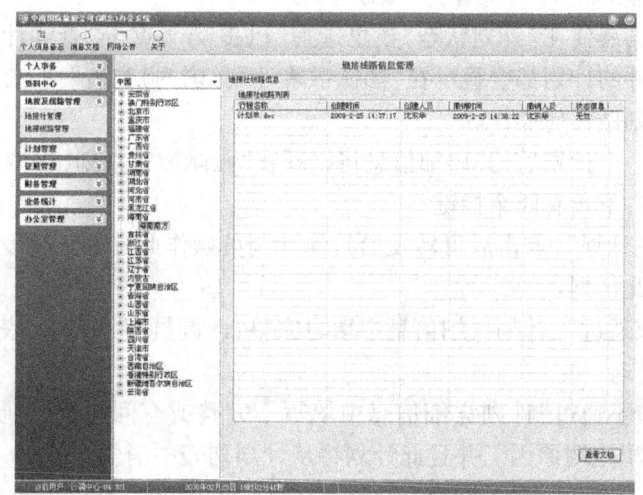

4."计划管理"
- 团队散客计划(国内)。
- 团队散客计划(出境)。
- 单订车计划。
- 单订房计划。
- 签证计划。
- 单过境计划。
- 团队散客拼团(国内)。
- 团队散客拼团(出境)。
- 注意:计划管理界面中上面两条均为查询条件,只有当你需要查询计划时才需填

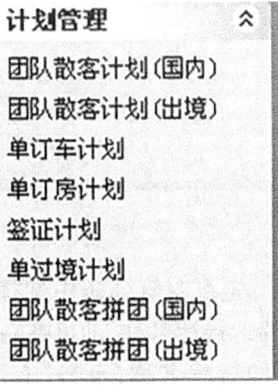

(1)"团队散客计划(国内)"显示下图界面。
- 先根据需要在"计划状态"栏里选择"已提交",点击"查询计划",系统里符合查询条件的计划都会显示在"团队散客计划(国内)列表"内,红色表示计调员未对此计划做任何操作。
- 选择一个计划后,其详细信息将出现在"国队散客计划(国内)详细信息"中,此时,在右下角有四个控键
- "转发计划",点击后可转发给其他计调员操作此计划。转发后原计调员就无权看到此计划。
- "审核通过",计划详细信息中填写完整,计调员即可点击,表示此计划已接收进行操作。
- "审核不通过"计划详细信息中填写不完整或有问题,计调员即可点击,并在"备注"里注明原因。并且此计划将从计划列表中消失。

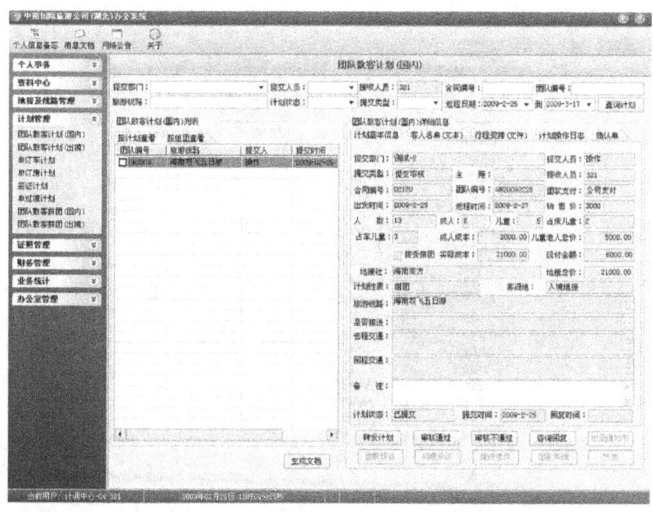

- 当计划审核通过后，如下图界面所示，计划列表中此计划已不再用红色表示。
- 右下角显示以下二个控键。
- "团款预留"，点击后会弹出一个对话如下图，在"预留事项"中填入如"团款"之类的信息（注：必须填写信息内容），并在"预留金额"中输入金额。
- "发团"，点击后表示此计划除团款支付外已操作完成。

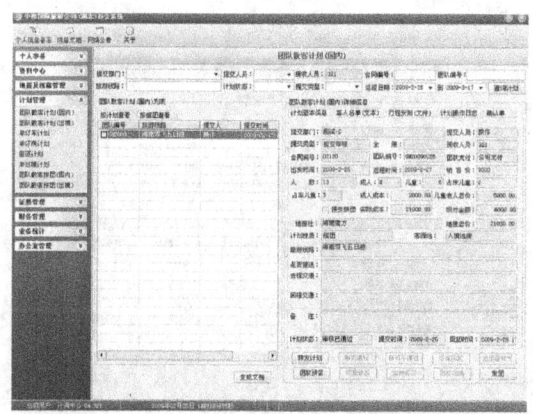 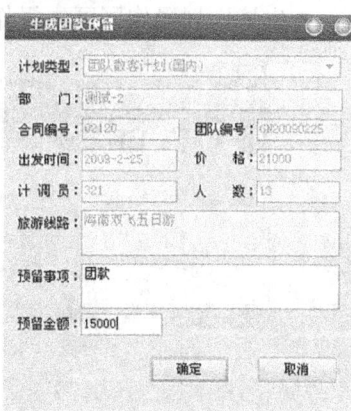

- 当计划已处于"发团"状态后会有"团款明细"控键显示。
- "团款明细"，点击后会弹出下图，其中"应付金额"是指整个计划所需要费用减去已经支付的费用。
- "团款明细"生成并被部门确认后，即表示此计划整个运作完成。
- 如有电子版的地接社确认单及保险单可以在"确认单"栏内上传，与计划同步保存。

- 注：整个计划在未确认团款明细前，部门都可以提出"请求修改"，计调可"同意修改"或"拒绝修改"。在部门修改后"计划操作日志"中会将原计划内容记录下来，以便对照。
- 因此计调员也要注意每个计划的计划状态！
- 出境计划操作同国内操作一样。

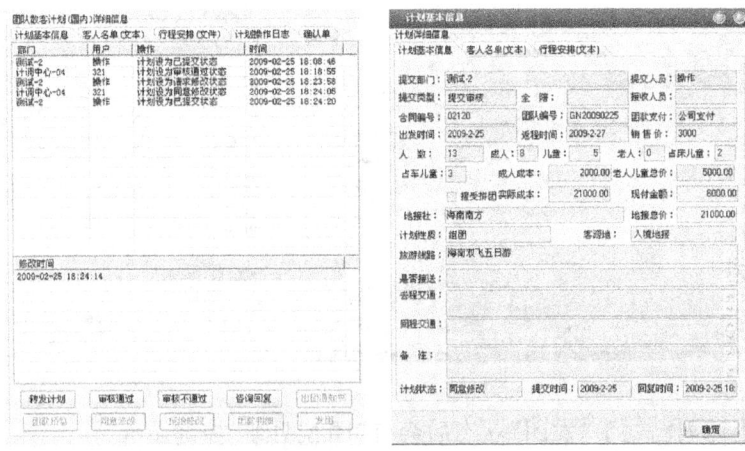

（2）"单订车计划"如下图所示
- 先按照"计划状态"查询计划，点击"查询计划"，系统里符合查询条件的计划都会显示在"单订车计划列表"内，红色表示计调员未对此计划做任何

操作。

- 选择一个计划后，其详细信息将出现在"单订车计划信息"中，此时，在右下角有四个控键。
- "转发计划"，点击后可转发给其他计调员操作此计划。转发后原计调员就无权看到此计划。
- "审核通过"，计划详细信息中填写完整，计调员即可点击，表示此计划已接收进行操作。
- "审核不通过"计划详细信息中填写不完整或有问题，计调员即可点击，并在"备注"里注明原因。并且此计划将从计划列表中消失。

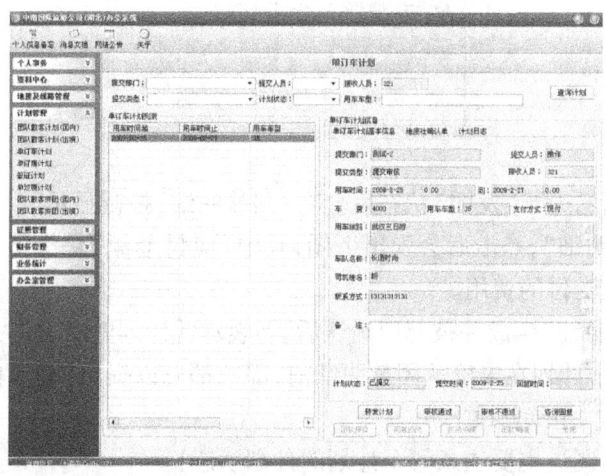

- 当计划审核通过后，如下图界面所示，计划列表中此计划已不再用红色表示。

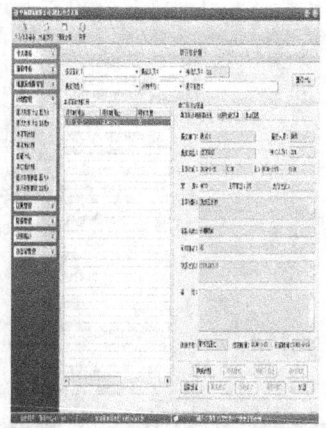

— 211 —

● "团款预留",点击后会弹出一个对话如下图,在"预留事项"中填入如"团款"之类的信息,并在"预留金额"中输入金额。

● "发团",点击后表示此计划除团款支付外已操作完成。

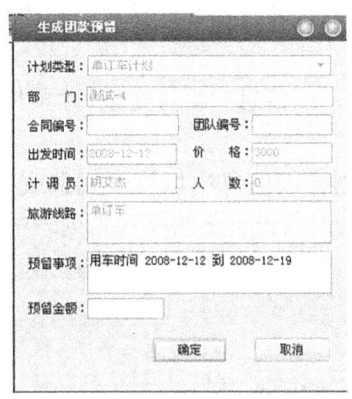

● 当计划已处于"发团"状态后会有"团款明细"控键显示。

● "团款明细",点击后会弹出下图,其中"应付金额"是指整个计划所需要费用减去已经支付的费用。

● "团款明细"生成并被部门确认后,即表示此计划整个运作完成。

● 注:整个计划在未确认团款明细前,部门都可以提出"请求修改",计调可"同意修改"或"拒绝修改"。

● 因此计调员也要注意每个计划的计划状态!

● "单订房计划""签证计划""单过境计划"操作流程与"单订车计划"一样。

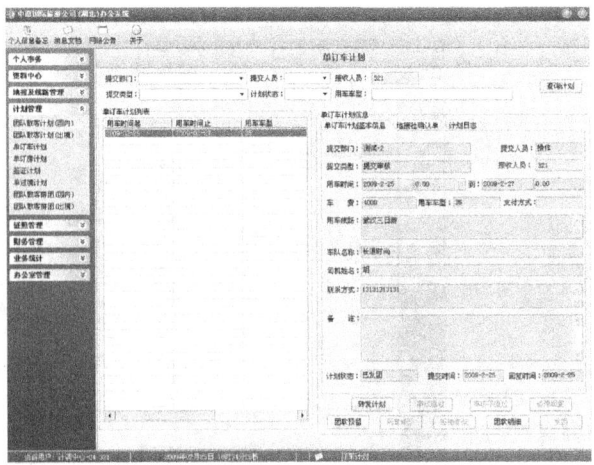

5.证照管理
● 通行证。
● 护照。
● 签证。
● (1)点击"通行证"栏后,在上面两排查询条件里输入所需要查找的信息。
● 输入完毕后,点"查询通行证","通行证信息列表"中将显示系统内符合查询条件的证件信息。
● 具体选择一项后,详细信息将显示在右侧的"通行证详细信息"内,并可表示证件"状态"。
● 信息表内红色底纹代表此证件"超时未出证件"。
● 信息表内浅蓝色底纹代表此证件"已回证件"。
● 如需要导出所选的信息列表内容,可点击下方"导出到 Excel"。

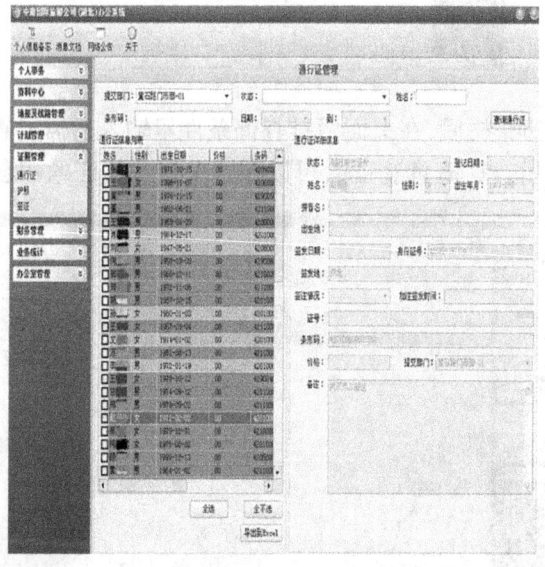

(2)点击"护照"栏后,在上面两排查询条件里输入所需要查找的信息。
● 输入完毕后,点"查询护照","护照信息列表"中将显示系统内符合查询条件的证件信息。
● 具体选择一项后,详细信息将显示在右侧的"护照详细信息"内,并可表示证件"状态"。
● 信息表内红色底纹代表此证件"超时未出证件"。
● 信息表内浅蓝色底纹代表此证件"已回证件"。

- 如需要导出所选的信息列表内容,可点击下方"导出到 Excel"。

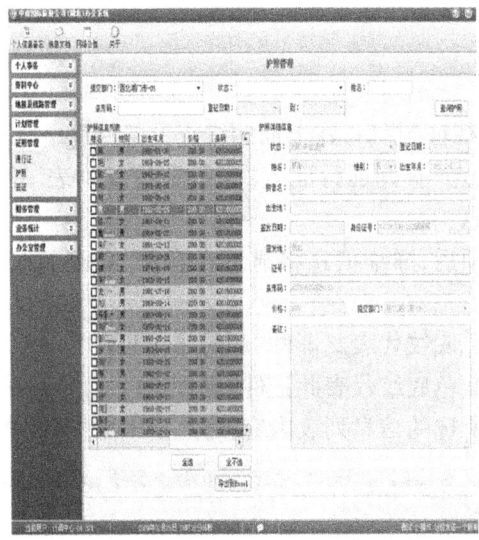

(3)点击"签证"栏后,在上面两排查询条件里输入所需要查找的信息。
- 输入完毕后,点"查询签证",可以在这里查到签证的状态。

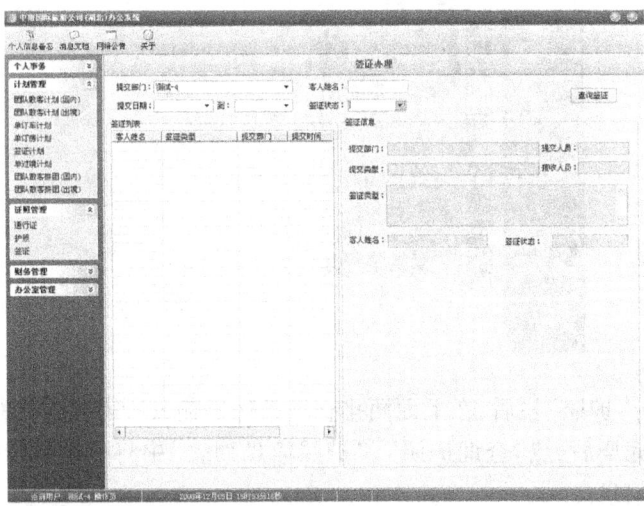

6.财务管理
- "团款明细"是查询各部门每个计划最后一笔团款支付的状况,一般是由财务填写完后,由部门相关人员进行核对确认。此表中可以查询到各个团款明细的确认与否。

第七章 计调部业务流程

- 输入查询条件,可以在"团款明细信息列表"中找到系统内符合查询条件的计划,选定一条后即可在"团款明细信息"中看到具体的费用。

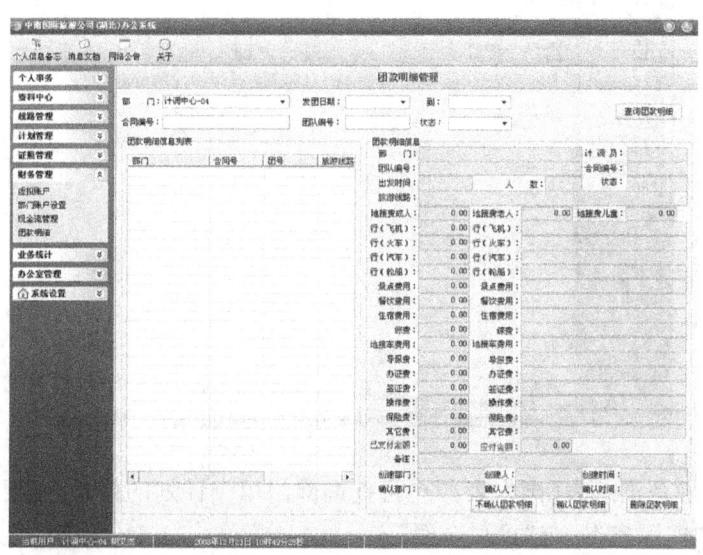

- 在下图所示中"创建部门"、"创建人"及"创建时间"是指制作团款明细的人员。而"确认部门"、"确认人"及"确认时间"则是指对此团款明细做确认操作的人员。如没有则表示此团款明细未被确认。

| 创建部门： | 创建人： | 创建时间： |
| 确认部门： | 确认人： | 确认时间： |

7. 业务统计
- 业务汇总表。
- 业务汇总表(国内表)。
- 业务汇总表(出境表)。
- 业务汇总表(单订车)。
- 业务汇总表(单订房)。

(1)"业务汇总表"中可查询部门"出境线路排名"、"国内线路排名"及"部门业务排名"。并可根据需要将表格导出成 EXCEL 表格。

— 215 —

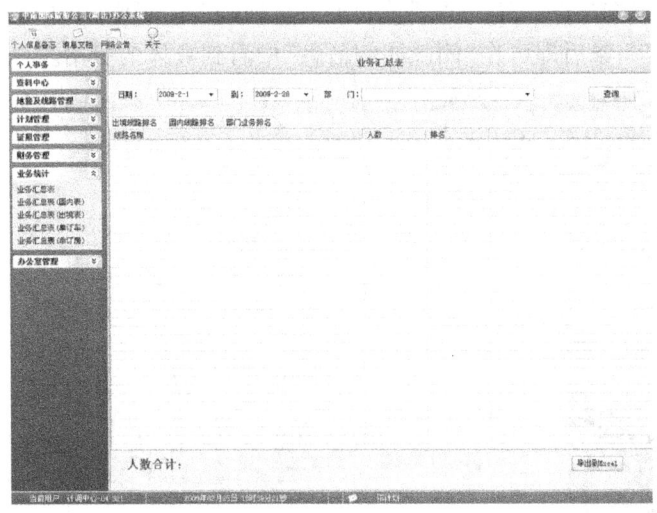

（2）"业务汇总表（国内表）"中可查询部门单个计划的信息，主要是用于查询计划的"实际成本"与"已付金额"。

● 查询方式可根据"计划性质"也就是说是"组团"、"入境地接"还是"国内地接"。

● "实际成本"是下计划时填写的需要支出的成本金额。

● "已付金额"是计划中已经支付出去的费用（与预留不同）。当团款明细被确认后，"已付金额"内将显示"已付清"。

● "业务汇总表（出境表）"与此表功能一样。

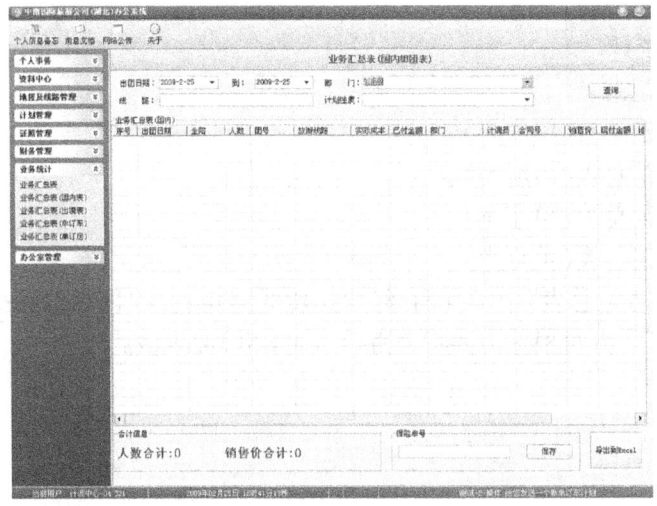

8.办公室管理
- 部门基本资料管理。
- 人员档案管理。
- 物品领用管理。
- 合同领用管理。
- 投诉管理。

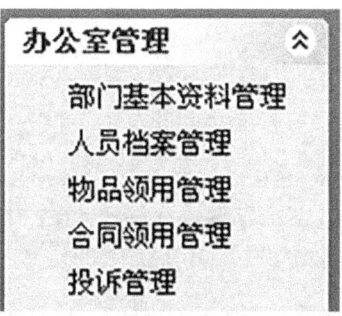

(1)"部门基本信息管理"中可询部门的相关信息。

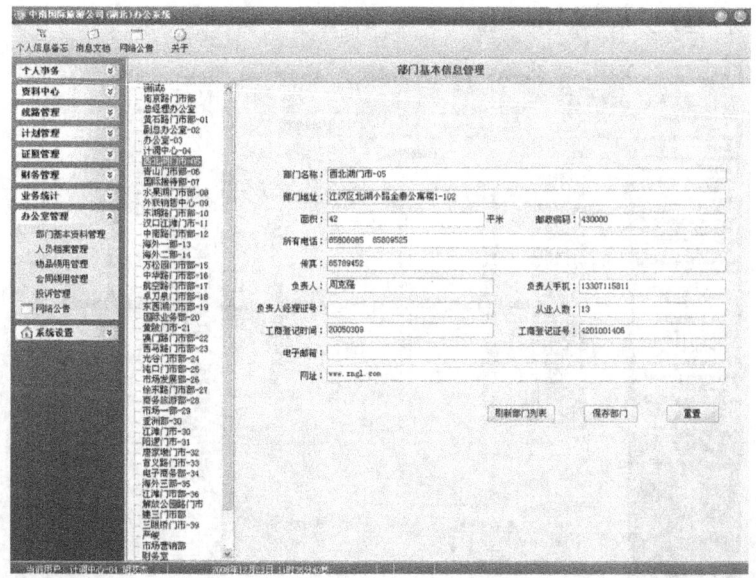

(2)"人员档案管理"中可询部门人员的相关信息,如"人员基本信息"、"个人简历"、"家庭成员"及"备注"。

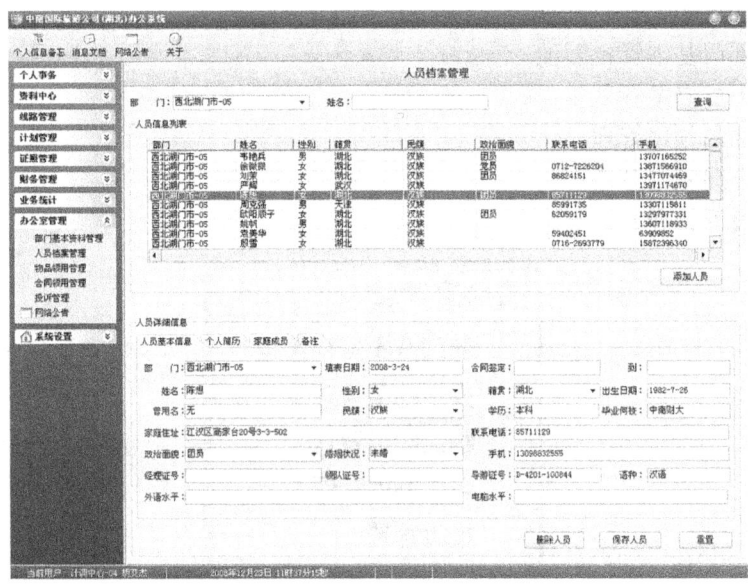

(3)"物品领用管理"中可询部门的领取的包帽之类物品的信息,包括"数量""日期""经手人"等。

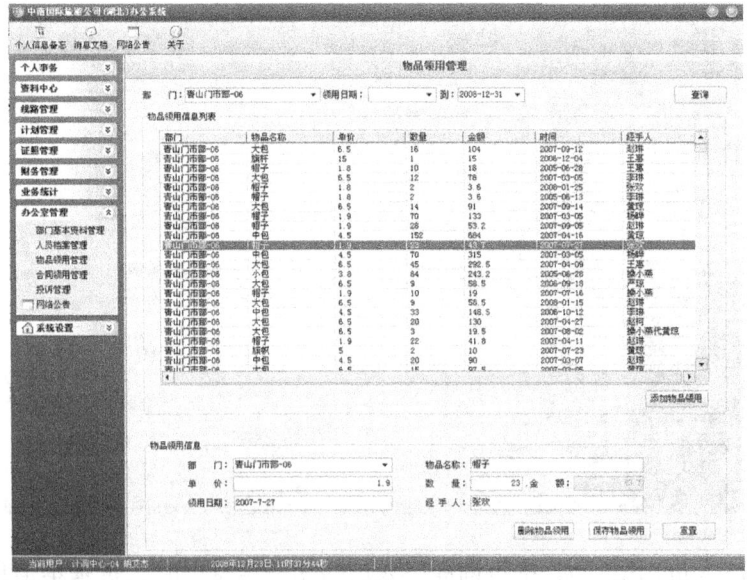

(4)"合同领用管理"中可询部门的领取合同的信息,包括"合同号""日期""经手人"等。

第七章 计调部业务流程

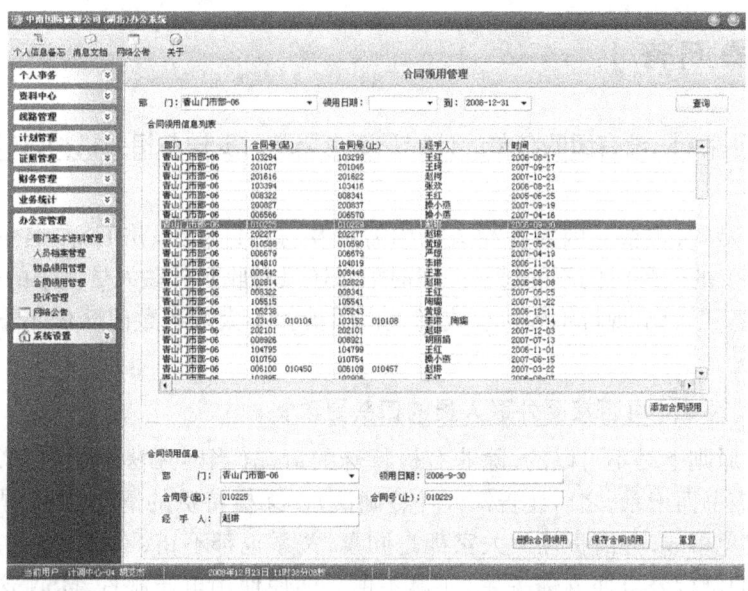

(5)"投诉管理"中可询部门报上来的客人投诉的信息,包括"投诉基本信息""投诉内容""部门意见""调查情况""处理结果"及"领导批示"。

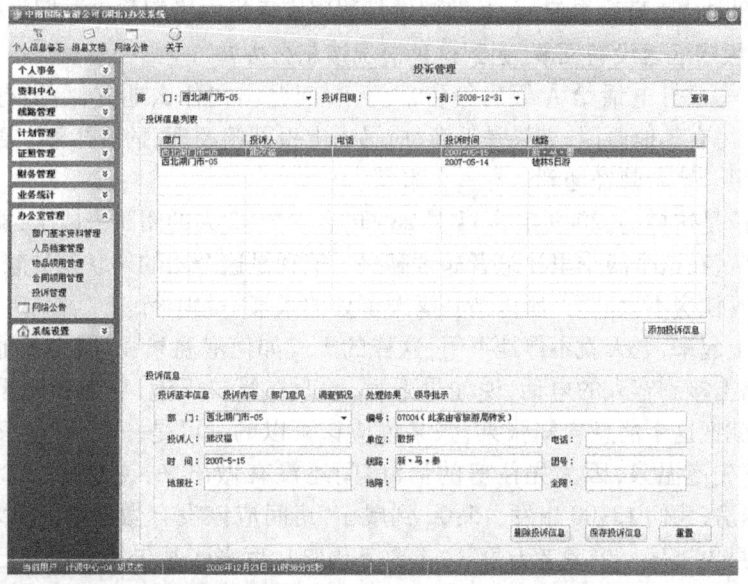

— 219 —

[实操问答]

[问答1] 没有团队名单的计划是否也要及时发送各相关机构,如饭店、地接社等?

答:是的,也要。因为各相关机构需要及时预订座位、房间等,名单可以补发,但补发的间隔时间不能过长。届时如果还没有收到外联人员发来的名单,要主动催要,以免出现订不到机位或者是机票折扣不太好导致团队做不下来等的尴尬情况。

[问答2] 可否接受外联人员的口头更改?

答:原则上是不可以的,除非有极特殊的情况(当时无法书面告知,计调人员也应该书面记录,之后让告知人补签确认)。无极特殊的情况,则必须书面更改,以避免事故,分清责任。大家都是同事,关系也都不错,不该因为"签字"这点简单的例行公事而弄僵关系,实属不值。即使使用电子邮件、MSN这些现代化的无纸办公设施,也要坚持书面告知和确认。电子邮件的储存管理可借助相关的办公软件,电子文件应留存2~3年。

[问答3] 计划发出后,其他地接社和饭店等相关机构都已发回书面确认,唯独A饭店迟迟没有回复,遇到这种情况该怎么办?

答:马上打电话给A饭店销售部门,看问题出在什么地方,是没有收到计划,还是另有其他原因,如果是后者,应马上上报部门经理,酌情处理。否则后果不堪设想。笔者曾经遇到这样一个事情。

事情是这样的,2009年的11月28日,有一个93人的团队去咸宁,能够做到这个团队,在这个淡季里让笔者非常高兴!笔者是这个团的外联人员兼导游,但是一直对住房不太放心,所以请驻汉办事处的张某一起随行。

早上起来,老天就不停地下雨,这样的天气如何泡温泉呢,因为瑶池是露天的,在路上接到客人的电话,说如果下雨,就改在第二天泡,导游我说没有问题的。我就把这个消息告知张某,张某说应该可以的。可是一会儿,他又来电告知,最好先泡温泉,因为先住房的话,房间还没有做出来,说是有一个会议是15:00退房,我们13:00出发,15:00到咸宁,房间应该没有做出来,所以最好是先泡温泉再进房。希望老天争气,不要下雨呀!后来张某告知说咸宁已经没有下雨了,看来老天是帮我们的,做我们这一行,也要"看天吃饭"呀!约15:30到了咸宁,没有下雨,我们如期去泡瑶池温泉。大概18:30人到齐后去入住捷臣汇东酒店,因为司机师傅说那个酒店不错,在2009年的国际温泉节曾经接待过"世界小姐",我不由放心了许多。可是当客人到酒店用晚餐时,我怕出问题,所以安排另外一个导游去安排晚餐,我来安排住宿。可是当我到前台拿房时,前台小姐告知我,没有房了!我大吃一惊,连忙拿出传真,说我们是委托瑶池景区预订的住房,并且交了定金2000元,又问有没有瑶池景区的预订,她们说也没有。我急忙去找张某,他在三楼看餐。我急忙把他叫下来,他也无可奈何,急忙打电话给他的经理——谭某。原来这个房是他的经理帮忙预订的,啊,转了这么多圈子呀,他的经理老是挂他的电话,说是马上来。在这种情况下,我在19:15给他的经理打电话,也说是马上来,我问他:他的马上是多少时间,说是15分钟。我耐心地等了16分钟,在19:31给谭某打过去,他说马上到,大概是在19:45抵达,说是要拿预订住房的传真,等他到了,急忙问他住房的问题,他说没有住房了,要我们的客人住在瑶池的休息区,说那里是168元/人的,便宜点给我们,我的头要炸锅了,剧烈的头痛,我说那是不可能的,我开始明白了,其实他一开始就没有给我们预订住房,只是想让我们的客人住他们的瑶池休息区!他一直在等我们的客人吃完晚饭,然后没有办法,逼我们就范!我与他们进行周旋,首先是要求谭某把定金退给我们,可是他只有2300元,1600元交了晚餐给酒店的刘经理。

这边客人全部下来了,有客人已经投诉给咸宁市旅游局。客人已经不愿意住下来了,愿意回家。所以我安排另外一个导游把司机叫下来准备安排客人回家。质监所的工作人员到来后查看我们的导游证,要我拿出派遣书和计划书,都是齐全的。看张某他们的证件,他们居然说没有证件。

显然组团社受到驻汉办事处的欺骗!

[问答4] 有哪些方法可以使杂乱无章的计划井然有序?

答:根据实践经验,如果能有效而巧妙地利用好办公用品和办公设施,井然有序自然不成问题。办公用品和办公设施的设计和使用,完全是一个"从实践中来,到实践中去"的过程。因此,能否用好这些办公用品和设施,也可以说是计调人员的基本素质之一。

根据需要和办公空间,上面购置若干组开放式的书架、下面有带门锁的文件柜,再购置若干打孔文件夹,最好厚薄大小一致,既美观又实用,还得买几个打孔器。根据团量使用文件夹,可以按自然年设置12个文件夹,即一个月一个。计划的排放最好是从前往后,也就是说打开文件夹,看到的总是最近的计划。这样做,一是方便查找,二是呼应团号的排列(团号都是唯一的,而且基本是按先来后到顺序排列的)。然后将整理好的文件夹一个个立放在书架上,一目了然,取放方便,整齐美观,便于清洁。

[问答 5] **计调人员在发送计划过程中,发现外联人员做的计划中有错误,计调人员应该怎么办,是悄悄帮着更正,还是装着没看见?**

答:很显然"装着没看见"是非常错误的。计调和外联是旅行社业务操作中两个分工协作的环节,双方应该本着"in the same boat(同在一条船上)"的原则分工协作、互通有无,绝不应该有"坐山观虎斗"和"幸灾乐祸"的小人心理。"悄悄帮着更正"的做法也有不妥,表面上看是在替对方着想,实际上很可能会好心办坏事。较好的做法是,及时善意询问,及时更改错误。

[问答 6] **如何避免外联人员说计划已发,而计调人员却说没收到的情况?**

答:现代办公手段也会出现问题,电子邮件也会有显示发送成功但实际上对方并没有收到的可能,可以通过严格的操作流程和相应的责任制度来规避这类情况的出现。外联人员通过电子邮件发送的计划,不能完全依赖系统的显示就判断计调人员一定收到了计划,而应该有一个计划发送备忘录,计调人员将根据备忘录从电子信箱中查收计划。其实,归根结底,这类问题都是与责任心有关,发送计划的目的就是要让对方收到,不能只是为发而发,不管收到与否。

[问答 7] **游客名单的重要性知多少?**

答:对于组团社而言,能够拿到游客的名单相当于与游客签订了协议,极其重要。如今,预订火车票、飞机票都需要客人的证件;对于出入境的游客而言,就是护照了,拥有护照信息可以占位置,尤其是在出境团比较紧俏的暑期游;常常是有护照立马可以抢占先机。有些入境团队的护照信息可能还需要处理一下才能购买火车票,如笔者在 2015 年 6 月接待了一批德国团,在帮助德国团购买高铁票时,火车站需要先把客人的护照信息翻译成英语,才能帮助购买。

[问答 8] **《旅游法》实施后导致旅游团费上涨吗?**

答:这既是对《旅游法》的极大误解,也是对旅行社阳光价格的不合理看法。《旅游法》实施后旅游价格比以前普遍上调,这正是《旅游法》立法过程中所预期的禁止零负团费经营后所产生的积极后果。也就是说,《旅游法》实施后旅游团费在一定幅度上普遍上调,这并非是《旅游法》颁布实施导致了旅游团费上涨,毋宁说,这是《旅游法》颁布和实施,倒逼旅行社使旅游价格回归正常,使原来的潜在价格浮上水面,逼迫旅游企业明码标价,"黑箱"操作变成了明示的阳光价格。以往旅游团费之所以超低,那并非是真正的市场价格,而是其中暗藏玄机,在旅游行程开始后,经营者通过强迫或变相强迫、诱导旅游者购物和参加自费项目,从中收取回扣,即所谓"堤内损失堤外补"。而旅游者在整个旅游过程中的真正支出,从总体上说,绝非只是那个超低团费或零负团费。道理很明显,旅行社等旅游企业并非慈善机构,旅游经营不是慈善行为,而是企业行为。既然是企业行为,就要有成本和利润。任何旅游企业都不可能亏本经营。正常的旅游价格应当是由"旅游行程成本+旅游企业经营成本+企业利润"三部分构成的。因此,以往所谓"零负团费"或超低价格,譬如从北京到香港3晚4日游收费不足1000元人民币,这连旅游行程成本都不够,因为机票、住宿费加起来,决不会不超过1000元人民币。而现在同样的行程回归在4000~5000元左右,显然,这是回归到合理的价格区位,是明码标价,而并非提价或涨价。

因此,第一,旅游者不要盲目地相信所谓"涨价说",而要看到这是旅游企业改变经营模式,明码标价、阳光经营的必然结果。可以说,这也正是《旅游法》立法的初衷之一:消除零负团费、超低团费,使旅游行业的"潜规则"变为"显规则",使旅游市场的经营回归到市场经济的正常轨道。

第二,旅游者一定要清醒地认识到,真正的低价团或零负团费实际上是不可能存在的。因为"天上没馅饼,地上有陷阱"。通常情况是,在低价团开始旅游后,旅游者总是处于被动地位,因而受到这样那样的伤害是必然的。"为什么受伤的总是我?"——因为你交的费用太低了。连基本的旅游成本都不够,哪个导游愿意赔本赚吆喝?因此,旅游团费回归正常合理价位,可以有效地消除以往旅游行程中存在的一系列弊端,如旅游者"被购物""被自费"的现象。以往旅游者参加低价团,一定会被反复劝说购物或参加自费项目,否则,导游就不可能给你好脸子,甚至有的骂旅游者"小气""抠门"。本来,旅游者出外观光游览是为了寻求精神愉悦,放松休闲,结果可能会"花钱找罪受",与导游等斗智斗勇,口角不断,回来后焉能不生一肚子气。

第三,旅游者更不要抱怨因《旅游法》颁布实施导致旅游团费上涨了,使自己多花钱了,不能参加便宜团了。确实,以往会有少数旅游者自愿报低价团或零负团费旅游团,"明知山有虎,偏向虎山行",然后在旅游开始后,拿定主意不购物,任由导游怎么游说、奚落和嘲讽,抱定主意不购物,坚决不参加自费项目。这样,表面上看起来似乎是旅游者自己占了便宜。殊不知,在市场上"买的永远不如卖的精",旅行社和导游也会"你有政策,我有对策",总要想办法折腾你、诱导你购物或参加自费项目。如果他们总是做赔本买卖,谁还再让你报超低价团呢!"你"不购物,他们就会从"别的"游客身上找补回来。不定哪一天,在他们的忽悠下,你就会成为那些"别的"游客的一部分。久而久之,这会使整个旅游市场经营每况愈下,最终伤害的还是旅游者群体。《旅游法》颁布实施的宗旨之一,就是为了整治超低价团或零负团费这种旅游行业的顽症、"癌症"而出台的。它需要旅游经营者自律,旅游者监督和旅游主管部门监管协调一致,才能达到最佳效果。我们不能只指望别人守法,自己从中占便宜。如果都抱有这种心理,旅游业能搞好吗?我们出去旅游能痛快吗?

[问答 9] 客人为什么罢住目的地酒店?

答:事情是这样的。有一外企旅游团赴海南,在与外联人员签订协议时,要求协议书上注明目的地下榻酒店的名字;外联人员在征求旅行社计调的同意下(组团社计调询问了地接社计调后)如实注明了酒店名称。可是,当旅游团下飞机后到海口某酒店时,旅游团罢住,原来该酒店不是协议书上的酒店;虽然,地陪解释是同一级别的酒店;可是客人就是不住,并且有理地说:为什么协议书上的酒店住满了?而这家酒店没有住满?足以说明那家酒店要好一些呀!

无奈,只有用高一级别的酒店代替,旅游团才同意解决事情的争端。后来地接社要求客人支付房差,客人不同意;又要组团社支付一半的房差,组团社当然也不会同意。

这件事情令计调人员和外联人员思考,在签订协议时,如果客户要求注明酒店名称时,可以多写几个酒店名称,以防此类事情的发生。

[问答 10] 何谓 B2B 平台?使用 B2B 平台对于旅行社里的地接社计调和组团社计调还有前台,分别有什么好处?

答:B2B(Business To Business,在英文中 2(two)的发音同 to 一样。)是指企业对企业之间的营销关系,是电子商务中现代 B2B marketing 的一种具体主要的表现形式。利用 B2B 平台即企业对企业的电子商务,除了在线交易和产品展示外,B2B 的业务更重要的意义在于,将企业内部网,通过 B2B 网站与客户紧密结合起来,通过网络的快速反应,为客户提供更好的服务,从而促进企业的业务发展。

目前基于互联网的 B2B 的发展速度十分迅猛,据最新的统计,在 2014 年初互联网上 B2B 的交易额已经远远超过 B2C 的交易额。(https://wenda.so.com/q/1404440198720247)

B2B 平台对于旅行社不仅是组团计调也好还是组团计调也好,第一,可以增加他们的业务额,因为 B2B 平台上边合作的都是旅行社同行。

第二,可以加快工作效率,同行的报名都是可以直接进行在线操作,报名、确认、打印相关单据或者是传真功能都可以在线操作。

第三,有利于旅行社内部流水线操作。

第四,财务对账是最重要的一点,可以及时进行对账,并且准确。(https://wenda.so.com/q/1372461224069412)

[经典案例]

[案例1] 关系再好也要按流程办事

案情： 入境部小梅是专门负责西班牙语市场的，该市场在 C 旅行社一直不太景气，可是，凭借小梅的热情、执着和良好的专业素养，西班牙一家大旅行社答应给她一个团让她接待，如果接待得好，今后可以发系列团给她。天公作美，这个团一路上都很顺利，领队和客人都非常满意。可是到了最后一站，就在团队离境的倒数第二天，地陪出现了漏接事故，使得先前各个环节的一切努力都付之东流。系列团自然也就此销声匿迹了。

该团是一个二次返京团，离境的倒数第二天从西安返京。该团的北京地陪因临时套团，在此团到京当天去机场送另外一个团，送彼团和接此团的时间比较接近，所以就直接到机场等候了。按照常规，二次返京的团，陪同都是到汽车公司集合的，除非有特殊情况，计调部会根据外联下发的变更通知单，另行安排。

小梅和计调部的小柯是很要好的朋友。小柯也是个负责、细心的老计调。小梅有些急事须马上处理，所以就口头对小柯说：陪同临时套团，汽车直发机场。小柯不经意地回答说：没问题。然而，时值旺季，团队非常密集，人手紧缺，所有员工都是以一当十地忙碌着。接完一个紧急电话之后，小柯就把这个临时更改忘得一干二净了。结果在该团到的当天，地陪是左等不见车，右等还是不见车。司机也觉得奇怪，眼看该团所乘班机都快落地了，可是地陪怎么还不出现，赶紧与计调部联系，可碰巧那天小柯又在外办事，好不容易联系上了，谁料他也是丈二和尚。接着又与小梅联系……就这样，折腾了半天，结果还是让团队在机场干等了半个小时。这下，一切的努力全部泡汤，领队的脸色可想而知，一切都为时太晚了。

事后，小梅埋怨小柯，而小柯却直喊冤枉，友谊从此有了裂痕，系列团自然是另有他社。

点评： 旺季时，团量集中，工作量大，几乎所有员工都会加班加点超负荷工作。此种情况下最容易出差错，就像司机的疲劳驾驶，遵守交通规则都容易出问题，何况不遵守呢。因此，团量越大、工作越是繁杂，就越要按流程操作。"尊重流程，减少事故"。关系再好、事情再多，小梅也不应靠口头更改，而必须严格按流程规范，发书面更改单给小柯，且必须要有小柯接到更改后的签字确认。这时，如果小柯正在忙其他的事情，他会把签收后的更改单放入"待处理文件筐"中，事后逐一查看，并按轻重缓急的顺序逐一处理。这样操作，就不会出现漏接事故了。即便出现，责任也是有据可查的。事故避免了，小梅和小柯的友谊也便不会有裂痕了。

纸张的更改单一般都是一式三份的,无碳复写。一份给计调、一份给财务,还有一份外联留底。目前,一些大的旅游企业,通过高科技手段实现"无纸办公",开发相应的软件和系统进行业务操作,大大提高了工作效率。但是,不管是以什么形式操作,都会有相应的业务流程,业务流程是不容忽视的。

[案例2] 责任到人,签字为凭

案情:有一家专门做火车团的荷兰客户,他们的客人非常喜欢西安,总让导游员小周帮他们代订北京到西安的硬卧火车票,预订单一般是提前至少15天从荷兰发来,票款都是电汇到公司账户。有一次因为一些特殊原因,对方旅行社没有提前预订,而是让领队到北京后再与小周联系,票款现付。票务部接到小周的订票计划后及时购买了火车票,小周在购票计划上明确注明:票款现付。届时领队拿着现金跟随小周到票务部领取火车票。票务部张姐数完由领队交来的5000多元人民币现金后,把一摞车票交给了小周。小周清点后,转交给领队。看着小周没有离开的意思,张姐问小周:"还有事情吗?""在等发票。"小周回答。"火车票就是发票呀!"张姐很不以为然地说。"火车票给了领队,拿什么证明我已经现付了这笔团费呢?"但是无论小周怎么说,张姐就是坚持不交钱就不给票的死理儿,根本没打算给他开发票。当时,是小周刚到旅行社工作的第二年,虽然觉得有些不妥,但也没再坚持。可是,没想到,两年后的某一天,小周突然收到财务部的欠款通知,说他有5000多元的欠款还没还。怎么会呢?小周想,自己做团很少有欠款的,即使有也不会这么久。核查了财务的细目单后才知道,这笔欠款就是那笔现付的火车票款。而张姐早在一年前就调离了公司,天哪,这下可是有口也说不清了。思前想后,想起他跟领队有领取手续,他自己打印的"领取签收单",一式两份,用复写纸垫着,双方签字。翻箱倒柜,找出了这份签收单。财务部说光有这个还不行,还需要领队的证明。几经周折总算找到了当年的领队。她亲笔写了证明信,描述了当时的情况……情况吻合,手续齐全,这笔欠款才从小周的名下销了账。

点评:案例2中有两个方面的问题,一是没有弄清"火车票到底是不是发票"的问题;二是不应该把钱现付给票务。

让我们先来看看发票的含义是什么。发票,是企事业单位财务收支的法定凭证和会计核算的原始凭证。就这个含义来讲,火车票不是发票。案例2中"张姐"的说法是不对的。而小周最终没有坚持要发票,也是对这个概念不甚清楚的表现。火车票虽然可以做报销凭证,但它跟发票之间是不能画等号的。车票被客人取走后,小周又用什么来证明这笔票款已经结清了呢?

一般情况下,团款都是通过银行汇款的方式支付的。团款是否结清,只要一查汇单就知道了。这次的团款是现付，本身就是个例外。正确的做法，是把票款交给财务部，然后凭财务部的收款凭证到票务部取票。而小周却错误地把票款现付给了票务部，所以，收到财务部的欠款通知也就不奇怪了。幸好他与领队之间有签收手续，否则，他有一千张口也说不清钱的去向了。

[案例3] 签证被拒之后

案情：据《京华时报》刊发的一则"神舟国旅被指控欺诈消费者"的报道称，北京的艾先生、李女士夫妇报名参加了北京神舟国际旅行社赴欧旅行团。4月11日，神舟国旅望京门市部的业务员来到艾先生的公司，带走26 600元团费和护照等证件，没有签署合同。4月22日，艾先生在神舟国旅速递来的"北京市出境旅游合同"上签了字。4月24日下午，神舟国旅望京门市部负责人徐女士通知艾先生，其妻李女士的签证被拒签。旅行社要求艾先生夫妇按合同承担机票和签证费6000元。神舟国旅于次日提供给艾先生的意大利大使馆"入境签证拒签措施说明"显示：下发通知的时间是4月18日。

艾先生认为，神舟国旅明知道大使馆已拒签，还与他补签旅游合同，属于欺诈行为，其目的就是让他承担费用，于是将神舟国旅投诉至北京市旅行社服务质量监督管理所。望京门市部负责人徐女士说，他们在与艾先生签合同时，并不知道李女士被拒签的消息。北京市旅行社服务质量监督管理所王科长认为，从艾先生缴纳团费之日起，双方已开始履行合同，所以，4月22日签署的合同有效。艾先生应承担机票和签证费，相应数额有待商榷。艾先生的代理律师认为，应先签署合同再履行合同。艾先生在缴纳团费的同时，双方就应当签署合同，神舟国旅没有按法定程序办事。艾先生于6月6日，就此事向朝阳区人民法院递交了诉状。

北京市旅行社服务质量监督管理所的调解意见是：第一，艾先生委托神舟国旅安排赴法、瑞、意、梵等国旅游，并向神舟国旅提供了签证所需材料和旅游团款，其意思表示真实。神舟国旅收取了团款，开具了发票，并履行了向使馆送签的义务，故艾先生夫妇委托神舟国旅提供旅游服务的合同关系存在。第二，神舟国旅提供的意大利使馆签证处的通知单显示，领取签证时间为4月22日。其签证的情况只有在领取护照后方可知晓，因此，艾先生夫妇所称"神舟国旅隐瞒真相，造成甲方违约的假象"的证据不足。第三，造成此次旅游没有成行的主要原因是李女士被使馆拒签，而不能履行合同。由于李女士被使馆拒签，致使艾先生不愿意单独出游，才被迫放弃此次旅游。因此，北京市旅行社服务质量监督管理所认为，艾先生夫妇应当承担委托旅行社办理旅游服务过程中所花费的合理、必要的支出。其要求神舟国旅双倍返还团费的主张不予支持。

点评：北京某律师指出，只要神舟国旅能够证明收到李女士签证被拒签的回执时间在签署合同之后,艾先生夫妇就应当承担旅行社的损失和签证费。另外,由于艾先生夫妇和神舟国旅已经形成事实合同关系,那么,即使没有签订书面合同,只要神舟国旅能够举证其相关损失,艾先生夫妇也应当承担相应费用。案例中,艾先生在没有正当合法理由的情况下退团,属于违约行为,根据合同约定,艾先生应当承担违约责任。因此,律师建议家人或朋友结伴参团出境旅游的游客,应在合同中约定"如因其中一人签证被拒而退团,其他人可以一同退团"的条款,那就不必承担违约责任了。

据某业内人士介绍,出境旅游业务的业内常规做法,是在游客缴纳团款时,旅行社就与之签订合同,随后着手办理签证手续。旅行社在有把握的情况下,等签证办好后再订机票。由于签证被拒而导致退团的,根据合同约定,应由报名游客承担签证费。报名游客因自身原因退团的,应当承担违约责任,承担签证费、机票费等。

许多游客对签证被拒后应由自己承担签证费,并不知情。其中不乏已经有过出境旅游经历的游客。"我们参团旅游理所当然缴纳相应的费用,而签证被拒签又不是我们造成的,我们既然未能出行,凭什么还要白搭进几百元的签证费呢?"这样的观点在游客中具有普遍性。《北京市出境旅游合同》的通用条款第八条规定:"如因游客自身原因或因所提供材料存在问题而不能及时办理签证影响行程的,以及被有关机关拒发签证或不准入境、出境,相关责任和费用由游客自行承担。"对于这一条款,游客感叹不知道,或者没有仔细看合同,旅行社也没有提醒过他们。看来,信息不对称的问题在签订出境旅游合同时普遍存在。

[案例4] 加强管理,把握好每个环节

案情:某年10月1日,"大规模"沙湖专列宁夏四日游开通。在宁夏的游玩中,地接社宁夏CL旅行社承担接待工作,第一天的游程很顺利,游客们玩得也很开心。当天晚上,CL社安排游客在宁夏银川市就餐,晚餐出现问题。一是,分量不足,上菜速度慢,承诺8菜1汤,可是直到客人离桌前却只上了7菜1汤;二是,座位不足,致使一些客人站立就餐。最后,经双方协调,使问题得以及时解决。

第二天一大早,地接社安排早6:30起床,7:00就餐,7:30出发,赴宁夏沙湖。两个团中有一个团行程按时进行,而另一辆车却迟迟不到,足足推迟了一个多小时,致使另一个团未能按时出发,游客只能等在大厅里耽误了游程。究其原因是头天晚上CL社未联系好所需车辆。在返回银川途中,车胎坏了又无备胎,游客既要回来吃饭又要赶火车,被迫在20分钟内草草就餐。整个游程中,游客意见很大,特别是对宁夏CL旅行社的接待极不满意。

宁夏CL旅行社对此游程中出现的问题,从始至终没有出来给游客一个合理的解释，也没有表示道歉。地陪的服务更是不尽如人意，时常出现游客在车上等地陪的情况。

点评：（1）在选择地接社时一定要慎重，选择的标准也要明确。首先旅行社要负责任，从上到下都必须具有极强的责任心，要通过对游客负责，来树立自身的良好形象。

（2）接待一个旅游团，常要在几天之内，由好几个城市的数家旅行社及数十家提供行、游、住、食、购、娱等服务的企业，按预订程序提供相应的服务才能完成，因此，是一项相当复杂的工作。接待部门应加强质量管理，首先，要抓住各个接待岗位和工种的工作规范和程序，同时制定必要的纪律；其次，推行全面素质管理，要调动员工关心质量的积极性，在负责接待的有关业务部门建立全面质量管理小组，自觉地寻找质量问题；最后，各级领导直至总经理都应注意抓突出的或带有倾向性的质量问题，如重大责任事故、餐饮质量下降等。

（3）全陪或领队代表组团社对地接社的接待服务质量负有督察责任，随时检查地接社接待服务的准备情况和旅游过程中的服务状况。本例中的这个旅游团第二天要分成两个小团队，对于所需增加的车辆和车况落实等问题，若在前一天核实和检查工作十分周密，第二天的整个行程，就不会出现工作人员和游客像跑"接力赛"那样的情况了。

[案例5] 舍小本，求大利

案情：某年7月，西安王某参加了天津E旅行社的"大连五日游"，于7月13日交付了费用498元，定于15日出游。后来王某因病不能出游，于14日下午给旅行社打了电话，因合同上规定"凡乙方（旅游者）因故不能出游，必须提前24小时向甲方（E旅行社）报告，否则扣除其旅游费用的40%"。王某向旅行社诉说其胃病突发，希望旅行社能给予特殊对待，旅行社接电话的是一位普通员工，他首先安慰了王某，然后又说此事需等他向领导汇报才能确定，让王某半小时后等其电话。领导决定，从顾客利益出发，给王某两个备选方案：一是，让其跟22日的团去大连，无须另外交任何费用；二是，退回王某450元，扣除48元作为违约金，王某考虑因23日要赶回西安，便选择了第二个方案。

晚上，旅行社派人给王某送回450元，并表示了慰问，王某对旅行社的服务感到非常满意。

点评：（1）在本例中，我们领悟到了原则性与灵活性的结合。首先，企业对此类事情是有明文规定的。这个规定是合情合理，并为社会所接受的，而且扣除其40%的费用已于事前向客户明确告知，因此无可非议；其次，有关办事人员和旅行社领导充分注意到了客人突然发病这一客观事实，提供了特殊的具有特别优惠性的两个备选方案，体现了企业对客户的理解、关心、照顾和人情味。虽然失去了一些小的利益,却弘扬了企业形象和企业精神。因此,是一种"双赢"的,求长远、谋大利的决策。

(2)原则性与灵活性的处理是有权限的。原则性,是指一般情形下的操作,是有规矩的,没有规矩不成方圆,要求按章办事,不折不扣。灵活性,则是指在特殊情况下的操作,是由更多的、更高的原则或规矩控制的,不是一讲灵活就随意操作,要按规定权限审批,不死板也不乱来。本案中由办事人员受理,由有关领导决定是合乎规定的。

(3)好事、特殊的事一定要办好。本案中办事人员首先安慰了王某,然后将备选方案提供给王某,最后派人给王某送回了450元,并表示了慰问,事情做得很细,使身处异地的客户体会到了金钱以外的关爱和温情,效果是相当不错的。

[案例6] **不确认机票的"后果"**

案情:某年8月的一天,上海导游员谢先生送一个20多人的美国旅游团出境去香港。由于那几天航空客运紧张,在沪旅游期间谢先生曾多次劝说领队提前确认机票。但自负的领队却不以为然,总是说在美国只要上飞机前确认,直接上机场就能找到座位,所以她连一个联系电话都没打。那天到机场后,正如谢先生预料的那样,由于没有确认机票,这批客人的机票早已售出了。这下子美国领队可抓了瞎,她非常急迫地对谢先生说,那批客人一定要在当天赶到香港,因为许多人要乘次日下午的航班飞回美国。紧接着,她又要在机场打长途电话与美方联系,希望得到援助。谢先生劝她冷静下来,因为与美国联系也解决不了问题,还不如了解一下后面航班的座位情况。谢先生和领队到售票处了解后面几个航班,包括次日中午以前飞往香港的航班。从电脑显示来看,所有的空位加起来也只有十几个,于是他建议让大家分批走。经过权衡,领队终于同意了谢先生的意见,先为一部分人办理登机手续,其他人则乘次日上午的航班离开了上海。

点评:本例再次强调了提前确认机票的重要性。由于那位美国领队的自负,20多人的旅游团没能登上预订的航班。此刻最重要的任务,就是怎样将客人顺利地送走,而不是对美国领队的失误幸灾乐祸。谢先生能够在这"山穷水尽"之中,寻觅到"柳暗花明"的解决方法,难能可贵;但如果当时他能说服领队去确认机票,效果将会更好。这也提示了我们,在游客没有确认机票无法登机的情况下,一种处理方法,是了解各航班的座位情况,尽快地帮助他们找到座位。另外,还应积极与旅行社票务人员、机场票务人员、航空公司办事人员联系,千方百计为游客争取到座位,以摆脱没确认所造成的困境。

[案例7] **组织出境游,违反规定应受处罚**

案情:某年7月,××国际旅行社获得了经营出境旅游业务的许可权后,为尽快展开此项业务,遂与泰国一家旅行社建立了业务联系。7月底,该国际旅行社组织了一个28人参加的赴新、马、泰三国旅游团,并委托泰国这家旅行社安排新、马、泰三国的地接服务。因时间仓促,该国际旅行社事先未与泰国旅行社签订有关书面协议。当该团在游览了泰国、新加坡两地后,在马来西亚入境时,却由于地方接待社未办妥入境手续,而使该团被作为"非法入境"扣留两天,最后导致未游马来西亚直接回国。旅游团回国后,游客们向旅游局质检所提出投诉,要求退还旅游费用并赔偿损失。在调查取证过程中,旅游局质检所认为,旅游团投诉情况确凿。但该国际旅行社认为,损害事实的发生是由于境外旅行社违约所造成,应由泰国旅行社负赔偿责任。最后,在法律面前,××国际旅行社最终还是承担了责任。

点评:(1)××国际旅行社先行承担该出境旅游团的损失赔偿责任。根据《旅行社管理条例》第二十六条第二款规定:"因境外旅行社违约,使旅游者权益受到损害的,组织出境的境内旅行社应承担赔偿责任,然后再向违约的境外旅行社追偿。"因此,本案例中的损害事实虽是由境外旅行社的过错造成,但组团社应先赔偿游客的损失,然后组团社再向境外违约的旅行社追偿。

(2)该国际旅行社还要受到旅游行政管理部门的处罚。《旅行社管理条例》第二十六条第二款规定:"旅行社组织旅游者出境旅游,应当选择有关国家和地区依法设定的、信誉良好的旅行社,并与之签订书面协议后,方可委托承担接待工作。"在本案例中,××国际旅行社在与境外旅行社业务往来中,没有与之签订书面协议。因此,旅游行政管理部门可给予责令限期改正,有违法所得的,没收其违法所得的处罚;逾期不改,还可处以15天至30天停业整顿,并处以人民币5000元以上20 000元以下的罚款,直至吊销《旅行社业务经营许可证》。

[案例8] 团费被扣除,责任在谁,是导游,还是旅行社?

案情:由于遭到游客投诉,作为地接方,海南的一家旅行社被来自北京的合作旅行社先后两次扣除团费。团费被扣除,责任在谁,是导游,还是旅行社?目前,为分清责任,要回自己的垫付款,导游和旅行社打起了官司。

导游出团前垫资5000元旅行社拒退款

胡某是一名女导游,从业多年经验丰富。某年12月,她被海南××旅行社有限公司借调过去,为该公司带旅行团。

进入新的旅行社后,胡某接连带了好几个团。当月的20日、21日,以及28日,她分别带了3个不同类型的旅行团在海南旅游。根据行业的惯例,胡某带这3个旅行团,自己累计垫付了5000元的现金。如果不出意外的话,在带团结束之后,旅行社会根据导游出团的业绩,予以分成结账。

然而,胡某带完这3个旅行团之后,却未能如愿拿到自己的报酬。而且,旅行社还将她垫付的 5000 元进行抵扣,没有退还给胡某。胡某几次索要,旅行社都以胡某带的团遭到游客投诉而予以拒绝。

旅行社称导游擅改线路服务态度恶劣

据海南××旅行社有关负责人称,胡某为他们旅行社带了 3 个团是事实。但是,胡某在当月 20 日带团过程中遭到了游客的投诉,游客要求每人赔偿 200 元。在这种情况下,该公司的合作方,另一家北京的旅行社,已经从该公司扣除每名游客 200 元的团费,退还给游客。

该旅行社有限公司还称,不仅如此,在当月 28 日的带团过程中,胡某作为导游,擅自更改行程、旅游景点和酒店,服务态度恶劣。鉴于此情况,北京方合作旅行社,再次按照每名游客 150 元的标准,从海南公司方面扣除团费。

海南××旅行社有限公司认为,抵扣以上被扣除的团费之后,该公司已不欠胡某所垫付的团费 5000 元。因此,该公司拒绝退给胡某 5000 元。

此后,旅行社和女导游多次交涉,但一直未果。双方互相指责,认为被北京方面合作旅行社扣团费的事情,责任是在对方。

法院判旅行社败诉,10 日内返还垫付款

无奈之下,胡某只能求助法律手段,于某年初,将海南××旅行社有限公司告上法庭。某年 4 月 29 日,海口市美兰区人民法院公开开庭审理。

根据旅行社提供的相关账务凭据,行程表,以及三亚市旅游质量监督管理所的处理意见等证据,美兰区法院认为,经查胡某确实为旅行社垫付团费 5000 元,因此导游胡某要求返还 5000 元垫付款的要求应予以支持。

对于旅行社所称,导游被游客投诉,擅改线路服务态度恶劣等,美兰区法院认为,旅行社应当和女导游协商,划分各自应承担的责任,协商不成可另案起诉。因此,在责任尚未分清、金额尚未明确的情况下,旅行社抵扣女导游垫付 5000 元的辩解,法院不予采纳。

最终,海口市美兰区人民法院判令海南××旅行社有限公司限期 10 日内,返还女导游垫付的 5000 元现金。

律师点评:旅行社贸然行使抵销权因而败诉。

海南某律师事务所张律师指出,根据我国《合同法》第 99 条规定"当事人互负到期债务,该债务的标的物种类、品质相同的,任何一方可以将自己的债务与对方的债务抵销,但依照法律规定或者按照合同性质不得抵销的除外"。根据这条规定,法律赋予了公民法定抵销权。

但是,法定抵销权的行使必须符合相应条件,不能任意行使。本案中,根据法院查明的事实,旅行社并未提供充分证据证明胡某对旅行社的损失存在责任及承担责任的具体份额,即未能证明胡某对旅行社负有到期债务。旅行社不具

备行使法定抵销权的条件,贸然行使法定抵销权,最终导致诉讼请求不能得到法院支持。(记者刘江浩通讯员李明建)

[实践练习]

1. 自己编制一份完整的计划。
2. 制作一张"计划收发记录表"。
3. 制作一张"计划确认情况一览表"。
4. 制作一张"定点餐厅联络表"。
5. 制作一张"客源统计一览表"。

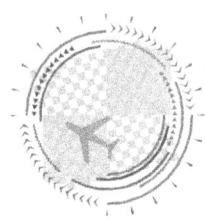

第八章 计调部的管理

［培训重点］

本章主要讲述计调部的内部管理、计调部客户管理、计调部与其他部门的协作。通过本章学习,您将了解到计调部应该建立哪些采购协作网络,怎样协调与这些网络的关系,如何正确处理保证供应和降低成本的关系,如何正确处理预订和退订的关系,如何正确处理集中采购与分散采购的关系,如何加强采购合同的管理,如何建立客户档案,如何评估客户,如何巩固客户关系等。

［案例导入］

客户的要求能够满足吗?

有一旅游团去湖北赤壁古战场,万亩茶园,龙佑温泉养生怀古二日游,原来核定好的价格"成本+10%的利税",即"16174+16174*10%＝17791元",可是当计调经理发给客户时,客户只愿意支付16174元,即成本,说是没有看见后面加上的10%利税的费用17791元,你作为该计调经理该如何处理呢?

［专题论述］

一、计调管理

计调部是旅行社完成地接、落实出团计划的总调度、总指挥和总协调,工作繁重、复杂而且琐碎。成功的计调往往可以弥补旅游产品的不足或其他原因造成的失误。反之,会导致旅游产品发生偏差,产生不良后果。因此,计调部的管理举足轻重,不容忽视。计调部的管理归根结底是人、财、物的管理。

(一)"物"的管理,是计调管理的依托

1.建立广泛的采购协作网络

旅游产品是以服务形式表现出来的产品。它既是一个整体组合概念,又是各单项旅游产品的有机组合。也就是说它是旅游目的地地区行(交通运输)、游(游览景点)、住(饭店)、食(餐饮)、购(旅游商品)、娱(娱乐设施)产品的组合。旅游产品中任何环节出现纰漏,都会影响整个产品的完美实现。

旅游产品还有强烈的季节性,随市场的变化而变化,旺季时供不应求,拿不着机位、订不上房间;淡季时又供过于求,到处招不满客人。

计调部的核心工作,就是通过与旅游相关行业签订合作协议,统筹计划、协调安排,使旅游产品行、游、住、食、购、娱各个环节的服务供给得到保障。因此,与旅游相关行业建立广泛的协作网络,既是计调部管理工作的重点,也是旅游服务采购的基础。

高质量采购协作网络的建立,能保证旅游产品在旺季时也能以最合理的价格拿到客房、订到机位,淡季时,也能通过同业合作招徕客人。

旅游采购协作网络的建立,具体是指旅行社通过与其他旅游企业及旅游相关行业或部门就合作内容与合作方式达成共识,签订合作协议,明确双方的权利、义务及违约责任,以法律手段保障旅行社所需服务的供给。

根据旅游产品的组合性,旅游采购协作网络的建立从以下几个方面进行:

(1)交通运输网(行)。交通运输业是旅游业三大支柱产业之一,它包括航空公司、轮船公司、铁路公司、汽车公司和出租车公司等。现代旅游者外出最关心的事之一就是能否安全、方便、舒适、快捷、准时地抵离旅游目的地,以免耽搁或影响行程。因此,旅行社必须与这些公司保持密切协作,以保障旅游行程的顺利进行。

目前,许多旅行社都与各航空公司、轮船公司、铁路公司建立了代理关系,经营联网代售业务。以航空公司为背景的电脑预订系统(CRS)和全球分销系统(GDS)的不断完善与迅速发展,大大简化了旅游作业流程、提高了作业效率、节省了人力和物力。近年来,CRS系统除航空订位作业外,还逐渐加入了订房、租车、订火车票、订团等各种Non-air(非航空)作业,旅行社与其建立代理销售业务也是非常必要的。

反之,航空公司也愿意与旅行社合作,以求在激烈的行业竞争中寻找稳定的客源渠道,从而在市场中占领一席之地。

(2)游览景点网(游)。游览景点是旅游行程中的核心内容,也是某一旅游地旅游资源的集中表现。某一旅游地的旅游资源,是指能够激发旅游者旅游动机,并进行旅游活动的各种自然资源、人文资源和社会活动的总和,是旅游地吸引力和竞争力的核心,是旅游产品的核心组成部分。因此,为了满足不同层次旅游者的多样化旅游需求,与各旅游地的名胜古迹、寺庙园林、名人故居、民宅村落、各类博物馆、传统工艺品工厂以及各种娱乐机构等,保持良好的协作关系也是非常重要的。

随着旅游业的发展,各地新的旅游景点如雨后春笋般层出不穷,与其保持良好的协作关系,是开发新的旅游产品的关键。

(3)饭店网(住)。有一个俗语,说饭店是旅游者的第二个家(Home away from home)。选择不同星级标准和地理位置的饭店,以满足不同旅游者的多样化需求,也是旅游产品组合中至关重要的环节。饭店还是一个国家或地区旅游接待能力的重要标志。因此,旅行社必须与相关饭店建立长久、稳定、互利的协作网络。

如今,在许多旅游必去、商务活动集中的城市,如上海,地理位置和接待质量好的饭店非常抢手,尤其是在旅游旺季,如果没有良好的协作关系,旅行社很难拿到价格合理的房间。在此类城市里,饭店业完全是个买方市场。

(4)餐饮网(吃)。"民以食为天"、"吃饱了不想家",都说明了餐饮服务在旅游产品中举足轻重、至关重要的地位。均衡的营养搭配,色、香、味、形的感官刺激,清洁、优雅的用餐环境,专业到位的用餐服务,都会给旅游者,特别是海外旅游者留下深刻的记忆,更是其旅途中莫大的享受与难忘的体验。

计调人员在选择餐饮网点时,首先要考虑到地理位置的多样性,根据行程的不同,就近用餐,还要考虑不同客人不同的饮食习惯和饮食口味。因为对一个现代旅游者来说,独具风味的异地美食是旅途之必需。旅游餐饮网点选择的好坏,会直接影响到旅游者对所购买的旅游产品的最终评价。

餐饮采购是旅游服务中选择余地较大,但又是最敏感、受人为因素影响最大的一项采购,因此要给予高度重视。

(5)旅游商店网(购)。人们每到一个地方旅游,总要买些有当地特色的纪念品,或赠送亲朋好友,或留作收藏以示纪念。没有购物的旅游是极少的,也是不完整的。合理的购物安排还能为国家创汇。因此,为了使购物活动成为旅游活动中丰富多彩、不可缺少的一部分,也为了方便旅游者节省时间,并免遭不良商贩及黑店的蒙骗,旅行社必须选择质量与信誉上乘的旅游商店。如珠宝古董、书画印章、土特产品等,作为定点商店,并与之建立相对稳定的合作网络。

(6)娱乐设施网(娱)。旅游是相当消耗体力的活动,白天的观光游览结束后,适当地安排一些晚间娱乐活动,非常有助于解除疲劳,同时,也能给旅游产品增姿添色。目前,旅游产品中的娱乐活动,主要有杂技、马戏、京剧、民族歌舞、古装歌舞、中国功夫等。这些娱乐活动为旅游者更进一步了解当地的民俗文化提供了良好的契机。

旅行社与各娱乐机构保持良好的协作关系,能丰富旅游产品的多样性。

(7)保险网络(财务)。为了保护旅游者和旅行社的合法权益,减少旅行过程中因各种意外事故造成的经济损失或人身伤害,国家旅游局规定,旅行社组团旅游,必须投保"旅行社责任险",游客的"人身意外伤害险"由游客自愿投保。

旅游保险是旅游活动得到社会保障不可忽视的重要因素。因此,旅行社与实力强、信誉好的保险公司建立合作网,也是非常必要的。

(8)地接旅行社网(地接)。旅游产品是跨地区的,这就需要旅行社与各旅游目的地和旅游胜地的旅行社建立广泛的地接合作网络。地接社的甄选要有严格的标准,全面、综合地对其服务质量进行不定期的考察和定期考核,实行末位淘汰制。受到1次投诉的,口头提醒;受到2次投诉的,书面警告,受到3次投诉的,取消地接资格。旅游地接网络的建立还是满足不同旅游团特殊需求的保障。

(9)同行合作网(同业)。如今,旅游市场的竞争日趋白热化,旅行社的数量多如牛毛,旅游市场已完全变成了一个买方市场。因此,单靠一家旅行社的招徕,常常不能满足组团人数需求,只有各同类旅行社联合招徕游客,才可形成团队批量,降低直观价格,组成团队旅游,也才能及时满足客人的出游需求。在没有同业合作之前,因不成团原因而不能成行的情况经常发生,让许多客人请了假、交了款,却不能出游,真是高兴而来失望而回。

旅行社怎样协调与这些网络的关系呢?

旅游产品的组合特点决定了旅行社业务合作的广泛性,也决定了旅行社与旅游相关行业建立网络关系的必要性。那么,如何与这些网络保持健康、稳定、发展的合作关系呢?这就要求合作双方约定"游戏规则"。

在市场经济条件下,旅行社与旅游相关行业之间的关系,应该是在互利基础上、有法律制约的经济合作关系。在旅游产品消费过程中,为满足旅游者行、游、住、食、购、娱等各种需求,旅游相关行业之间必须互惠互利、真诚合作。我们要建立旅行社招徕的游客不仅是旅行社自己的客户,也是所有旅游相关行业的客户的概念。合作者之间要相互支持、相互体谅,换位思考,不计较一时一事的得失,着眼未来,顾念大局,双赢互利。

旅游产品还具有不可储存性和季节性,计调部要对以上这些网络进行实时追踪、实时更新,以保证各协作网络的时效性和持续性。

2.加强采购合同的管理

目前,一些大的旅游公司或旅游集团成立了专门的部门,如营运管理部来承担采购合同的管理工作。由此可见,采购合同的管理工作在旅行社工作中占有非常重要的地位。

合同,也叫契约,是当事人双方(或多方)为了实现某一合作目的,依法订立的有关权利、义务的协议,对当事人双方都具有法律约束力。签订合同,是当事人为避免和正确处理可能发生的纠纷而采取的行为,目的在于确保各自经济利益的实现和不受损害。

旅游采购不是一手交钱、一手交货的简单交易,而是一种预约性的批发交易,是一次谈判、多次成交的业务,谈判与成交之间既有时间间隔,又有数量差距。旅游采购的这种特点,使旅行社与协作部门,为预防各种纠纷的发生而签订经济合同显得更为必要。

采购合同的基本内容有以下六个方面:

(1)合同标的。合同标的,是指合同双方当事人权利、义务所指向的事物,即合同的客体。旅游采购合同的标的,就是旅行社购买和旅游相关行业提供的旅游服务。如餐饮、饭店、景点、交通运输等。

(2)数量与质量。由于旅游采购合同是预约契约,无法规定确切的购买数量,只能由买卖双方商定一个计划采购量,或是规定一个采购和供应的幅度。至于质量要求,可由双方商定一个最低限度。

(3)价格和付款办法。合同中应规定拟采购的服务的价格。由于价格常常随着采购量的大小而变动,而合同中又没有确定的采购量,因此可商定一个随采购量变动的定价办法;还要规定在合同期内价格可否变动及变动的条件;在国际旅游业中还要规定交易所用的货币,以及汇率变动时价格的变动办法;此外,还要规定优惠折扣条件、结算方式及付款时间等。

(4)合同期限。合同期限,是指签订合同后开始与终止买卖行为的时间。旅游采购合同一般是一年一签,也有的旅行社根据淡、旺季,每年签两个合同。

(5)违约责任。违约责任,是指当事人不履行或不完全履行所列条款时所应承担的责任。按照我国《经济合同法》规定,违约方要承担支付违约金和赔偿金的义务。

(6)采购合同的存档。为了方便查找,以备不时之需,计调部要将所有的合同分门别类地进行整理存档,并随时更新。采购合同的存档也为再次续签合同、协商价格、控制成本、把握商机和掌握主动提供有效依据。

(二)"财"的管理,是计调管理的基础与核心

计调部是旅行社的"供需媒介",要有效地协调好供需关系,就要做好以下工作:

1.正确处理保证供应和降低成本的关系

保证供应与降低成本,是旅行社采购工作中同等重要的两大任务。正确处

理保证供应和降低成本的关系的含义,就是"既要保证供应,又要降低成本",听上去有点自相矛盾,的确是这样,因为保证供应与降低成本,本身就是一对矛盾。因此,在实际工作中,旅行社针对不同情况在这两者之间有不同的侧重,或者说,是在不同时期用不同的策略来协调这对矛盾。

也就是说,在供应紧张时,侧重供应,调动所有关系,全力以赴地保证供应;在供应充足时,侧重降低成本,尽可能多地扩大利润空间。

例如在旅游旺季时,机票常常是旅游业务最大的顽敌,报名参团的人数很多,可是机位却迟迟不能确认,业务经理像热锅上的蚂蚁,着急上火,彻夜难眠。此时"交通运输网"的作用就显现出来了。谁的网络范围广泛、合作关系良好,谁就能拿到更多的机位,也就能保证更多的成团率。这不仅能显示自己的运营实力,还能赢得潜在的客源市场。而在旅游淡季时,机位充足、客源紧缩,为了吸引尽可能多的游客,旅行社就要凭借良好的"交通运输网",拿到优惠的价格,降低成本,提高产品的市场竞争力。保证自己旺季不慌、淡季不淡。

2. 正确处理预订和退订、预订和增订的关系

旅游属于预约性交易,旅行社一般在年底根据其计划采购量,与旅游相关行业洽谈其第二年的业务合作。计划采购量一般是由旅行社参照前几年的实际客流量,并根据对来年的市场预测确定的。计划数额与实际需求之间总会有差距,这就要求旅行社有良好的预测、约定和应急能力,能处理好预订和退订、预订和增订的关系。也就是说,在正常情况下,即在没有突发事件和意外事件时,旅行社要对自己往年的客流量有精确的统计,对来年市场的预测有理有据、准确率高。在与相关行业签订和约时,充分考虑到各种特殊情况发生的可能性,细致入微地约定好临时退订和临时增订条款,尤其是对非常事件和不可抗力(如前几年发生的"非典")造成的退订的约定,更要详尽明确,合理维护自己的权益,避免买卖双方发生不必要的纠纷。在实际运作过程中,如果计划预订量大于实际需求量,就需要临时退订,产生退订费用;反之,计划预订量小于实际需求量时,就需要临时增订,产生增订费用。增订一般还会有一定的数额限制。买卖双方因立场不同,对退订和增订的期限、数额和相应的费用,有着截然相反的期望。买方旅行社希望退订的期限越晚越好,增订的限额越高越好,退订的费用越少越好;而卖方则正好相反。总之,退订期限越晚,退订费用就越高,最高可达到销售价格的100%。

一般情况下,如果买卖双方能本着互惠互利、相互理解、相互支持的原则,着眼长久和未来,是能够达成共识,共同解决好预订和退订、预订和增订的矛盾关系的。买卖双方协商的结果不可避免地要受到市场供求状况的影响。一般来说,供过于求的市场状况有利于旅行社获得优惠的交易条件;另一方面,双方协商的结果还取决于旅行社的采购信誉。如果在过去几年中旅行社的采购量一直处于稳步增长状态,其计划采购量与实际采购量之间的差距比较小,卖方就愿意提供较为优惠的条件。

3.正确处理集中采购与分散采购的关系

(1)采购。这里所说的采购,是指旅行社的旅游服务采购,是旅行社为了组合旅游产品,以一定的价格向其他旅游企业及旅游相关行业和部门购买相关服务项目的行为。有人会问,服务是无形的,如何进行采购呢?旅游服务是一种无形产品,既然是产品,无论有形与否,都是可以进行采购的。

旅行社类似一个中介机构,它销售的旅游产品大部分不是自己生产的,而是由其他旅游服务企业提供的,或者说,旅行社向其他旅游服务企业采购旅游产品,经过组合加工之后,转手出售。就我国的旅行社而言,旅行社在所出售的旅游产品中,除导游服务外,其余的几乎都是从外面采购进来的。旅行社的采购对象涉及饭店、餐馆、航空、铁路、车船公司、景点及娱乐场所等相关单位。

(2)采购的目的。采购的目的就是保证供应和降低成本。

旅行社能否满足其顾客在行、游、住、食、购、娱等方面的要求,很大程度上取决于其能否采购到所需要的服务。如果不能,就无法兑现"已经销售的产品"。如,不能使游客乘上计划中的航班、住上预期的饭店、欣赏到旅游协议中的景点、品尝到销售时所推销的菜肴等,就会引起旅游者的不满甚至投诉,势必影响旅行社的声誉和客源。又如旺季时,因采购业务量大,所需服务常常处于供不应求的紧张状况,如果旅行社的采购工作不得力,预订不到足够的机(车)票、客房等服务,就会失去很多业务;如果已经成行的旅游团因此而退团,那么,造成的经济损失就会更加严重。

总之,旅行社采购工作的目的,就是保证提供旅游者所需的各种旅游服务,这是旅行社业务经营中一个非常重要的环节。我国旅游业发展历史较短,基础薄弱,在客流量大幅度上升的情况下,常常会出现某些旅游服务供不应求的紧张现象,要确保按质按量地提供各种服务,实在不是一件容易的事,因此,采购工作不容忽视。

在旅行社的产品成本中,直接成本占绝大部分。因此,旅行社降低成本的主要着眼点,应放在决定直接成本高低的关键性因素——采购价格上。目前,我国旅行社业的价格竞争很激烈,以致旅行社的利益呈不断下降的趋势。在此情况下,如果某家旅行社的采购价格比别的旅行社低,就可以争取到更多的客源,反之就会失掉许多客源。由此可见,降低采购价格对增加旅行社的营业额与利润具有越来越重要的意义。另一方面,我国正处于价格改革和经济高速发展的过程中,常常会因为国家调整某些产品价格,或因通货膨胀等原因而造成某些旅服务的涨价。旅行社出售的产品,特别是系列产品,从报价到成交有一个时间差,少则数月,多则一年以上,如果在报价与成交之间某些旅游服务价格大幅度上涨,就会给旅行社造成困难。假若随之涨价,将导致消费者不满而流失客源;若自行消化上涨的价格,又会降低利润甚至亏本。因此,如何尽可能保持产品成本的稳定,是采购工作的一项重要任务。

采购是旅行社至关重要的工作,欧美国家的旅行社一般都把采购列为仅次于争取客源的重要环节来对待。而我国的旅行社对此还重视不够,一般都将采购称为"后勤"工作,不少人对采购这个名词还很陌生,更有旅行社只将采购当作一项一般性的事务工作来对待,或者只看到它在保证供应方面的作用,而对它在降低成本和提高经营效益方面的作用估计不足。随着我国加入WTO所带来的机遇与挑战,以及旅行社进一步向效益型转化,我们更应赋予采购工作以新的内容与意义。

(3)集中采购与分散采购。按照商业惯例,批发价格低于零售价格,批发量越大,价格也就越低。因此,旅行社作为中间商,应把旅游者的需求集中起来向旅游服务供应企业采购,也就是说,应该集中自己的购买力以增强自己在采购方面的还价能力。这种采购叫批量采购,也叫集中采购,通常有两种方式:

①把本旅行社各部门和全体销售人员接到的订单集中起来,统一以一个渠道对外采购。

②把集中起来的订单尽可能集中地投向一家或尽可能少的供应商进行采购,以最大的购买量获得最优惠的价格。

但是,在供过于求的情况下,分散采购可能更易于以较低价格获得旅游者所需的服务。究其原因,是因为集中采购数量虽然很大,但其中远期预订较多,具有较大的不确定性,在较长的预订期内,由于种种原因,实际采购量比计划采购量可能会减少很多,计划量虽大,其中含的水分也高。因此,卖方对买方计划的可靠性缺乏足够的信心,不一定愿意将价格定得很低。反之,由于分散采购多是近期预订,预订时一般都有确定的客源,因此,采购的可靠性高于远期预订。卖方迫于供过于求的压力,常常愿意以低价出售。

目前,有些旅行社依然实行分散采购,各自为政地去采购,没有集中力量统一对外。这样的弊端很多,减弱了谈判的优势,容易滋生采购人员私取回扣、佣金的行为,且日后纠正这种做法阻力较大。

(4)计划变更的采购调整。旅游计划的变更及突发事件的发生,都会影响到旅游活动的进程,并影响到原先的采购,这就需要对采购工作进行调整。一般来说,计划变更后的采购工作,应遵循以下三条原则:

①变更最小原则。将因计划变更所涉及的范围控制在最小限度,尽可能对

原计划不作大的调整,也尽量不引起其他因素的变故。

②宾客至上原则。旅游计划是旅游活动的依据,旅行社一旦同旅游者约定后,一般不随便更改,尤其是在旅游活动过程中。对于不可抗拒因素引起的行程变更,应充分考虑游客的利益,并求得他们的谅解。

③同级变通原则。变更后的服务内容应与最初的安排,在级别、档次上力求一致,尤其是在饭店设施和服务方面。

变更后的采购一般可采取以下具体办法:
- 若定期航班出现问题,可考虑改用包机,但要注意控制成本;
- 若飞机改乘火车,应尽量利用晚上时间,但距离不宜太长;
- 火车软席有问题,应争取加挂车厢;
- 火车加挂不可能,可考虑用汽车送行;
- 住宿、餐饮出现问题,应选择就近同档次、级别的饭店、餐馆;
- 有时,也可以采取加菜、赠送小纪念品的形式,来弥补因变更给游客带来的损失。

(三)计调部应注重痕迹化管理

1.痕迹化管理含义

痕迹化管理,是在各种管理工作过程中,从时间和管理内容方面,不留间隙或空白、死角的缜密的工作记录,包括交接班记录和留下证据。痕迹化管理最大的优点就是通过查证保留下来的文字、图片、实物、电子档案等资料,可以有效复原已经发生了的生产经营活动。企业实行痕迹化管理就是让所有的生产经营管理都留下印迹,可供日后查证。

2.痕迹管理过程

通常情况下,单位要进行专卖品购销、大宗物资采购和资金使用以及产品促销,都需要首先通过办公会议或专题会议研究决定,接下来再走审批流程和业务流程。管理层是生产经营的决策者,普通员工只是具体事务的执行者。因此,查具体某一个经济活动是否规范,很大程度上取决于管理层履职是否规范。

管理层在履职过程中会留下各种各样的痕迹,痕迹记录着管理层履职的全过程。会议记录真实反映每一个管理者的发言表态和会议决定,各类报支单据和业务报表、合同等也真实再现管理层批办意见。管理者可以通过痕迹对比纠正错误,弥补不足,改进管理方法和艺术,提高成效和水平。在各项检查过程中,检查组更要借助痕迹来考察管理层的管理过程、方法、效果与艺术,评价一个单位管理的优劣。因此,痕迹化管理不仅是管理者自身提高管理艺术和方法的需要,也给各项检查留下了可供考察、评估、佐证管理的旁证材料。

3.权力与职责

权力与责任是统一的。就企业而言,管理者履行多大的权力,同时就必须承担多大的责任。在一个企业里,管理者拥有决策、审批和人事任免等主要权力,同时也必须恪守政纪、党纪和国法。

痕迹化管理是一把"双刃剑",一方面可以为管理者留下可供考察、评估、佐证管理的旁证材料,另一方面也为上级主管单位和司法机关区分责任界限并向管理者实施问责及追究法律责任提供了有力物证。当下一级单位管理者在单位内由于故意或者过失,不履行或者不正当履行岗位职责,给国有资产保值增值造成一定负面影响和严重后果时,上一级主管单位可以向下一级单位管理者实施问责。当下一级单位管理者违犯政纪、党纪、国法时,上一级主管单位可以给予下一级管理者相应的政纪处分,上一级主管单位党组织可以给予下一级管理者相应的党纪处分,同时,司法机关可以依法给予企业管理者相应的刑事处罚。如此这般,企业管理者就会自觉遵纪守法,自我约束行为,做到规范管理,克己奉公,促进行业廉洁自律。

4.计调部痕迹管理的重要性

痕迹化管理,是在各种管理工作过程中,从时间和管理内容方面,不留间隙或空白、死角的缜密的工作记录,包括交接班记录和留下证据。痕迹化管理最大的优点就是通过查证保留下来的文字、图片、实物、电子档案等资料,可以有效复原已经发生了的生产经营活动。企业实行痕迹化管理就是让所有的生产经营管理都留下印迹,可供日后查证。

有一案例是这样的,外联人员周女士有几位散客去新加坡,散客拼团。客人因为有老有小,要求比较多,周女士寻找了好几个团,终于找到一个白天航班直飞的团队,发给客户。客人考虑了差不多一个星期时间,以为客人觉得太贵了,每人 8988 的团费,因为临近春节。在某一天下午,客人突然联系外联人员周女士,决定走这个 8988 的团队。外联人员立马与计调联系,计调人员迅速与批发商联系,批发商说余位不多,必须在下班前交押金,每人 3000。外联人员及时联系客人,客人正在开车,爽快地说到家后马上打定金。于是外联人员终于在下班前收到客人 3000×4 人,共计 12000 元的定金,又立即转给计调,为客人保留了最后的四个位置。

可是在最后收客人余款时,外联人员计算错误,8988 的单价,外联人员在征得旅行社经理同意,让利 300 每人,因此,应收 8988-300 = 8688/人,已收定金 3000/人,余款应为 8688-3000 = 5688×4 人 = 22752。可是外联人员计算为,8688-3000 = 4688×4 人 = 18752,每人少收 1000 元,损失 4000 元,计调人员气的要死,直接说外联人员"老糊涂"。还好的是客人知晓外联人员诚恳老实,有聊天记录可以做证(图),才最终没有造成旅行社的损失。

图1 外联人员与客人的聊天记录

这个案例说明不管是外联人员还是计调人员在与客人接触时,一定要搞清楚账目再告诉客人,务必留下书写痕迹,也进一步说明计调部痕迹化管理对旅行社企业的重要性。

二、客户的管理

目前的旅游行业,旅行社、机票代理公司、各种等级的住宿如雨后春笋般地撒满全国各地。旅游产品的价格如沙漠里的旋涡越旋越低,而各家货架上的产品类型却大同小异,无甚区别,差异性渐趋为零。旅行社的数量由20世纪80年代的国旅、中旅、青旅三家发展到目前的上万家。旅游产品的毛利率也由过去的30%降低至如今的5%(有很多旅行社还达不到这个比例)。在如此恶劣的竞争环境中,我们靠什么生存、发展呢?靠客户,尤其是靠那些长期购买我们产品的"终身客户"。

怎样才能找到这些客户呢?通过对客户信息的有效管理,对客户的正确评估,对客户关系的有效维护,找到适合自己企业的"终身客户"。

(一)建立客户档案(信息库)

建立客户档案(信息库)是客户管理的基础。方式有两大类。一种是通过电脑办公软件进行;另一种是通过引进大的客户管理系统,如Call Center(呼叫中心)和CRM(客户关系管理系统)等。前一种的管理成本低,适合中小旅行社;后一种投入大,适合大型旅游企业。

1. 散客客户档案(信息库)的主要内容

(1) 客户的基本信息。如,姓名、性别、生日、工作单位,以及职务、联系方式(电话、传真、电子邮件、MSN等)、通信地址(可邮寄资料)、个人爱好等。

(2) 历史消费记录。如,参加过哪些旅行社的哪些旅游团?

(3) 未来消费需求与取向。如,有哪些出游计划和意向?

(4) 产品信息来源。即通过哪些渠道了解到旅行社产品信息。如,从报纸、电视、电台的广告中或亲戚朋友介绍等。

2. 集团客户档案(信息库)的主要内容

(1) 客户的基本信息。如,公司名称、企业性质、公司地址。

(2) 联系人信息。指专门负责与旅行社进行旅游活动联系的人。如,办公室主任、秘书、工会主席等。其信息主要指:姓名、手机号码、个人爱好等。

(3) 历史消费记录。如,组织过哪些与旅游相关的活动?

(4) 未来消费需求与取向。如,未来计划组织哪些与旅游有关的活动?

(5) 产品信息来源。即通过哪些渠道了解到旅行社产品信息。如,从报纸、电视、电台广告中或亲戚朋友介绍等。

客户档案越详细越全面越好。详细、全面的客户信息有利于对客户全面、周详的了解,以便更加贴切、有效地服务客户、留住客户。

(二) 客户评估(真正地去了解你的客户)

客户类型,无论是作为整体的集团客户还是作为个体的散客客户,根据他们的销售量和忠诚度,可以将其分为以下几类:

(1) 销售量小,忠诚度低。这类客户对企业毫无价值,及时淘汰,不要手软。

(2) 销售量小,忠诚度高。这类客户是需要全力扶持和培育的,他是企业的未来。

(3) 销售量大,忠诚度低。这类客户是需要掌控的。他们是企业潜在的敌人,很可能在不久的将来背离企业。在企业的客户总量中,这类客户的比例要严格控制。

(4) 销售量大,忠诚度高。这类客户是企业的财富,拥有得越久越有发展潜力,这是企业应该花大力气开发和维护的目标客户。

客户类型有很多种,分类方法也千差万别,但是无论按照哪种方法分类,关键的问题,是要根据每个客户对企业重要性的不同,定期对他们进行评估。如同商场中对商品的定期"盘点"一样,对那些对企业有贡献的客户,应及时进行奖励,而对那些不符合企业要求的客户,则应及时淘汰。

(三) 巩固客户关系

建立客户档案和对客户进行评估,最终目的,都是为了留住客户。怎样才能留住客户、让他能长期消费你的产品、成为你的终身客户呢？或者我们倒过来想，企业是怎样失去客户的呢？让我们一起来分析一下导致失去客户的原因及其所占的比例吧。

- 1%的客户过世了，不在了。对此我们毫无办法，只能面对现实。
- 3%的客户搬离了我们的服务范围。如去了另一座城市。我们的服务够不到他们了，或者说够到的成本实在是太高了。
- 5%的客户已不再是我们的目标客户了。他们的消费观念或消费水平已和我们相去甚远。
- 9%是由于我们把价格作为企业的核心竞争力，客户无法接受，因而转向。
- 14%是硬件缺陷。客户无法接受产品或服务的某项缺陷而转向了竞争对手。
- 68%是软件缺陷。我们的服务差，对客户不友好，使客户最终离开我们。

从以上的分析数据看，我们失去客户的最主要的原因是我们不够努力，没有在客户和企业之间建立起一种客户管理意义上的热情、负责、细致周到的关系。那么，你会问究竟怎样才能巩固和客户的关系呢？

以客户为本，急客户所急，应客户所需，具体讲就是要随时了解客户的需求，并在恰当的时候以恰当的方式满足客户的需求，这样客户就会把你铭记在心。

巩固客户关系的具体方式如下：

1. 生日问候

根据客户信息档案，筛选出客户的生日，在每个月底、月初，适时邮寄生日贺卡，客户会非常感激。笔者就有这样的亲身体验。笔者在客户服务部工作期间，负责"老人俱乐部"的工作，每个月根据数据库里筛选出来的生日信息，给每位老人邮寄生日卡。收件人的姓名、地址、邮编都是手写的(也可以打印，但是没有手写的亲切)。有位老人收到贺卡后打来感谢电话，含着热泪说：真是感谢你们，你们想得真周到，不是儿女胜似儿女(老人的孩子都在国外，因为工作忙忘记了老人的生日)。记住客户的生日是巩固客户关系的有效手段。

2. 节日问候

与生日问候的方式类似，根据客户的实际情况，在各个相应的节日邮寄节日问候卡。不过随着通信技术的发展，现在人们大多使用微信问候了。尤其是在一些容易被人遗忘的节日，如端午节。

3. 设计发行消费积分卡

通过积分卡吸引客户长期消费。积分方式和相应政策，可以根据企业的具体情况自行设计，原则是以客户为本，真诚回报，信守诺言，绝不欺骗。可以根据客户的消费情况，把积分卡分成不同级别，如银卡、金卡、白金卡等。

4.定期组织"客户联谊会"之类答谢客户的活动

活动的组织一定要有水平,要给客户留下很深的印象。被邀请的客户,不应该只是那些销售量大的客户,更要邀请那些有市场影响力和有过特殊贡献,以及最早支持本社的客户。

5.建立回访制度

不要等到客人投诉你才与客人联系。团队结束后要主动对客人进行回访,认真倾听客户的意见和建议,并归纳记录(为提高满意度和改进服务提供依据)。回访可使客人产生被重视的感觉,尤其是在旅游产品消费过程中,软性的服务占主导地位的情况下,通过及时、专业、有针对性的回访,甚至可以化干戈为玉帛,避免投诉。

总之,想让客户记住你,在有出游意向时就想到你,你就先得记住客户,并在有"好事"的时候想着客户,对其进行不间断的"感情投资"。

三、计调部与其他部门和单位的协作关系

(一)计调部与总经理室及外联、接待、财务部的协作关系

1.与总经理(室)的协作

作为部门的主管领导,总经理需要随时随地了解和掌控部门的团队信息。为了让领导能及时准确地掌握部门的团队信息,计调部务必无一遗漏地,严格按照业务操作流程的要求,将部门大大小小、里里外外的团队信息随时上报。上报的手段和渠道可以不尽相同,最好利用高科技手段,如电子邮件的形式,简便、快捷、高效。

2.与外联(部)的协作

计调部与外联部的协作主要是计划的往来交送,团队更改通知的及时下达。

3.与接待(部)的协作

计调部与接待部的协作主要是陪同的甄选安排。

4.与财务(部)的协作

计调部与财务部的协作主要是及时提供信息,保障结算准确,团款及时到账。

在以上几方面的协作中,计调部都要坚持:对主管领导要及时上报,及时请示,对各兄弟部门要分工合作,明确责任。

总之,计调部要发扬团队精神,与领导和外联、接待及财务等兄弟部门协同作战,当好"管家",让旅游业务有条不紊、井然有序地进行,事半功倍,避免出错。

(二)计调部与交通运输、游览景点、餐饮饭店和其他旅行社等外部旅游相关行业的协作关系

1.及时沟通,互通有无

旅游产品的组合特点决定了旅行社要与交通运输、游览景点、餐饮饭店和其他旅行社等旅游相关行业建立广泛的采购协作网。为了确保旅游产品行、游、住、食、购、娱各个环节的服务供给,计调部务必要与这些网络及时沟通,互通有无。

2.随时更新,保障时效

计调部的对外采购和协调业务,是保障旅游活动顺利进行的前提条件。因此,计调部提供的信息必须是及时的,任何滞后、失真的信息都会造成旅游者的不满,甚至投诉,从而影响旅行社声誉,严重的还会使旅行社蒙受经济损失。

总之,计调部要定期与这些网络进行联系,保持信息的及时传送,并随时将得到的信息归纳整理、删旧增新,发送给各个相关协作部门。

[实操问答]

[问答1] 饭店、餐馆、车队、导游员、景区景点、航空、车船等这些机构和人员的常用电话、传真、电子邮件等,都是由计调部收集整理的,那么怎样才能事半功倍、井然有序地做好这项工作呢?

答:利用电脑办公软件建立信息库,分门别类,造册归档,随时收集,及时更新。笔者认为还有一种方法是随时将计价好的文件存入邮箱,在操作团队时,往往计价好的文档找不到了;如果放入邮箱,随时可以找到,并且在不同的电脑或是回家了,还是可以继续工作,方便日后查找。

[问答2] 由于天气原因,航班临时延误,客人只好在西安多住一晚。被滞留在西安的游客很多,住房非常紧张,计调部怎样快速为重要客户60多人的大旅游团找到合适的住房?

答:这就要看计调部"饭店网络"建设和维护的情况怎么样了。情况好,就能拿到住房,不好就得排队等候。平时的建设,应及时见效。还有一种方法,就是将60人的大团一分为二,分住两个酒店。

[问答 3] 2018 年 3 月,外联人员在一次旅游博览会上结识了一家新客户。该客户计划在 2019 年春节组织旅游团"到中国过大年",希望外联人员在 2018 年年底之前给出报价。在这种情况下,计调人员该怎样协助外联人员报出一个既能吸引客源又能创造利润的价格呢?

答:这个报价非同一般,时间跨度长,预测难度大。既不能报高吓走客人,也不能报低,让旅行社没有效益。不报就更不行了,客源很可能就会外流。可是该怎么报呢?计调人员可以将这几年春节旅游团各方面的统计信息提供给外联人员,和外联人员一起分析饭店、交通、餐饮、景点等各个方面的价格趋势,分析春节期间的客源情况。计调人员还要将近几年国家的调价政策方面的信息提供给外联;也可以通过加强采购管理,降低采购成本,协助外联正确预测、合理报价,减小风险。

[问答 4] 80 多人的大旅游团,分乘两辆旅游车游览,结果 B 车的客人都纷纷跑到 A 车上来了,理由是 B 车导游什么都不懂,什么都不知道。这样的事情应该怎样避免呢?

答:两辆车的大团,可以安排一个有经验的老导游带着一个新导游。新导游的旅游景点和业务知识一定要过关,虽然没有实践经验,但是通过热情的服务和尽心的讲解,是会得到客人认可的。因为客人也知道谁都会有"第一次"。导游什么都讲不清楚,一问三不知,势必导致以上情况的发生。计调部在甄选、派遣导游时要以此为鉴。

[问答 5] 计调经理要勇于使用新导游。

答:旅行社一般比较喜欢使用老导游带团,因为老导游经验丰富,能够灵活处理一些突发事故;在中国总是比较习惯论资排辈,即使在导游这一行也不例外。新导游总是不如老导游的,可是新导游却充满激情,能够大公无私,对客人非常热情,没有老导游的市侩与圆滑。有一云南旅游团就是如此,谭某是一位老导游,刚带一个云南团回来,可是客人和地接社经理反馈并不是很好;这时又有一个云南团需要派遣全陪,计调人员还是想派遣谭某上团,当外联人员得知反馈信息后,坚决反对,坚持使用新导游严某上团,虽然严某没有去过云南,有点怯生生的,害怕抢了老导游的饭碗,经过外联人员的开导与引导,愉快地接下了该团,并且非常成功。

[问答 6] 计调部可以通过什么方式协助外联更新产品,促进销售?

答:计调部将从饭店、交通、餐饮、景点、娱乐等机构得到的各类新信息及时通告外联,让外联人员对原来的产品进行更新,吸引新客源,巩固老客源,促进产品销售。比如,计调部在定期的联络沟通中得知,朝阳区文化馆的社区文化建设丰富多彩,成绩卓著,远近闻名,被国家列为全国文化社区试点单位。根据这个消息,外联人员可把原有交流团的交流地点调整到朝阳区文化馆,让原来的产品有新的亮点。当然,这种调整是要征得客户同意,建立在实地考察和签订协约基础上的。

另外,也可以通过考察开发新产品。当下,海岛游比较流行,很多人去国外的如巴厘岛、马尔代夫休假;但是,有一些人由于时间、费用问题不能出国旅游,于是在国内推出了一个新产品:中国的马尔代夫……惠州巽寮湾,惠州是哪里?那个字读什么,一下子吸引了客人的眼球,笔者去那里考察后,也认为比较好,因此,就向客户推荐这一新产品。

[问答7] 某客户因不可抗力因素,造成实际成团量与预订发团量的差距相去甚远,计调部是否可以避免损失?

答:这就要看当初的采购合同是怎样约定的了。采购合同的条款约定的越细,对有可能发生的各类情况的预计越周全,就越能最大限度地减少损失。

[问答8] 外联部收到财务部发来的201802-1126团的欠款通知,责成尽快结账,否则将影响部门绩效。可是经外联人员核查后发现,该团早在几个月前就已取消了,更改通知是通过电子邮件形式下发的,有相关计调人员确认收悉的原始邮件为凭。那么,是哪个环节出了问题呢?

答:问题就出在计调部没有将收到的"更改"通知财务,致使财务人员误认为该团已接待完毕。好在计调部只是忘记通知财务,否则后果将不堪设想。

[问答9] 火车票的采购痛失已到手的团队?

答:火车票购买从2012年1月1日起,国家规定即使购买火车票也要实名制。在问答5中,笔者千辛万苦地向客户推荐了广东惠州巽寮湾,已经达成意向,可是因为火车票的问题不得不拱手让人。武汉到惠州乘坐火车前往,由于购买火车票需要身份证,因此,外联人员不断地催要身份证,客户负责人做这项工作的有点拖拉,本来是准备在周一中午12点之前给身份证的,结果没有弄出来出行名单,直至下午近5点名单才发过来。组团社计调拿到名单后,说是下班了,售票窗口下班了,第二天再去购买。

第二天上午8点多,计调经理倒是亲自去买火车票,结果卧铺票只有6张下铺,旅游团大概有40人左右。计调经理给外联人员打电话,询问是否需要购买,外联人员给客户打电话,客户负责人说,那怎么行呢?客人大多是领导干部,三分之一的下铺都没有,不能购买,推迟走算了。机关上班后,负责人打电话说:领导说必须走,已经订妥时间和人员,不能变动出行时间。可是又过了一个多小时,只怕是6张下铺都没有了,中铺又不都在一个车厢里,如何是好。在不断的沟通中,负责人说:他们负责购买火车票,我们旅行社负责地接。这样也行。可是到中午,负责人打电话给外联人员说:负责出票的旅行社执意要做这个团,否则不能保证票务。在这种情况下,外联人员心如刀绞地把这个到手的团队拱手让人。为什么别人弄得到票,我们旅行社弄不到呢?里面一定有学问!据后来客户告知,那家旅行社弄到的是非常整齐的一组一组 T95 次卧铺票。煮熟的鸭子就这样飞了……

[问答 10] 资深旅游业人士如何处理飞机上游客的突发事件?

答:根据近年有些游客的不文明旅游行为,国家旅游局制定的《游客不文明行为记录管理暂行办法》(以下简称《办法》)中列出的"不文明行为"相吻合。根据办法,游客在旅游活动中因六类行为受到行政处罚,法院判决承担责任的,或造成严重社会不良影响的,将纳入旅游部门的"游客不文明行为记录",也就是俗称的黑名单,其中第一类不文明行为就是"扰乱公共汽车、电车、火车、船舶、航空器或其他交通工具秩序"。

根据《办法》规定,游客不文明记录形成后,旅游主管部门还要通报游客本人,提示其采取补救措施,挽回不良影响。游客本身也有申诉的权利,可以向做出记录的旅游主管部门提交异议申请,一般由当事人提出并提供有关证明材料,旅游主管部门收到申请之日起十五个工作日内向申请人做出答复,经审查认为异议成立的,应当予以纠正。

旅途中各种不文明行为和突发事件时有发生,资深导游如何应对飞机上游客的不文明行为。

根据旅行社的制度,不仅要在行前说明会上强调文明旅游,而且领队会利用登机前的时间给讲解游客文明乘机等内容。登机后,领队也是时刻绷紧文明弦,眼观六路耳听八方来观察每个游客的一举一动。

资深导游刘某曾经带一个泰国团乘机,虽然跟游客强调了飞机上的餐具是要回收的,但用餐后刘某观察到有游客仔细地擦拭餐具,意图收进自己的包里。刘某立即假装上厕所,经过该游客身边,低声说:"您吃好了吗?飞机上的餐具一会要回收,我注意到您已经帮我们把它擦干净了,非常感谢您的配合。"通过这样委婉的方式,既制止了游客的不文明行为,也避免了冲突和尴尬。

(来源:中国旅游新闻网 2015-04-16,王丹,四女游客或将成全国首批纳入"黑名单"游客)

[问答 11] 计调经理能够派遣这样的出境旅游领队吗?

答:案例一:2018 年 5 月 30 日武汉直飞伦敦的飞机开通,意味着武汉去往英国的团队会增加。笔者也尝鲜参加某一旅游团,由于武汉缺少英国领队,旅行社派了一位来自台湾地区的资深领队,从业经验有 30 余年,是旅游团中年龄最大的一个。起初，客人被他的激情四射的讲解注意事项所吸引，可是他既是领队又是地接导游，在英国他领兼地的导游讲解却无法 hold 住游客，参加英国团的游客一般都是走过西欧、东欧等国家的，西欧、东欧的领队能够把历史讲得清楚到位；这位领队却对爱丁堡、温莎城堡知之甚少，连徐志摩的《再别康桥》都不能背诵，领游客大倒胃口，只讲吃喝拉撒，因此，旅游团送他一个"厕所导游"。可见旅行社高薪聘请一个"厕所导游"实属不合算，英国旅游产品也许不适合这种领兼地的操作模式。

案例二，有一西班牙葡萄牙团的领队黄某，是一个年轻的小伙子，在客人拿到出团通知书时，笔者我就感到这个人好像是很有经验的，说是几点几点不能打扰，以为是一位年纪大的。可是见面后觉得好年轻，在与客人交流时缺乏一定的技巧。如一位香港女游客，英语特别好，所以比较傲气，与黄某发生口角，说道：我去过100多个国家，没有哪个行程像这个行程这么空的，除了马德里王宫，没有一点内容。黄某说：这个与我没有关系，我只是带团而已。当时客人就火了，吵闹声不断，一路下来，黄某跟这个香港女游客就不协调。

笔者以为，双方都有过错，可是作为领队不应该这么说，出境旅游领队也是旅行社一位工作人员，是旅行社利益的代表和发言人。他不应该这么"事不关己高高挂起"，应该运用语言技巧进行引导和劝服。

根据以上两个案例，我们可以看出，计调在派遣出境旅游领队时，一要考虑领队与游客的年龄差距，否则沟通起来有代沟的感觉。如案例一，绝大多数是年轻人度蜜月的节奏，却派遣一位年近六十的老同志上团，不协调。二要考虑领队是否具有广博的知识结构，如案例一中的那位领队虽然带团时间很长，但是客人问他的东西"一问三不知"，还不耐烦。三要考虑领队态度，一定要谦虚，即使你是一个老领队。四要考虑带团技能，包括说话技巧和服务技巧，如案例二的领队黄某。这就是国外考核导游员的 ASK 原则（Attitude 态度，Skill 技巧，Knowedge 知识）。

［问答12］计调人员没有预订到返程船票，怎么办？

答：某一旅游团在西班牙游览期间，有一自费项目——摩洛哥一日游，行程如下：

项目名称	另付费项目特色或内容	最低人数	游玩时间
摩洛哥一日游	跨越欧非大陆往返豪华游轮+遥望大西洋地中海分界线+丹吉尔古城+艾西拉蓝色小镇+赫拉克勒斯非洲水洞+卡斯巴灯塔+摩洛哥特色餐+肚皮舞表演+赠送摩洛哥民族纱巾 含司机服务+导游服务费+官导服务费+高速费+车费+出入境+船务费+特色餐+表演	15人	约6小时

原定计划去程是早上乘坐 9：00 整的船从西班牙的塔里法到摩洛哥的丹吉尔,返程是乘坐 17 点的船返回塔里法,旅行社解释因为风力太大,17 点钟的船改为 19 点的。当地导游解释,公司计调说有 2 班船选择,即 15 点的或者是 19 点的,导游选择 19 点,这样大家可以在摩洛哥多停留几个小时,并且画蛇添足地说因为 17 点时候风比较大,所以乘坐 19 点的船比较好。当时作为老旅游的作者一听就知道应该是 17 点的船没有位置了,幸亏该团游客都比较好说话,并且导游也肯为游客多考虑,所以相安无事。

导游也比较灵活,在中餐后增加了丹吉尔市容游览项目,既没有增加旅行社成本,又使游客看到了丹吉尔市的旧城区,令摩洛哥一日游的游览内容更加饱满。

[经典案例]

[案例1] 马虎的危害

案情：某年夏季一天的下午七时许,上海导游员吴先生正在家里休息,突然电话铃响了,吴先生听了旅行社来的电话,表情立刻严肃起来。原来他忘了送两位游客去机场,客人正在饭店大厅等候送机人员。此时,离飞机起飞只有 80 分钟了,而且客人的机票仍在吴先生的手里。

前一天,吴先生到旅行社去查看计划,社里让他第二天负责送几个旅游团走。他在送走了几个旅游团后没有仔细检查计划,误以为送走了所有的团队,便回家休息了。接团的司机在饭店等候很久,不见导游员的身影,他不懂外语,又不知客人的姓名与房间,便打电话到旅行社询问。

从家里到饭店需要 40 分钟,从饭店到机场又需要 30 分钟,时间很紧张。吴先生急忙打电话与司机联系,请他协助接上客人送往机场,自己则从家里坐出租车直奔机场送机票。一路上吴先生的心情非常焦急,不断催促出租车司机加快速度,车子打着紧急信号灯向机场疾驶。途中通过电话联系,吴先生知道接团司机已经找到客人,并带领他们离开了饭店。50 分钟后,吴先生终于赶到了机场。他迅速找到焦急等待的客人,道过歉,替他们买好机场税,急忙去办理登机手续。那时离起飞只有 25 分钟了,按规定已不能办理登机手续了,由于旅行社对机场人员的事前协调和机场人员的大力配合,客人终于办好手续,顺利登机了。

回来的路上,吴先生深深为自己所犯的错误而悔恨,只因一时的粗心,险些造成经济上的损失和国际上的坏影响,这真是一次不小的教训啊!

点评：导游员在接待旅游团队前查看计划时,一定要做到认真细致,不要因为工作忙或觉得程序枯燥而放松对自己的要求,否则,会给工作带来极大的困难或不良的后果。本例中的吴先生就是因为马虎而遗忘了一个俩人的旅游团,险些造成游客误机的事故。假设他负责送机的是一个大型的旅游团,责任心可能就会强一些,或许遗忘就不会发生了。

实际上,旅游团的大小并不是保证接待质量的关键因素,关键在于有意识的重视。只有真正重视每个旅游团的计划安排,细致地查看和确认每个工作环节,才能使接待工作顺利进行。可见细致的工作作风是必不可少的。做到工作细致需要注意以下几点:

(1)明确接待任务。在执行每项接待任务时,最好仔细查看一下计划,明确这项任务的内容、时间、地点及与其他任务的连带关系,以避免盲目。如从一个景点出来,要查看一下计划,看是在哪家餐厅用餐及用餐的时间;如果用餐后要去看文娱节目,要注意其演出时间是否受到用餐时间的影响等。有些导游由于怕麻烦或过于相信自己的记忆力而不愿经常查看计划,这样很容易麻痹大意,导致错误。

(2)分析和认真准备计划。仔细分析计划,认真做好接待前的各项准备,可以帮助导游人员熟悉整个接待程序,甚至有时还可以发现计划中的逻辑错误,如航班时间与游览时间的冲突、游客人数与车辆座位数的冲突等。

(3)时常复查计划。时常确认和复查计划,可以预防接待中出现不测。在接待过程中经常会出现一些影响工作质量的可控因素和不可控因素,但通过复查计划,可以在这些问题出现前就做好准备,避免被动。如送机前天气发生变化时,可通过复查计划确认航班的起飞时间和活动安排,考虑提前出发,为处理交通阻塞或突发事件留出时间。

[案例2] "旅游团"成了"猪崽团"

案情:某年春节期间,四川某旅行社组团前往香港旅游。但这些旅游者都不幸成了"猪崽团"的游客,被组团社贩到香港,无人接待扫兴而归。这些被香港旅游界戏称为"猪崽团"的游客,都正式与组团社签了旅游合同,并按合同付清了钱款。那么,这究竟是怎么回事呢?

原来,这些旅游者随组团旅行社到香港后,香港地接社却拒绝接待,原因是,四川社没有预付给香港社钱款,香港社因此拒绝给旅游团安排食宿及旅游项目。组团社与地接社在交涉失败后,带领游客"未游而归"。游客返回后,向当地旅游管理部门投诉,四川旅游管理部门某官员了解情况后说:"谁要是砸四川旅游界的牌子,我们就要砸他的饭碗。"

点评:(1)旅行社经营有一个很大的特点,即资金投入较少。这个特点给旅行社经营活动带来了一个很直接的不利影响,这就是由于资金占有数量较少,多数旅行社就难以获得较高的商业信用,而结算手段的落后,又可能造成相互拖欠款。这种可能所造成的后果,就像本例中那样,受害的最终是游客,整个旅游行业也会因此被抹黑。而整体利益的受损,必然会影响局部利益。因此,每个旅行社都应加强财务管理,减少拖欠款现象,以保证旅行社的良性发展。

(2)在旅行社业中,除少数新建旅行社和部分信誉较差的旅行社,对其他旅行社及各种旅游服务部门必须采取现金支付的方式外,多数旅行社都利用商业信用进行结算,所以,在旅行社之间,产生了由于赊购或赊销而造成的大量应收账款和应付账款。旅行社的组团和接团经营活动,正常情况下,应该是组团社先收费后接待,但实际情况往往不是如此。许多旅行社是先接待后收费,这样就出现了中间商大量占用组团社资金的现象。接团社从事接待业务,其收入来源是组团社拨款,其业务程序是先接团后结算。无论是对组团社还是接团社,应收款的数量都是很大的。所以,我们要加强旅行社应收账款和应付账款的管理工作,以保证旅游团队的正常运作。

(3)作为一个旅游团队的领队或全陪,在出发前,还应了解该团队的资金运作情况,做到有的放矢。否则,往往由于团队资金的不到位,直接影响团队运作和游客的旅游,严重的,则会造成非常恶劣的影响。

[案例3] "旅游刁民"该封杀吗

案情:记者和律师是一些旅行社不愿接待的人,因为这两种人比较"烦"。前一阵子北京旅行社盛传游客"黑名单",其中搜集的大多数都是些所谓的"刁民"。

如"知假买假"的王海被认为是一位十足的"刁民",连他自己也专门为此写了一本书,来证明自己的"刁钻",以至于一些商家见了王海来买东西,一概"不予理睬"……这不是明摆着的"做贼心虚"吗?然而,近期竟然在一些旅行社间也流传着一份"黑名单",这些"黑名单"上的人,均为在随团旅行中挑三拣四,让旅行社头疼的"刁民"。旅行社见了这些人前来报名,便找个理由加以搪塞,唯恐其"一颗老鼠屎坏了一锅汤"。

点评:(1)旅行社效益在目前捉襟见肘的情况下,有如此的做法看似可以理解,好不容易组个团,却因一两位"刁民"的搅和而赔本儿了,弄不好再搞个集体签名上告,或者在新闻媒体上曝光,更是得不偿失。但俗话说,苍蝇不叮无缝的蛋,旅行社在步履维艰的今天,是否更应该考虑一下自身的原因呢?质量大打折扣,"双卧"成了"席地而卧","豪华标准间"里老鼠打架,"门票全包"结果只包大门票……旅行社好不容易挣来的钱有许多最终又花在无休止的投诉和赔偿上。

(2)旅行社的发展壮大是很艰难的,随着人们生活水平的日益提高,它应该成为人们出游的中介,但2000年春节出游的人中,自助旅游的人在一些旅游热点首次超过旅行社组团旅游的人数,这对于旅行社来说,不能不是一个预警。在我国,旅游行业的发展还不够成熟的今天,旅行社应当充分听取游客的意见,切切实实地把游客当做上帝,狠抓服务质量,这才是当务之急。

(3)"刁民"的出现,首先应该说是社会进步的表现,最起码,它证明了一部分人的"觉醒",正是由于这部分"觉醒的人",刺痛了我们神经中最麻木的地方。啄木鸟尖利的嘴巴啄痛了大树的皮肤,但更大的益处是为大树啄去了虫子,使其更加强壮。那么,一些旅行社为了一时利益而造出那么一份"黑名单",足见其无法忍受一时的切肤之痛,其结果也是可想而知的。

[案例4] 强迫自费之后

案情: 旅游者王某诉称,她参加某国际旅行社组织的五晚六天纯泰游,在签订旅游合同后按约支付团费1688元。合同约定的住宿标准为三星级饭店,个人消费及自费活动由旅游者自理。

行前说明会上,旅行社告知,旅行社及导游坚持自愿原则,不强迫旅游者在泰国购买健康自费项目。但是在泰期间,地接社导游员却强迫旅游者参加自费活动。由于组团社未按规定委派领队,致使旅游者与地接社导游员的交涉处于极端被动的状态。由于旅游者拒绝参加增加3228元的自费活动,地接社导游员竟将全团旅游者扔在某景点长达5小时,且不安排旅游者住宿,直至旅游者与上海东方电视台取得联系后,才在凌晨2:00入住酒店。一番折腾,使大部分旅游者无力参加第二天的活动,很多景点均一晃而过,不足十分钟便草草结束。有的旅游者因体力不济干脆放弃参观部分景点,门票费却不退还。导游员还不顾旅游者的坚决反对,极力推荐色情表演节目并索要高额费用,造成双方严重对立。

身为律师的王某返沪后即向多家媒体披露此次泰国之旅情况,并投诉到质监所,要求得到旅行社的赔礼道歉和经济赔偿。

经质监所调查核实并召集旅行社与旅游者进行调解后,作出如下处理:①旅行社向旅游者正式赔礼道歉;②对于泰国导游员的甩团行为,旅行社按照《旅行社质量保证金赔偿试行标准》的规定,赔偿旅游者所付合同总价30%的违约金;③退还旅游者被强迫收取的非自愿活动的全部费用;④退还导游服务费并赔偿同额违约金;⑤委托旅委市场管理处对旅行社的违规操作行为进行行政处罚。

点评: 本案中,旅行社的下列行为不符合国家法律法规的规定,引起旅游者不满:一是,未委派领队随团服务;二是,导游员强迫旅游者参加额外自费项目;三是,导游员擅自甩团;四是,导游员组织旅游者参加色情活动,并索要回扣。

根据《中国公民出国管理办法》的规定以及《旅行社出境旅游服务质量》标准,领队的主要职责,是协助旅游者办理出入境手续;督促境外接待社按约定的团队活动计划安排旅游活动;制止境外接待社的违规行为,向旅游者履行告知义务;若团队在境外遭遇特殊困难和安全问题,履行报告义务,以保护旅游者合法权益。领队人员在保证旅游活动正常开展,维护旅游者合法权益方面扮演着重要的角色。为此,《旅行社管理条例》《中国公民出国管理办法》明确规定,旅行社组织旅游者出境,应当聘用持有合格证书的领队人员;组团社组织旅游者出国旅游,应当为旅游团队安排专职领队。违反规定的,旅游行政管理部门应当依照相关条例给予相应的行政处罚;多次不安排领队的,取消其出国旅游业务经营资格;情节严重的直至吊销许可证。案例中由于旅行社违反规定未为团队安排专职领队,使旅游者在与导游员的交涉中处于被动地位,合法权益不能得到保障,旅游行政管理部门应当依法给予旅行社行政处罚。

旅行社未按行前承诺提供服务,强迫旅游者参加额外高额自费项目,在旅游者拒绝后导游员甩团的行为,违反了《消费者权益保护法》《旅行社管理条例》及其实施细则的规定,严重侵害了旅游者的自主选择权和公平交易权,《消费者权益保护法》第九条规定:消费者享有自主选择商品或者服务的权利,该权利包括旅游消费者可以自主选择商品的品种和服务的方式,可以自主决定是否购买任何一种商品,接受或不接受任何一项服务。第十条规定:消费者享有公平交易的权利,有权拒绝经营者的强制交易行为,导游员在旅游者拒绝强制交易的情况下,采取甩团、不安排住宿等方式报复旅游者,旅行社应当按照《旅行社质量保证金赔偿试行标准》承担责任。

损害旅游者合法权益的违法行为发生在境外,且多为境外地接社及其导游员所为,由此带来的责任应由谁来承担?由于地接社与旅游者之间没有直接的合同关系,为了切实保障旅游者权利受损时得到及时解决,《旅行社管理条例》明确规定,当地接社损害旅游者合法权益时,组织出境旅游的境内旅行社应当承担责任,之后再向违约的境外旅行社追偿。

[案例5] 旅行社如何管理司机兼导游

案情: 某年4月26日上午,游客张先生等20人参加了W市××旅行社组织的瑶琳仙境、天目溪竹筏漂流一日游。旅游行程开始后,张先生等游客发现车上没有导游。问司机,司机说,旅行社安排由他兼任。途中,由于车况不好,一再耽搁,致使张先生等游客到下午13:30才吃上一顿简易的午餐。饭后,即游览瑶琳仙境溶洞。在洞中,导游员(司机)极力鼓动张先生等游览洞内一人造景观"神仙世界"。当张先生等每人交了35元的门票费进去参观后,发现大上其当。由于在洞内逗留时间过长,导致没有时间去天目溪漂流。为此,游客们很气愤。更不能容忍的是,当张先生等向导游员(司机)索取游览瑶琳仙境的门票时,导游员(司机)以旅游团旅游没有门票为由加以拒绝。旅行社及导游员(司机)的上述行为,激起了张先生等的强烈不满。最后,他们联名投诉到当地旅游局质检所。

点评：旅游局质检所接到投诉后，进行了认真的调查、取证，最后认为该旅行社在经营过程在中，多次违约，必须受到应有的惩罚。《旅行社管理条例》第二十三条明确规定："旅行社对旅游者提供的旅行服务项目，按国家规定收费，旅行中增加服务项目需要加收费用的，应当事先征得旅游者的同意。旅行社提供有偿服务，应当按国家有关规定向旅游者出具服务单据。"《旅行社管理条例实施细则》第三十九条又规定："旅行社应当为旅游者提供约定的各项服务，所提供的服务不得低于国家标准。"根据上述规定，结合本案例的具体情况，该旅行社多次违反了上述规定：先是没有为该旅游团委派专职导游员；游程开始后，车子一路耽搁，延误了用餐时间；天目溪竹筏漂流未能成行；当游客索取景点门票时，导游员又以荒唐理由拒绝，这些都违反了旅游经营的规则。因此，旅游局质检所最后做出了责令该旅行社赔偿游客损失并向游客赔礼道歉的处罚。根据《旅行社质量保证金赔偿试行标准》第六条规定："旅行社安排的旅游活动及服务档次与协议合同不符，造成旅游者经济损失，应退还旅游者合同金额与实际花费的差额，并赔偿同额违约金。"因此旅行社应退还给张先生等游客导游服务费、天目溪竹筏漂流景点门票费，同时应赔偿相同数额的违约金。另外，旅游局质检所还责成该旅行社加强旅行社经营法规及相关法律的学习，增强法制观念。

[案例6] **经济纠纷竟扣游客为人质**

案情：某年10月3日，从西安出发的34名陕西游客在宁夏进行3天旅游后，负责接待的当地某旅行社突然通知说：只有10名游客可于10月6日按时回陕西，其余24名游客必须推迟一天。次日，又被告知：为表歉意，组织大家到一新景点——鸵鸟山庄游玩。

经过两个多小时的颠簸，大家被送到一座较偏僻的娱乐城，而后该旅行社负责人不见踪影，游客从早9:00到晚7:00无人过问。后来旅行社负责人以种种理由不答应游客回银川的要求。在愤怒的游客责问下，方得知该旅行社组织鸵鸟山庄游玩，目的是挟游客为人质，要挟某组团社偿还过去欠下的2万元。

点评：(1)出现上述现象的确让人气愤异常，两地旅行社之间的经济纠纷竟以游客为人质，这大大损害了旅行社的形象。宁夏地接社应将返程车票送来，并及时接送游客回到银川，再与陕西组团社协商，将其余24名游客及时送回陕西。

(2)两家旅行社应对游客做出真诚的道歉，不能因两家旅行社之间的经济纠纷而使无辜的游客成为受害人。

(3)作为游客方面，应视情节的严重程度追究两家旅行社责任。旅行社应树立"尊游客为上帝"的新形象，让游客玩得高兴，过得舒适，觉得钱没有白花，而且从中领略和学到许多新知识，这才是不懈追求的目标。

(4)游客的正当权益应受到合法保护。出发前要核实旅行社是否为游客办理了意外保险。因为按国家有关规定,旅游者付给旅行社的费用中,已经包括这种保险费。赔偿范围包括旅游时发生人身伤亡、急性病死引起的赔偿,以及受伤和急性病治疗支出的医药费赔偿等。游客出发前应与旅行社签订合同,明确其服务质量标准。如果旅行社故意或因过失没有履行合同,旅行社应承担赔偿责任。其中包括:旅行社收取预付款后未能成行,又没有在规定的时间内通知游客;因旅行社的过错造成误机(车、船);餐厅食品质价不符;饭店和交通工具低于合同约定的等级档次等。在旅游过程中,不按合同规定,擅自改变了活动日程,减少或变更了活动项目,擅自增加了用餐、娱乐、医疗和保健项目,擅自增加了购物次数,擅自安排到非旅游部门指定商店购买了伪劣商品,或者购买了导游兜售的商品,游客都有权要求旅行社按规定给予赔偿。

[案例7] **游客的利益受到损害时,怎么办**

案情:成都某旅行社组团去九寨沟游玩。从成都到九寨沟几百公里,汽车在离九寨沟还有50公里的地方遇到道路塌方,无法通过,只好原路返回。游客坐了两天汽车,什么也没看到,怒气冲冲要求退钱,而旅行社却解释说,他们花了钱租车,派了导游,路断不是他们的责任,因此只能退九寨沟的门票。结果双方都觉得委屈。

点评:(1)旅游过程中,天灾人祸在所难免,是旅行社无法预料也难以控制的。但这种突发事件必然会造成对旅游产品质量的破坏,旅行社应从经营管理的角度出发,本着质量第一的理念,对这种不可控因素所带来的后果进行最大限度的补救,以求得长远的利益。

(2)本例中,该旅行社的做法是想挽回自己的经济利益,但若因此失去这批旅游者的信赖,也许损失会更大,不是一次旅游费用可以弥补的。

(3)由于旅游活动受外界因素的影响很大,常会使旅游计划发生变更,甚至取消旅游活动。这就要求旅行社经营管理人员和其他有关部门必须在较短的时间里采取适当的应变计划,妥善解决因旅游计划的取消给游客和旅行社造成的麻烦。否则,旅行社将可能蒙受意想不到的声誉和经济方面的损失,也会给旅游者带来各种不便和麻烦。同时,取消旅游计划的组团社和接团社要密切联系,共同协商,向旅游团解释取消旅游活动的原因,设法取得旅游者的谅解。

[案例8] **变更合同慎用口头形式**

案情:某旅行社诉称,请某市一家三星级饭店接待该社40名福建游客,并以传真形式进行了确认,由该饭店负责团队当天的晚餐及住宿,同时向该饭店全额支付了本次接待费用。在旅游过程中,客人想品尝当地的风味美食,提出不想在该饭店用餐。为了满足游客的需求，旅行社随即电话通知饭店销售部经理，要求取消原定的晚餐。该团队到达饭店准备入住时，饭店方面称已接到该旅行社电话通知，取消了当日的晚餐及住宿，现所有房间均已售完，无法进行接待。而旅行社表示，在电话中取消的仅是晚餐，住宿仍然需要保留。经双方紧急协商，由该饭店负责将客人安排到郊区某二星级宾馆。旅游接待活动结束后，该旅行社要求该饭店退还晚餐费用，以及由于降低住宿等级标准赔偿给游客的损失，并支付因变更住宿地点而支出的交通、通信等费用共计2000元。

点评：本案的焦点为，旅行社与饭店以口头形式变更的合同是否能够成立。

由于客观原因及实际行程的需要，旅行社在业务操作中，经常会遇到诸如变更接待计划等情况。根据《合同法》第七十七条的规定，除法律、行政法规规定变更合同应当办理批准、登记等手续外，当事人协商一致，可以变更合同。同时，《合同法》第七十八条又规定，当事人对合同变更的内容约定不明确的，推定为未变更。

在调查过程中，由于双方就口头变更的内容持有截然不同的意见，而且，双方均不能出具有效证据证明合同变更的具体真实内容，所以，依据《合同法》有关规定，该合同应推定为未变更，双方原来以传真形式确认的书面合同应该有效。

后经质检所调解，双方协商一致，该饭店退还了旅行社晚餐费用，并承担赔偿给游客房价差以及20%的违约金以及交通、通信费共计1200元。

从本案例中，我们可以得出如下启示：

（1）旅行社应严格规范业务操作流程，不能为了方便而简化操作程序，从而造成不必要的经营风险。

（2）旅游接待各单位之间订立书面合同后，如果因客观原因需要就合同内容进行变更，在双方协商的基础上，可以就变更的内容重新进行约定，但尽量要采取书面形式，避免因双方均存在过错或举证困难等因素而产生不必要的损失或纠纷。

[案例9] 旅行社和运输公司的责任承担

案情：某年8月，卢某与石家庄市某旅行社签订旅游合同，参加旅行社安排的观光活动，途中乘旅游大巴前往目的地。因驾驶员杨某违章超车，卢某乘坐的车辆与对行车辆发生相撞，致使卢某等人受伤。交警部门认定，驾驶员杨某负事故的全部责任。卢某的伤情经鉴定，构成五级、九级两处伤残。

该客车系石家庄市某运输公司所有，事发时由此公司租给某旅行社使用，并指派职工杨某驾驶该车。事故发生后，经交警部门多次调解以及多方协商，始终未就卢某的伤害赔偿事宜达成一致协议。卢某遂诉至法院，请求旅行社、运输公司共同赔偿残疾赔偿金、残疾辅助器具费、医疗费、误工费、护理费等各项损失

40余万元。

裁判：人民法院经审理认为，旅行社未确保游客在旅游途中的人身安全，违反了旅游合同约定，应当承担赔偿责任。驾驶员杨某违章驾驶造成交通事故，运输公司对杨某造成的损失亦应承担赔偿责任。法院判决：旅行社与运输公司共同赔偿卢某各项损失34万余元，旅行社赔偿后有权向运输公司追偿。

律师点评：本案虽系一起游客在旅游途中受伤引发的纠纷，旅行社依据旅游合同负赔偿义务无疑，但造成游客伤害的直接侵权人并非旅行社，而是旅行社所租用车辆的单位，由此涉及受害人向谁来主张赔偿以及旅行社与直接侵权人的责任如何分担的问题。法院在受害人向旅行社与直接侵权人均提起诉讼的情况下，正确把握不真正连带责任的内涵，判令旅行社与直接侵权人共同承担赔偿义务，有利于受害人权益的实现。

不真正连带责任，又称不真正连带债务，是指数个债务人基于不同的发生原因而偶然产生同一内容的给付，各自负有全部履行的义务，并因其中一个债务人的履行而使全体债务消灭，此时各债务人之间承担的即为不真正连带责任。我国侵权责任法、消费者权益保护法以及保险法中都有类似的规定。构成不真正连带责任的要件一般有三个：一是必须基于同一损害事实产生的数个独立的债务，数个债务分别对应不同的债务人；二是各债务人所负的债务相同，不分比例、份额，且各债务人无主观联系；三是在多数情况下，有最终真正承担债务责任的人。

本案中，卢某在旅游途中因乘坐的客车发生交通事故受伤，该损害事实产生了两个不同的债务，即其与旅行社之间的旅游合同之债，以及其与运输公司的交通事故侵权之债。旅行社违反保障游客生命、健康的合同约定承担严格责任，对卢某的损失应全部赔偿。运输公司之工作人员造成交通事故且负事故全部责任，该公司也要全部赔偿卢某的损失；同时，该公司作为直接的侵权行为人也是最终的责任承担者，旅行社履行赔偿义务后，可向运输公司追偿。因此，旅行社与运输公司对卢某的赔偿符合不真正连带责任的法律特征。

[实践练习]

1. 想想还有哪些巩固客户关系的好方法？
2. 在信息时代，有哪些收集客户信息的渠道？
3. 如何协调保障供应与降低成本的矛盾？
4. 怎样通过采购合同维护企业的利益？
5. 计调人员应该加强哪些方面的学习？

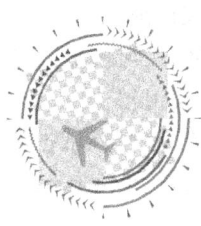

主要参考资料

陈永发.旅行社经营管理.北京:高等教育出版社,2003
徐东文.旅行社经营与管理.北京:高等教育出版社,2001
贺学良.现代旅行社经营管理.上海:复旦大学出版社,2003
程新造.导游接待案例选析.北京:旅游教育出版社,2004
张红,李天顺.旅行社经营管理实例评析.天津:南开大学出版社,2000
陈锋仪,王莉霞,库瑞.旅行社经营与管理案例分析.天津:南开大学出版社,2004
徐云松.旅行社业务.北京:高等教育出版社,2002
徐东文.旅行社管理.武汉:武汉大学出版社,2003
http://cats.org.cn/falvyuandi/dianxinganli/

后　记

　　自 1978 年至今,我国旅游业的发展空前高涨,有关旅游及旅行社方面的图书出版了许多,可是关于旅行社计调部运作方面的书或培训教材却几乎仍是一个空白。

　　在这种情况下,旅游教育出版社组织我们编写了这本《计调部操作实务》,作为"现代旅行社岗位培训丛书"之一。希望并相信该书能够成为读者的朋友,对旅行社从业人员,尤其是计调工作人员有所帮助。

　　2005 年首次出版,反映良好;2008 年版由周晓梅老师改编,增加了一些案例和实操问答;2012 年第三次改版,由周晓梅老师负责重新修改全书。2015 年又第四次对本书进行修订,周晓梅教授除了对全书进行修改外,还增加了新的实操问答。2019 年周晓梅教授第五次对本书进行修订,除了对全书进行修改外,充实并更新了实操问答、案例分析等内容,增加【案例导入】环节。

　　在这里,特别感谢旅游教育出版社给了我们这次编写、合作的机会,同时,感谢湖北易游天下所提供的案例。第五次修订非常感谢中南国际旅游公司朱总和尹翔所提供的资料。

　　由于修订时间仓促、旅行社计调部门方面的参考资料欠缺和自身编写水平的局限,诚请读者批评指导。

编　者

2019 年 7 月